全国中等职业学校
课程改革规划新教材

Qiche Fadongji Weixiu
汽车发动机维修

（第二版）

主　编　袁　亮　雷春国
副主编　唐守均　梁秋声
　　　　刘新江　李显良

人民交通出版社

内 容 提 要

本书是全国中等职业学校课程改革规划新教材之一,其主要内容包括:发动机总成的吊装、发动机总成的分解、正时皮带的检查与更换、配气机构的检修、汽缸盖和汽缸体的检修、曲柄连杆机构的检修、冷却系统的检修、润滑系统的检修、发动机总成的组装、发动机总成的安装与检查、发动机故障码的读取、空气流量传感器的检测与更换、节气门位置传感器的检测与更换、温度传感器的检测与更换、曲轴位置传感器的检测与更换、氧传感器的检测与更换、燃油供给系统的检修、怠速控制系统的检修、电子控制单元电源电路的检修、尾气排放检测与废气分析、可变配气正时(VVT-i)的检修等,共21个学习任务。

本书可作为中等职业学校汽车运用与维修、汽车检测与维修等专业的教材,也可作为汽车维修行业相关技术人员及汽车爱好者的参考书。

图书在版编目(CIP)数据

汽车发动机维修/袁亮,雷春国主编.—2版.
—北京:人民交通出版社,2013.7
全国中等职业学校课程改革规划新教材
ISBN 978-7-114-10696-5

Ⅰ.①汽… Ⅱ.①袁… ②雷… Ⅲ.①汽车—发动机
—车辆修理—中等专业学校—教材 Ⅳ.①U472.43

中国版本图书馆 CIP 数据核字(2013)第 121027 号

全国中等职业学校课程改革规划新教材
书　　名:汽车发动机维修(第二版)
著 作 者:袁　亮　雷春国
责任编辑:戴慧莉
出版发行:人民交通出版社
地　　址:(100011)北京市朝阳区安定门外外馆斜街3号
网　　址:http://www.ccpress.com.cn
销售电话:(010)59757973
总 经 销:人民交通出版社发行部
经　　销:各地新华书店
印　　刷:北京市密东印刷有限公司
开　　本:787×1092　1/16
印　　张:21.25
字　　数:476 千
版　　次:2011 年 1 月　第 1 版
　　　　　2013 年 7 月　第 2 版
印　　次:2018 年 4 月　第 2 次印刷　总第 5 次印刷
书　　号:ISBN 978-7-114-10696-5
定　　价:46.00 元

(有印刷、装订质量问题的图书由本社负责调换)

全国中等职业学校汽车运用与维修专业
课程改革规划新教材编委会

（排名不分先后）

主　　任：李　青（四川交通运输职业学校）　　王德平（贵阳市交通技工学校）

副 主 任：王珏翎（成都市工业职业技术学校）　韦生键（成都汽车职业技术学校）
　　　　　徐　力（成都市工程职业技术学校）　雷春国（郴州工业交通学校）
　　　　　杨兴红（郫县友爱职业技术学校）　　赫天华（西昌交通学校）
　　　　　刘有星（四川交通运输职业学校）　　姜雪茹（成都市工业职业技术学校）
　　　　　袁家武（贵阳市交通技工学校）　　　刘　力（重庆渝北职业教育中心）
　　　　　黄　铁（重庆巴南职业教育中心）　　唐孝松（郴州工业交通学校）
　　　　　塞明香（达州高级技工学校）

委　　员：刘新江　柏令勇　钟　声　陈　瑜　黄仕利　雷小勇　杨二杰　袁永东
　　　　　雍朝康　李江生　黄靖淋　程　戈（四川交通运输职业学校）
　　　　　向　阳　张兴华　曾重荣　王万春　兰国龙　周殿友
　　　　　秦政义（成都汽车职业技术学校）
　　　　　谢可平　王　健　李学友　姚秀驰（贵阳市交通技工学校）
　　　　　王从明　陈凯镔（成都市工业职业技术学校）
　　　　　韩　超　唐建鹏（成都市工程职业技术学校）
　　　　　许　康（四川交通职业技术学院）
　　　　　王晓洪　罗　波　李显良（达州高级技工学校）
　　　　　袁　亮　陈淑芬（郴州工业交通学校）
　　　　　向朝贵　丁　全（郫县友爱职业技术学校）
　　　　　梁秋声　任佳仲（西昌交通学校）
　　　　　石光成　李朝东（重庆巴南职业教育中心）
　　　　　黄　晓　唐守均（重庆渝北职业教育中心）
　　　　　夏　坤（重庆立信职业教育中心）

丛书总主审：朱　军
秘　　书：戴慧莉

第二版前言

"全国中等职业学校课程改革规划新教材"第一版自2010年出版发行以来，多次重印，被全国多所中等职业院校选为汽车运用与维修专业教学用书，受到了广大师生的好评。

本套教材第一版出版后，人民交通出版社和编者陆续收到了一些院校教师的信息反馈，他们对书中的内容提出了宝贵的意见和建议。

2012年8月，人民交通出版社组织十几所院校的汽车系教师代表，在成都召开了"全国中等职业学校课程改革规划新教材"修订会议，经过认真研究讨论，确定了每本教材的修订方案；2013年3月，又组织召开了"全国中等职业学校课程改革规划新教材"审稿会，对修订教材和新编教材进行了审定。

《汽车发动机维修》的修订工作，就是在本书第一版的基础上，吸收了教材使用院校教师的意见和建议，在会议确定的修订方案指导下完成的，教材的内容修订主要体现在以下几个方面：

（1）"燃油供给系统的检修"学习任务中，增加"FSI直喷式发动机技术"内容。

（2）"尾气排放检测与废气分析"学习任务中，增加"废气再循环系统"内容。

（3）"可变配气正时（VVT-i）的检修"学习任务中，增加"涡轮增压器"内容。

（4）删除"电控点火系统的检修"学习任务。

本书由郴州工业交通学校袁亮、雷春国担任主编；由重庆渝北职业教育中心唐守均、西昌交通学校梁秋声、四川交通运输职业学校刘新江、达州高级技工学校李显良担任副主编；由郴州工业交通学校范小勇、邓建平担任参编。

限于编者水平，书中难免有疏漏和错误之处，恳请广大读者提出宝贵建议，以便进一步修改和完善。

全国中等职业学校汽车运用与维修
专业课程改革规划新教材编委会
2013年6月

第一版前言

为加快我国新型工业化进程,调整经济结构和转变增长方式服务,我国把发展职业教育摆在了突出的位置上,实施了国家技能型人才培养培训工程,特别是加强了对现代制造业、现代服务业紧缺的高素质、高技能专门人才的培养。教育部提出,职业教育要为区域经济的发展以及区域经济产业结构的调整服务。

中等职业教育作为我国高中阶段教育的重要组成部分,肩负着培养技能型人才的重任,其发展正日益得到重视。然而,目前我国许多中等职业学校实施的教学与所承担的任务不相适应。许多学校课程教学的内容陈旧,不适应生产实际的要求。在新的历史时期,中职学生应当具备解决实际问题的操作能力、学习新知识和新技能的能力以及多方面的综合素质,以适应职业生涯和终身发展的需要。因此,中等职业教育必须加快改革,加快构建以岗位能力为本的专业课程体系。

本套教材正是基于上述背景编写而成,且具有如下特点:

1. **职业教育性**:渗透职业道德教育理念,体现就业导向;培养学生爱岗敬业、团队及创业精神;树立安全和环保意识。

2. **教学适用性**:教学内容符合专业培养目标和课程教学基本要求;取材合理,分量合适,符合"少而精"的原则;深浅适度,符合中职学生的实际水平。

3. **知识实用性**:体现以职业能力为本位,以应用为核心,以"必需、够用"为度的原则;紧密联系生活、生产实际;加强教学针对性,与相应的职业资格标准相互衔接。

4. **结构合理性**:教材的体系设计合理,循序渐进,符合中职学生心理特征和认知、技能养成的规律;结构、体例新颖,并配制有多媒体教学课件,适应先进教学方法的运用。

本书由郴州工业交通学校袁亮、雷春国担任主编;由重庆渝北职业教育中心唐守均、西昌交通学校梁秋声、四川省交通运输学校刘新江担任副主编；由郴州工业交通学校范小勇、邓建平担任参编。

  限于编者的经历和水平，书中难免有不妥或错误之处，敬请广大读者批评指正，提出修改意见和建议，以便再版修订时改正。

全国中等职业学校汽车运用与维修
专业课程改革规划新教材编委会
2010 年 5 月

目 录

学习任务一　发动机总成的吊装 ··· 1
  一、理论知识准备 ·· 1
  二、实践操作 ·· 7
  三、学习拓展 ·· 9
  四、评价与反馈 ·· 9
  五、技能考核标准 ··· 10

学习任务二　发动机总成的分解 ·· 12
  一、理论知识准备 ··· 12
  二、实践操作 ··· 20
  三、学习拓展 ··· 23
  四、评价与反馈 ··· 24
  五、技能考核标准 ··· 25

学习任务三　正时皮带的检查与更换 ··································· 27
  一、理论知识准备 ··· 27
  二、实践操作 ··· 29
  三、学习拓展 ··· 35
  四、评价与反馈 ··· 35
  五、技能考核标准 ··· 36

学习任务四　配气机构的检修 ·· 38
  一、理论知识准备 ··· 38
  二、实践操作 ··· 49
  三、学习拓展 ··· 54
  四、评价与反馈 ··· 55
  五、技能考核标准 ··· 56

学习任务五　汽缸盖和汽缸体的检修 ··································· 58
  一、理论知识准备 ··· 58

二、实践操作 ··· 66
　　三、学习拓展 ··· 68
　　四、评价与反馈 ··· 69
　　五、技能考核标准 ·· 70
学习任务六　曲柄连杆机构的检修 ·· 71
　　一、理论知识准备 ·· 71
　　二、实践操作 ··· 82
　　三、学习拓展 ··· 88
　　四、评价与反馈 ··· 89
　　五、技能考核标准 ·· 90
学习任务七　冷却系统的检修 ·· 91
　　一、理论知识准备 ·· 91
　　二、实践操作 ··· 97
　　三、学习拓展 ··· 102
　　四、评价与反馈 ··· 103
　　五、技能考核标准 ·· 105
学习任务八　润滑系统的检修 ·· 106
　　一、理论知识准备 ·· 106
　　二、实践操作 ··· 116
　　三、学习拓展 ··· 120
　　四、评价与反馈 ··· 121
　　五、技能考核标准 ·· 122
学习任务九　发动机总成的组装 ·· 123
　　一、理论知识准备 ·· 123
　　二、实践操作 ··· 125
　　三、学习拓展 ··· 136
　　四、评价与反馈 ··· 136
　　五、技能考核标准 ·· 137
学习任务十　发动机总成的安装与检查 ···································· 139
　　一、理论知识准备 ·· 139
　　二、实践操作 ··· 150
　　三、学习拓展 ··· 153
　　四、评价与反馈 ··· 153
　　五、技能考核标准 ·· 154
学习任务十一　发动机故障码的读取 ······································· 155
　　一、理论知识准备 ·· 155
　　二、实践操作 ··· 161
　　三、学习拓展 ··· 164

四、评价与反馈 ·· 165
　　五、技能考核标准 ··· 166
学习任务十二　空气流量传感器的检测与更换 ····································· 168
　　一、理论知识准备 ··· 168
　　二、实践操作 ··· 183
　　三、学习拓展 ··· 185
　　四、评价与反馈 ·· 186
　　五、技能考核标准 ··· 187
学习任务十三　节气门位置传感器的检测与更换 ··································· 188
　　一、理论知识准备 ··· 188
　　二、实践操作 ··· 195
　　三、学习拓展 ··· 197
　　四、评价与反馈 ·· 198
　　五、技能考核标准 ··· 199
学习任务十四　温度传感器的检测与更换 ·· 201
　　一、理论知识准备 ··· 201
　　二、实践操作 ··· 206
　　三、学习拓展 ··· 208
　　四、评价与反馈 ·· 209
　　五、技能考核标准 ··· 211
学习任务十五　曲轴位置传感器的检测与更换 ······································ 212
　　一、理论知识准备 ··· 212
　　二、实践操作 ··· 222
　　三、学习拓展 ··· 224
　　四、评价与反馈 ·· 225
　　五、技能考核标准 ··· 226
学习任务十六　氧传感器的检测与更换 ··· 227
　　一、理论知识准备 ··· 227
　　二、实践操作 ··· 238
　　三、学习拓展 ··· 241
　　四、评价与反馈 ·· 242
　　五、技能考核标准 ··· 243
学习任务十七　燃油供给系统的检修 ·· 245
　　一、理论知识准备 ··· 245
　　二、实践操作 ··· 261
　　三、学习拓展 ··· 264
　　四、评价与反馈 ·· 265
　　五、技能考核标准 ··· 267

学习任务十八　怠速控制系统的检修 ·· 268
一、理论知识准备 ··· 268
二、实践操作 ··· 275
三、学习拓展 ··· 278
四、评价与反馈 ·· 278
五、技能考核标准 ··· 279

学习任务十九　电子控制单元电源电路的检修 ···································· 281
一、理论知识准备 ··· 281
二、实践操作 ··· 285
三、学习拓展 ··· 296
四、评价与反馈 ·· 297
五、技能考核标准 ··· 298

学习任务二十　尾气排放检测与废气分析 ··· 300
一、理论知识准备 ··· 300
二、实践操作 ··· 308
三、学习拓展 ··· 310
四、评价与反馈 ·· 311
五、技能考核标准 ··· 313

学习任务二十一　可变配气正时(VVT-i)的检修 ·································· 314
一、理论知识准备 ··· 314
二、实践操作 ··· 322
三、学习拓展 ··· 324
四、评价与反馈 ·· 326
五、技能考核标准 ··· 327

参考文献 ·· 328

学习任务一　发动机总成的吊装

任务要求
完成本学习任务后,你应:
1. 知道常用吊装发动机工具的使用方法及其安全操作规范;
2. 明确拆装发动机总成的步骤及装配要求;
3. 会拆装发动机总成。
建议学时:8学时

任务描述

一辆丰田凌志轿车,发动机的怠速工作正常,但只要一踩加速踏板,就能听到"喳、喳、喳"的敲击异响声,如继续踩加速踏板,异响声消失。经过维修人员检查、判断,故障是由于连杆轴瓦松旷所致。需要将发动机总成从汽车上吊下,以便进行连杆轴瓦的更换。

一、理论知识准备

发动机总成经过长期使用后,因其基础件和主要零部件的磨损、变形和裂损,导致发动机的技术性能显著下降,故障率增加,不再满足其使用要求和废气排放标准。因此,将发动机总成从汽车上吊下,对发动机的损伤零件进行更换,保证其技术状况完好,是一个非常关键的操作项目。

1. 常用的发动机吊装工具

1) 液压举升机

液压举升机是应用于汽车维修行业的汽车修理机械,在汽车维修与维护中发挥着至关重要的作用。

液压举升机包括双柱龙门举升机(图1-1)、四柱举升机(图1-2)、大剪平板举升机(图1-3)等。

汽车举升机的使用注意事项:

(1)使用前应清除举升机附近妨碍作业的器具及杂物,并检查操作手柄是否正常,操作机构是否灵敏有效。

图1-1　双柱龙门举升机

(2)待举升车辆驶入后,应调整举升机支撑块,使其对正该车型规定的举升点。

(3)举升车辆时,四个支角应处于同一平面,调整支角胶垫高度使其接触车辆底盘支撑部位。注意车辆不可举升过高,支起后四个托架要锁紧。

图 1-2　四柱举升机　　　　　图 1-3　大剪平板举升机

(4)举升车辆时,人员应离开车辆,举升到需要高度时,必须插入保险锁销,并确保安全可靠才可开始进行车底作业。不得在举升机上操作修理。

(5)举升机不得频繁起落。

(6)举升车辆时,举升要稳,降落要慢。有人员作业时,严禁升降举升机。

(7)发现操作机构不灵、电动机不同步、托架不平或液压部分漏油,应及时报修,不得带病操作。

(8)作业完毕,应清除杂物,打扫举升机周围以保持场地整洁。

(9)定期(半年)排除举升机油缸积水,并检查油量,油量不足应及时加注相同牌号的压力油。同时应检查举升机传动齿轮及链条的润滑情况。

2)手拉吊葫芦

手拉吊葫芦是一种使用简单、携带方便的手动起重机械,也称"环链葫芦"或"倒链"。它适用于小型设备和货物的短距离吊运,起重质量一般不超过10t。手拉吊葫芦的外壳材质采用优质合金钢,坚固耐磨,安全性能高。

图 1-4　手拉吊葫芦

手拉吊葫芦是通过拉拽手链条、手链轮转动,将摩擦片棘轮、制动器座压成一体共同旋转,齿长轴便转动片齿轮、齿短轴和花键孔齿轮。这样,装置在花键孔齿轮上的起重链轮就带动起重链条,从而平稳地提升重物。采用棘轮摩擦片式单向制动器,在荷载下能自行制动,棘爪在弹簧的作用下与棘轮啮合,保证制动器安全工作。它具有安全可靠、维护简便、机械效率高、手链拉力小、自重较轻、便于携带、外形美观、经久耐用的特点,如图1-4所示。

在使用手拉吊葫芦时,应该注意:

(1)严禁超载使用。

(2)严禁用人力以外的其他动力操作。

(3)在使用前须确认机件完好无损,传动部分及起重链条润滑良好,空转情况正常。起吊前应检查上下吊钩是否挂牢。严禁出现将重物吊在尖端等错误操作。起重链条应垂直悬挂,不得有错扭的链环,双行链的下吊钩架不得翻转。

(4)操作者应站在与手链轮同一平面内拽动手链条,使手链轮沿顺时针方向旋转,即可使重物上升;反向拽动手链条,重物即可缓缓下降。

(5)在起吊重物时,严禁人员在重物下做任何工作或行走,以免发生人员安全事故;在起吊过程中,无论重物上升或下降,拽动手链条时,用力应均匀和缓,不要用力过猛,以免手链条跳动或卡链。

(6)操作者如发现手拉力大于正常拉力时,应立即停止使用。

3)吊钩

吊钩采用优质碳素结构钢或合金结构钢锻造,并进行热处理而成,具有体积小、质量轻、强度高等特点,如图1-5所示。吊钩主要作为起重作业中的连接工具。吊钩的极限工作荷载和适用范围是吊钩的试验检测和使用依据,严禁超载使用。

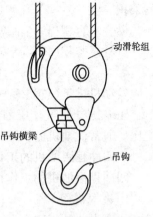

图1-5 吊钩组件

4)单臂吊机

单臂吊机主要用于维修时的重物起吊,如汽车发动机、各种电动机等,不使用的时候可折叠放置,节省空间。它的载质量均达2t,提升范围大,如图1-6所示。

2. 发动机总成的概念

发动机是一种能够把一种形式的能转化为另一种更有用的能的机器,通常是把化学能转化为机械能。发动机最早诞生在英国,所以,发动机的概念也源于英语,它的本义是指"产生动力的机械装置"。随着科技的进步,人们不断地研制出不同用途多种类型的发动机,但是,不管哪种发动机,它的基本前提都是要以某种燃料燃烧来产生动力。发动机的结构如图1-7所示。

图1-6 单臂吊机实物图及应用

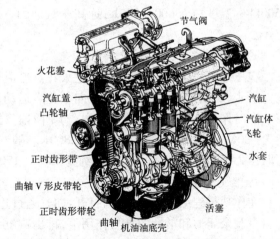

图1-7 汽油发动机的结构图

3. 发动机常用术语

上止点(TDC):活塞顶面离曲轴中心线最远时的止点,通常是活塞的最高位置。

下止点(BDC)：活塞顶面离曲轴中心线最近时的止点,通常是活塞的最低位置。

活塞行程(S)：活塞运行的上、下两个止点之间的距离。

汽缸工作容积(V_h)：一个汽缸中活塞运动一个行程所扫过的容积,即活塞面积与行程的乘积。

燃烧室容积(V_c)：活塞在上止点时活塞顶以上部分的容积。

汽缸总容积(V_a)：活塞位于下止点时,其顶部与汽缸盖之间的容积。

$$V_a = V_c + V_h$$

发动机排量(V_L)：多缸发动机各汽缸工作容积的总和。

压缩比(ε)：气体压缩前的容积与气体压缩后的容积比值,即汽缸总容积与燃烧室容积之比。通常汽油机的压缩比为 6～10,柴油机的压缩比较高,一般为 16～22。

4. 四冲程汽油机的工作原理

四冲程汽油机的工作循环包括进气、压缩、作功、排气四个行程。

1) 进气行程

活塞由曲轴带动由上止点向下止点运动,此时排气门关闭,进气门开启,由于活塞下移,汽缸内容积逐渐增大,形成一定的真空度,于是经燃料供给系统形成的可燃混合气,通过进气门被吸入汽缸。活塞到达下止点时,进气门关闭,进气停止。进气行程结束时,由于进气过程中燃料供给系统、进气管、进气门等处都存在进气阻力,此时汽缸内压力略低于大气压,约为 75～90kPa；由于汽缸壁、活塞等高温件及上一循环残留高温废气的加热,气体温度约为 370～440K。

2) 压缩行程

进气行程结束时,活塞在曲轴的带动下,从下止点向上止点运动,汽缸内容积逐渐减小,由于进、排气门均关闭,可燃混合气被压缩,活塞到达上止点时,压缩结束。在压缩过程中,气体压力和温度同时升高,并进一步均匀混合,压缩终了时,汽缸内压力约为 600～1500kPa,温度约为 600～800K,远高于汽油的点燃温度(约263K),因而可燃混合气很易被点燃。

3) 作功行程

在压缩行程末端,火花塞产生电火花点燃混合气,并迅速燃烧,使气体温度、压力迅速升高并膨胀,从而推动活塞由上止点向下止点运动,再通过连杆驱动曲轴转动作功,活塞到达下止点时作功结束。在作功过程中,初始阶段汽缸内气体压力和温度急剧上升,瞬时压力可达 3～80MPa,瞬时温度可达 2200～2800K。随着活塞的下移,压力、温度下降,作功行程终了时压力约为 300～500kPa,温度约为 1500～1700K。

4) 排气行程

在作功行程结束时,排气门打开,曲轴通过连杆推动活塞由下止点向上止点运动,废气在自身剩余压力和活塞的推力作用下,排出汽缸。活塞到达上止点时,排气门关闭,排气结束。排气终了时,由于燃烧室容积的存在,汽缸内还存有少量废气,气体压力因排气门和排气管的阻力而略高于大气压,此时压力约为 105～125kPa,温度约为 900～1200K。排出废气是为了下一个工作循环再吸入新鲜空气。排气行程结束时,排气门关闭,同时进气门开启,又开始了下一个工作循环。排气过程和进气过程又合称为换气过程。

5. 四冲程柴油机的工作原理

四冲程柴油机和四冲程汽油机一样,每个工作循环也包括进气、压缩、作功、排气四个行程。但由于柴油和汽油的性质不同,在可燃混合气的形成、着火方式等方面,与汽油机有较大区别。

1) 进气行程

柴油机不同于汽油机的是进入汽缸的不是可燃混合气,而是纯空气。由于进气阻力比汽油机小,上一行程残留的废气温度比较低等原因,进气终了时的压力和温度与汽油机略有不同,压力约为 80~95kPa,温度约为 320~350K。

2) 压缩行程

不同于汽油机的是柴油机压缩的是纯空气,且由于柴油机压缩比较大,压缩终了时的温度和压力都比汽油机高,压力可达 3~5MPa,温度可达 800~1000K。

3) 作功行程

此行程与汽油机有很大不同,压缩行程终了,喷油泵将高压柴油经喷油器呈雾状喷入汽缸内的高温空气中,迅速汽化并与空气形成混合气,因为此时汽缸内的温度远高于柴油的自燃温度(500K 左右),柴油便立即自行着火燃烧,且此后一段时间内边喷射、边混合、边燃烧,汽缸内压力、温度急剧升高,推动活塞下行作功。瞬时压力可达 5~200MPa,瞬时温度可达 1800~2200K。随着活塞的下移,压力、温度下降,作功行程终了时压力约为 200~400kPa,温度约为 1200~1500K。

4) 排气行程

与汽油机排气行程基本相同,排气终了时汽缸内压力约为 105~125kPa,温度约为 800~1000K。

6. 发动机编号

发动机编号由以下四部分组成:

(1) 首部——为产品系列符号和(或)换代标志符号,由制造厂根据需要自选相应字母表示,但需主管部门或由主管部门标准化机构核准。

(2) 中部——由缸数符号、行程符号、汽缸排列形式符号和缸径符号组成。

(3) 后部——结构特征和用途特征号,以字母表示。

(4) 尾部——区分符号。同一系列产品因改进等原因需要区分时,由制造厂选用适当的符号表示。

7. 常见发动机总成外围部件

1) 发动机罩

发动机罩(又称发动机盖)是最醒目的车身构件,对发动机罩的主要要求是隔热隔音、自身质量轻、刚性强。

(1) 发动机罩的打开方法:

①将位于驾驶人侧仪表板下方的发动机罩锁定手柄朝自己的方向拉;

②站在车辆前方,用手指拉动辅助钩,抬起发动机罩;

③将发动机罩支撑杆插入发动机罩上的槽内。

(2) 发动机罩的关闭方法:

①一边用手撑住发动机罩,一边将支撑杆回复原位;

②将发动机罩放低并轻缓地将其放下。

2）散热器总成

散热器的功用是疏散从发动机内排出的冷却液的多余热量,降低冷却液的温度,以保证冷却液在发动机冷却系统内的正常工作温度。

一般在吊装发动机之前,需要拆卸的散热器总成部件有:散热器管道、风扇等。

3）起动机

起动机又叫马达,它由直流电动机产生动力(在汽车中,通常由蓄电池提供电量),经起动齿轮传递动力给飞轮齿环,带动飞轮、曲轴转动而起动发动机。

4）空调系统

汽车空调系统是实现对车厢内空气进行制冷、加热、换气和空气净化的装置。它可以为驾乘人员提供舒适的驾乘环境,降低驾驶人的疲劳强度,提高行车安全。

一般在吊装发动机之前,需要拆卸的空调系统部件有:冷凝器、风扇总成、水暖软管等。

5）发动机安装托架

(1) 拆卸发动机安装托架的方法是：

①用千斤顶支撑住发动机；

②拆下发动机吊架总成；

③用链条葫芦等固定住发动机总成,如图1-8所示；

④用千斤顶顶住发动机油底壳,在它们之间垫一块木块。顶起发动机直至托架上无发动机的承重,然后拆下发动机安装托架。

(2) 发动机安装托架安装注意事项：

①如图1-9所示,用千斤顶顶住发动机油底壳,在它们之间垫一块木块,边调整发动机的位置边安装发动机的安装托架；

图1-8 拆卸发动机安装托架

②用千斤顶支撑住发动机；

③拆下链条葫芦,用发动机吊架总成(专用工具)支撑发动机总成,如图1-10所示。

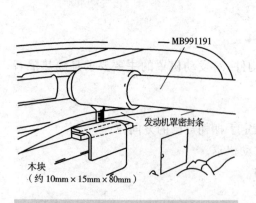

图1-9 安装发动机安装托架

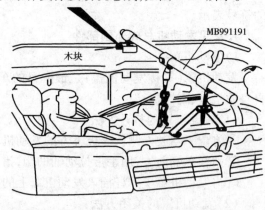

图1-10 支撑发动机总成

注意:在发动机吊架总成和前机体之间一定要垫入一块木块。此外,不要将发动机罩密封条压在前机体和木块之间。

二、实践操作

1. 实践准备

丰田卡罗拉汽车一辆、单臂吊机、吊钩、常用工具和专业工具各一套、干净的抹布、刮刀及维修手册等。

2. 技术要求与注意事项

(1)搬运发动机等重物应戴手套,采用专用设备进行;

(2)注意用电、用油安全,禁止在拆装场地吸烟;

(3)正确操作发动机总成吊装工具,注意各种螺钉的拆装转矩,避免用力过大伤及周围人员或将螺钉拧断;

(4)空调系统软管容易折断,在移动冷凝器时,必须格外小心。

3. 发动机总成吊装实践操作

1)记录待修车辆的基本情况(表1-1)

待修车辆的基本情况记录表　　　　　　表1-1

项　　目	内　　容
车辆型号(VIN码)	(查后填写)
发动机型号	(查后填写)
车主反映情况	发动机有异响
维修检查建议	需吊卸发动机进一步检修

2)故障再现

通过故障症状进一步确定故障部位。起动发动机,打开发动机罩,用听诊器在发动机汽缸盖、油底壳等处听诊,是否有异响发生,如有异响发生,请记录异响发生的准确部位。

□ 异响发生在汽缸上部　　□ 异响发生在汽缸下部,油底壳处

3)按发动机总成的吊卸步骤从车上吊下发动机

发动机总成吊卸的一般顺序是先将与发动机相连的附件、导线拆开,然后将变速器与发动机分离,最后将发动机用吊装设备吊出发动机舱,具体过程如下:

(1)拆下蓄电池搭铁线,避免用电设备意外损坏。

(2)调整空调开关至"暖风"挡,以保证能彻底排放出冷却液。

(3)打开散热器盖和冷却液补偿桶盖,拆下水泵大循环接口软管,将冷却液排放至容器内,然后再将水泵其他软管拆下,并同时将冷却液用容器接好以备用。

(4)拔下散热器恒温开关、电风扇的连接插头。

(5)松开发动机罩锁缆线夹,从散热器上方拉出缆线。

(6)拆下发动机前面罩及挡板。先松开固定前面罩盖板的6个螺母及散热器左、右两个固定螺栓,拆下前保险杠,松开前面罩前面的4个六角固定螺母,拆下前面罩。

(7)松开纵梁上固定冷凝器的两个螺钉。

(8)拔下发电机、空调压缩机的接线插头。松开压缩机上的V形皮带,拆下压缩机固定支架螺栓,拆下空调压缩机和冷凝器,放在右边,并防止其翻倒。同时,取下散热器。

(9)拆下汽油泵上的进油管;拔下散热器电风扇热敏开关导线插头、机油压力开关上的导线插头、分电器盖上的高压线及喷油器、分电器、进气歧管上连接的真空管接头。

(10)拆下空气滤清器及喷油器上方的导流罩,将喷油器上口用薄膜封住,以防异物掉入。

(11)拔下喷油器上的冷却液软管以及发电机与暖风相连的冷却液软管。

(12)拔下冷却液温度传感器上的导线插头和起动机上的导线插头。

(13)拆下起动机固定螺栓和起动机固定架及发电机前悬置与纵梁连接的螺栓,取下起动机;拆下离合器拉线和发动机搭铁线。

(14)松开发动机后支架盖板,拆下排气管。

(15)拆下发动机与变速器的固定螺栓及发动机后悬架上的螺栓,同时拆下飞轮盖板。

(16)将吊装架安装在发动机上,用吊装工具吊起发动机,使发动机与变速器脱离。

(17)将拆下的发动机安装在发动机固定架上。

想一想

发动机异响有何故障症状?如何检查和排除发动机异响?

4)清洗

(1)用刮刀将发动机各零部件上的污物刮净;

(2)用清洗液将发动机各部件洗净;

(3)用干抹布将发动机各部件擦净。

5)按发动机总成的安装步骤将发动机吊装到车上

发动机安装的顺序与拆下的顺序相反,但在安装时应注意以下内容须按规定进行操作:

(1)降下发动机时,应使发动机和传动轴之间有一定的间隙;

(2)更换发动机支座橡胶垫及固定螺栓;

(3)将发动机装入支座,不拧紧螺栓,通过摇动发动机使之摆正位置;

(4)先拧紧发动机后支座螺栓,然后拧紧变速器支座螺栓;

(5)调整加速踏板操纵机构;

(6)调整离合器踏板间隙,踏板处必须有15mm的间隙;

(7)连接好发动机各部分导线;

(8)加满冷却液;

(9)调整点火正时、怠速转速和CO含量。

6)组合发动机与变速器

如果发动机和变速器都从橡胶垫上拆下,在装配时要重新对中装配,操作步骤如下:

(1)松开带有橡胶胶套的发动机悬架的中心螺栓;

(2)松开变速器和发动机支架处的黏结橡胶座(变速器悬架);

(3)松开发动机支座前端支架和黏结胶套;

(4)来回摆动发动机总成,对中调整。

三、学习拓展

(1)请观察汽油机和柴油机,想一想它们在吊装时可能会有何不同?

(2)请查阅丰田汽车维修手册,书中关于发动机总成的吊装步骤与现实中的吊装步骤有何不同?

(3)故障案例分析。

故障现象:一辆丰田凌志轿车,发动机的怠速工作正常,但只要一踩加速踏板,就能听到"嘡、嘡、嘡"的敲击异响声,如继续踩加速踏板,异响声消失。

故障诊断与排除:由于丰田凌志车系的配气机构采用的是减噪齿轮,所以工作人员首先检查排气凸轮轴上的减噪齿轮,发现故障原因是安装错位3个牙。为避免误诊,先拆卸排气凸轮轴,发现减噪齿轮复位时能感到中间弹簧的张力,说明仅错位,弹簧未脱落。复位后装上6×18mm 螺栓,装复试车,异响依旧。接着工作人员进行逐缸断火试听,发现响声明显减弱或消失,判断为连杆轴承响。工作人员把发动机吊下来并进行解体,当拆卸全部连杆轴瓦后,发现普遍松旷,特别是二缸连杆轴瓦已明显轧薄,接着检查曲轴,曲轴未失圆,更换一副标准连杆轴瓦,感觉还有些松,于是在瓦盖下垫薄纸2张,一张为单片瓦长的2/3,一张为1/3。装复,间隙理想,试车,加速敲击声得到排除。

四、评价与反馈

1. 自我评价与反馈

(1)能否主动参与工作现场的清洁和整理工作?( )
    A. 主动完成   B. 被动完成   C. 未完成

(2)你能否正确规范地完成发动机总成的吊装?( )
    A. 快速规范   B. 规范但不熟练   C. 不会操作

(3)写出发动机总成在吊装中用到的吊装工具。
_____
_____

(4)能否知道发动机的哪些常见故障需要吊卸后进行维修?
_____
_____

(5)下次遇到类似的学习任务应如何改善从而提高学习效果?
_____
_____

(6)你在本学习任务中遇到的困难是什么？你是如何解决的？
_____
_____

签名：_____   _____年_____月_____日

2. 小组评价与反馈

(1)是否主动参与小组讨论？（   ）
    A. 主动　　　　　　　　B. 被动　　　　　　　　C. 未参与

(2)是否完成本学习任务的学习目标？（   ）
    A. 完成且效果好　　　　B. 完成但效果不好　　　C. 未完成

(3)是否积极学习，不懂的是否积极向别人请教，是否积极帮助他人学习？（   ）
    A. 积极学习　　　　　　　　　　　　　　B. 积极请教
    C. 积极帮助他人　　　　　　　　　　　　D. 三者都不积极

(4)零件、工具与油污有没有落地，有无保持作业现场的整洁？（   ）
    A. 无掉地且场地整洁　　　　　　　　　　B. 有零件、工具掉地
    C. 有油污掉地　　　　　　　　　　　　　D. 未保持作业现场的清洁

(5)操作过程中是否注意维修质量且有责任心？（   ）
    A. 注意质量，有责任心　　　　　　　　　B. 不注意质量，有责任心
    C. 注意质量，无责任心　　　　　　　　　D. 全无

(6)在团队学习中的主动性与合作情况如何？（   ）
    A. 好　　　　　　　　　B. 较好　　　　　　　　C. 一般

参与评价的同学签名：_____   _____年_____月_____日

3. 教师评价及答复
_____
_____

教师签名：_____   _____年_____月_____日

五、技能考核标准

序号	项目	操作内容	规定分	评分标准	得分
1	准备	清点工量具、清理工位； 打开并支撑发动机罩； 安装汽车保护罩	5分 5分 5分	酌情扣分； 酌情扣分； 酌情扣分	
2	吊卸	拆卸发动机外围附属件； 拆卸发动机支架固定螺钉； 发动机总成的吊卸	5分 5分 15分	操作不当扣1~5分； 操作不当扣1~5分； 操作不当扣1~15分	

续上表

序号	项目	操作内容	规定分	评分标准	得分
3	清洗	用刮刀将发动机上的污物刮净; 用清洗液将发动机各部件洗净; 用干抹布将发动机各部件擦净	5分 5分 5分	操作不当扣1~5分; 操作不当扣1~5分; 操作不当扣1~5分	
4	吊装	将发动机总成吊到发动机支架上固定; 发动机与变速器的组合; 安装好发动机外围附属件	10分 5分 5分	操作不当扣1~10分; 操作不当扣1~5分; 操作不当扣1~5分	
5	完成时限	150min	10分	超时1~5min扣1~5分; 超时5min以上扣10分	
6	安全文明	无安全隐患,无不文明操作	5分	未达标扣1~5分	
7	结束	工具、量具清洁并归位; 工作场地清洁	5分 5分	漏一项扣1分,未做扣5分; 清洁不彻底扣1~5分,未做扣5分	
		总分	100分		

学习任务二　发动机总成的分解

任务要求
完成本学习任务后,你应:
1. 知道发动机总成的组成、结构和装配关系;
2. 正确拆装发动机总成;
3. 知道发动机总成常用拆装工具的使用方法及使用注意事项。
建议学时:10 学时

任务描述

一辆捷达轿车,发动机在怠速和中低速时有明显的敲缸声,冷起动时更加明显,高速时敲缸有所减弱,且发动机油耗高,高速时油底壳还有异响。经维修人员诊断,需对该汽车的发动机总成进行解体,检查活塞与汽缸的配合、曲轴主轴颈与轴瓦以及连杆轴颈与轴瓦的配合,进一步确定故障部位,以便维修或更换。

一、理论知识准备

发动机是汽车的心脏,汽车要在道路上行驶必须先有动力,而动力的来源就是发动机。发动机性能的好坏是决定汽车行驶性能的主要因素。发动机使用一定时期后,性能会下降,这时需要对发动机进行分解维修,以恢复其性能,因此,分解发动机总成,是汽车维修作业中一项十分重要的工作。

1. 发动机的分类

(1) 发动机按着火方式可分为:点燃式发动机和压燃式发动机。

利用电火花来点燃可燃混合气的发动机称为点燃式发动机,汽油机就是采用这种着火方式;利用压缩终了时的高温使可燃混合气自燃的发动机称为压燃式发动机,柴油机采用的就是压燃式,所以柴油机没有点火系统。

(2) 发动机按使用燃料可分为:汽油机和柴油机。

使用汽油为燃料的内燃机称为汽油机;使用柴油为燃料的内燃机称为柴油机。汽油机与柴油机比较各有特点:汽油机转速高、质量小、噪声小、起动容易、制造成本低;柴油机压缩比大、热效率高、经济性能和排放性能都比汽油机好。

(3)发动机按冷却方式可分为：水冷发动机和风冷发动机。

水冷发动机是利用在汽缸体和汽缸盖冷却水套中进行循环的冷却液作为冷却介质进行冷却的；而风冷发动机是利用流动于汽缸体与汽缸盖外表面散热片之间的空气作为冷却介质进行冷却的。水冷发动机冷却均匀、工作可靠、冷却效果好，被广泛地应用于现代车用发动机。

(4)发动机按进气状态可分为：增压式发动机和非增压式发动机。

发动机按照进气系统是否采用增压方式可以分为非增压(自然吸气)式发动机和增压(强制进气)式发动机。汽油机常采用非增压式(近年来，为提高功率也有采用废气涡轮增压的)；柴油机为了提高功率有采用增压式的。

(5)发动机按燃料供给可分为：化油器式发动机、燃油喷射式发动机。

化油器式的燃料供给方式已经被淘汰，现在，汽油机一般采用进气岐管喷射或缸内直接喷射，柴油机采用缸内直接喷射式。

(6)发动机按冲程可分为：四冲程发动机和二冲程发动机。

把曲轴转两圈(720°)，活塞在汽缸内上下往复运动四个行程，完成一个工作循环的发动机称为四冲程发动机；而把曲轴转一圈(360°)，活塞在汽缸内上下往复运动两个行程，完成一个工作循环的发动机称为二冲程发动机。汽车发动机广泛使用四冲程发动机。

(7)发动机按汽缸数可分为：单缸发动机和多缸发动机。

仅有一个汽缸的发动机称为单缸发动机；有两个以上汽缸的发动机称为多缸发动机。如双缸、三缸、四缸、五缸、六缸、八缸、十二缸等都是多缸发动机。现代车用发动机多采用四缸、六缸、八缸发动机。

(8)发动机按汽缸排列布置可分为：水平对置式、直列式和V形发动机。

单列式发动机的各个汽缸排成一列，一般是垂直布置的，但为了降低高度，有时也把汽缸布置成倾斜的甚至水平的；双列式发动机把汽缸排成两列，两列之间的夹角小于180°(一般为90°)称为V形发动机，若两列之间的夹角等于180°称为对置式发动机。

2. 发动机的总体结构

发动机是一种由许多机构和系统组成的复杂机器。汽油机由两大机构和五大系统组成，即由曲柄连杆机构、配气机构、燃料供给系统、润滑系统、冷却系统、点火系统和起动系统组成；柴油机由两大机构和四大系统组成，即由曲柄连杆机构、配气机构、燃料供给系统、润滑系统、冷却系统和起动系统组成，柴油机是压燃的，不需要点火系统。

1)曲柄连杆机构

曲柄连杆机构(图2-1)是发动机实现工作循环，完成能量转换的主要运动零件，由机体组、活塞连杆组和曲轴飞轮组等组成。在作功行程中，活塞承受燃气压力在汽缸内做往复直线运动，通过连杆转换为曲轴的旋转运动，并向外输出动力；而在进气、压缩和排气行程中，飞轮释放的能量又把曲轴的旋转运动转换成活塞的直线运动。

2)配气机构

配气机构是根据发动机的工作顺序和工作过程，定时开启和关闭进气门及排气门，使可燃混合气或空气进入汽缸,并将废气从汽缸内排出,实现换气过程。配气机构大多采用顶置气门式配气机构,由气门组和气门传动组组成,如图2-2所示。

3)汽油机燃油供给系统

汽油机燃油供给系统是根据发动机的要求,配置出一定数量和浓度的可燃混合气,均匀地分配到各个汽缸中,并汇集各个汽缸燃烧后的废气,从排气消声器排出,如图2-3所示;柴油机燃油供给系统是把柴油和空气分别均匀地分配到各个汽缸中,在燃烧室内形成混合气并燃烧,然后汇集各个汽缸燃烧后的废气,从排气消声器排出。

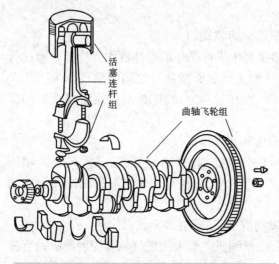

图2-1 曲柄连杆机构

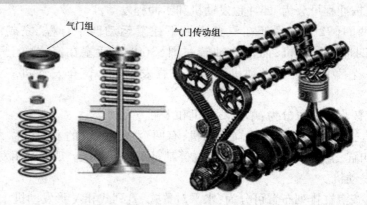

图2-2 配气机构

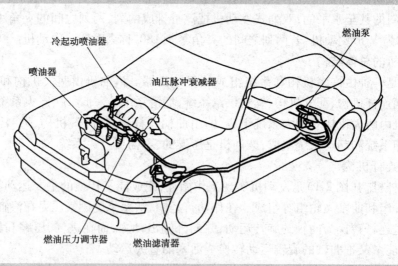

图2-3 汽油机燃油供给系统

学习任务二 发动机总成的分解

4）润滑系统

润滑系统是向作相对运动的零件表面输送定量的清洁润滑油,以实现液体摩擦,减小摩擦阻力,减轻机件的磨损,并对零件表面进行清洗和冷却。润滑系统由润滑油道、机油泵、机油滤清器和一些阀门等组成,如图2-4所示。

5）冷却系统

冷却系统是将受热零件吸收的部分热量及时散发出去,保证发动机在适宜的温度状态下工作。水冷发动机的冷却系统通常由冷却水套、水泵、风扇、水箱、节温器等组成,如图2-5所示。

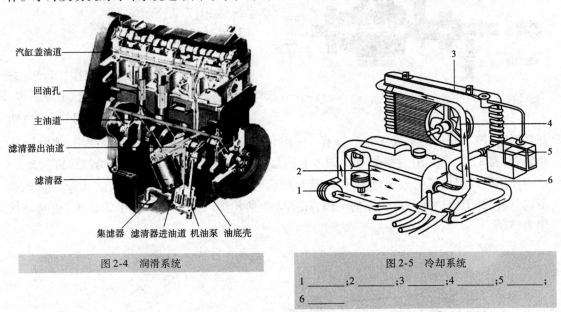

图2-4 润滑系统

图2-5 冷却系统

1_____;2_____;3_____;4_____;5_____;
6_____

6）点火系统

点火系统定时在火花塞电极间产生电火花,点燃汽缸内的可燃混合气。点火系统通常由蓄电池、发电机、点火线圈、分电器、火花塞等组成,如图2-6所示。

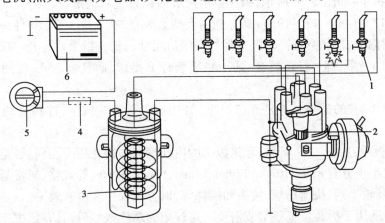

图2-6 点火系统

1_____;2_____;3_____;4_____;5_____;6_____

7）起动系统

要使发动机由静止状态过渡到工作状态，必须先用外力转动发动机的曲轴，使活塞做往复运动，同时使汽缸内的可燃混合气燃烧作功，推动活塞向下运动使曲轴旋转，发动机才可自行运转，工作循环才能自动进行。因此，曲轴在外力作用下开始转动到发动机开始自动地怠速运转的全过程，称为发动机的起动。完成起动过程所需的装置，称为发动机的起动系统，如图2-7所示。

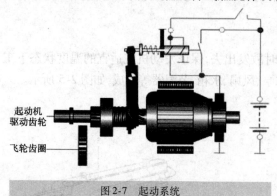

图2-7　起动系统

3. 发动机常用拆装工具

1）普通扳手

普通扳手常见的有呆扳手、梅花扳手、套筒扳手、活动扳手、内六角扳手和扭力扳手等。

（1）呆扳手：如图2-8所示，呆扳手也叫开口扳手，按其开口的宽度 S 大小分有8~10mm、12~14mm、17~19mm 等规格，通常以成套装备，有8件一套、10件一套等。国外有些呆扳手采用英制单位，适用于英制螺钉拆卸。

使用时应根据螺钉或螺母的尺寸，选择相应开口尺寸的呆扳手。为了防止扳手损坏和滑脱，应使拉力作用在开口较厚的一边，如图2-9所示顺时针扳动呆扳手为正确，逆时针使用为错误。

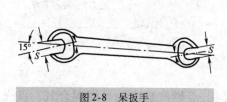

图2-8　呆扳手　　　　　图2-9　呆扳手使用

（2）梅花扳手：如图2-10所示，梅花扳手两端内孔为正六边形，按其闭口尺寸 S 大小分有8~10mm、12~14mm、17~19mm 等。通常是成套装备，有8件一套，10件一套等。

使用时根据螺钉或螺母的尺寸，选择相应闭口尺寸的梅花扳手。与开口扳手相比，由于梅花扳手扳动30°后，即可换位再套，适于狭窄场合下操作，而且强度高，使用时不易滑脱，应优先选用。

为方便操作，有的扳手一头是开口扳手，另外一头是梅花扳手，被称为两用扳手，如图2-11所示。

（3）套筒扳手：如图2-12所示，套筒扳手的内孔形状与梅花扳手相同，也是正六边形，按其闭口尺寸大小也分有8mm、10mm、12mm、14mm、17mm、19mm 等规格，通常是成套装备，并且配有手柄、棘轮手柄、快速摇柄、接头和接杆等，以方便操作和提高效率。

套筒扳手适用于拆装位置狭窄或需要一定转矩的螺栓或螺母，具有比梅花扳手更方便、快捷的特点，应优先考虑使用。

还有一些专用的 T 形套筒扳手，如图2-13所示，更方便拆装，应更加优先考虑选用。

学习任务二　发动机总成的分解

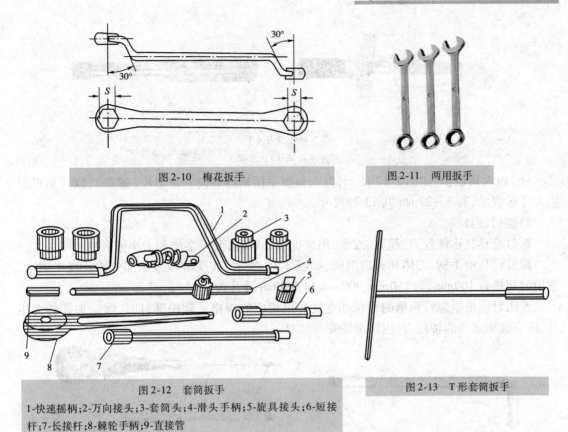

图 2-10　梅花扳手　　　　　图 2-11　两用扳手

图 2-12　套筒扳手　　　　　图 2-13　T形套筒扳手
1-快速摇柄；2-万向接头；3-套筒头；4-滑头手柄；5-旋具接头；6-短接杆；7-长接杆；8-棘轮手柄；9-直接管

（4）活扳手：如图 2-14 所示，活扳手也称活动扳手，其开口尺寸能在一定的范围内任意调整，其规格是以最大开口宽度×扳手长度(mm)来表示。

活扳手操作起来不太方便，需旋转蜗杆才能使活动扳口张开及缩小，而且容易从螺钉上滑移，应尽量少用，仅在缺少相应其他扳手(如英制扳手)时使用。使用时也应注意使拉力作用在开口较厚的一边，如图 2-15 所示。

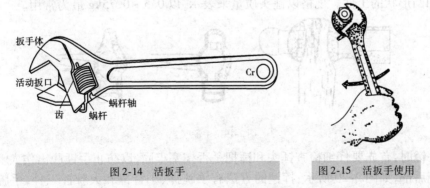

图 2-14　活扳手　　　　　图 2-15　活扳手使用

（5）扭力扳手：如图 2-16 所示，扭力扳手与套筒扳手中的套筒头配合使用，可以直接读出所施转矩的大小，适用于发动机连杆螺母、汽缸盖螺钉、曲轴主轴承紧固螺钉、飞轮螺钉等重要螺钉的紧固。扭力扳手常用的形式有刻度盘式和预置式，其规格是以最大可测转矩来划分的，如预置扭力扳手有 20N·m、100N·m、250N·m、300N·m、760N·m、2000N·m 等规格。

17

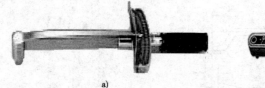

图 2-16 扭力扳手
a) 刻度盘式；b) 预置式

(6) 内六角扳手：如图 2-17 所示，内六角扳手用来拆装内六角螺栓(螺塞)，以六角形对边尺寸 S 表示，有 3～27mm 共 13 种尺寸。

2) 螺钉旋具

螺钉旋具又称螺丝刀、起子、改锥，用来拆装小螺钉，分一字槽和十字槽两种。

螺钉旋具由手柄、刀体和刃口组成，如图 2-18 所示，其规格以刀体部分的长度来表示。常用的规格有 100mm、为 150mm、200mm 和 300mm 等几种。

使用时应根据螺钉沟槽的形状和宽度选用相应的规格。旋松螺钉时，除施加旋转力矩外，还应施加适当的轴向力，以防滑脱损坏零件。

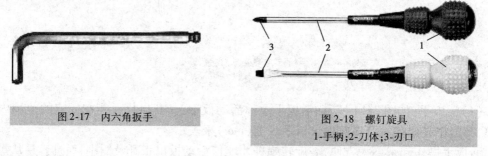

图 2-17 内六角扳手

图 2-18 螺钉旋具
1—手柄；2—刀体；3—刃口

3) 手锤

手锤有多种形式，如图 2-19 所示，一端平面略有弧形的是基本工作面，另一端是球面，用来敲击凹凸形状的工件。规格以锤头质量来表示，以 0.5～0.75kg 最为常用。

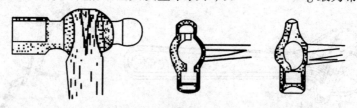

图 2-19 手锤

使用手锤时，首先要仔细检查锤头和锤把是否楔塞牢固，以防止手锤脱出伤人。握锤应是握住锤把后部，如图 2-20 所示；挥锤的方法有手腕挥、小臂挥和大臂挥三种，手腕挥锤只有手腕动，锤击力小，但准、快、省力，大臂挥锤是大臂和小臂一起运动，锤击力最大。

4) 手钳

常见的手钳有钢丝钳、尖嘴钳、鲤鱼钳和卡簧钳等。

(1) 钢丝钳：如图 2-21 所示，按其钳长分为 150mm、175mm、200mm 三种。

学习任务二　发动机总成的分解

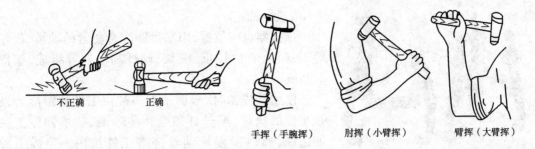

图 2-20　手锤正确使用

钢丝钳主要用于夹持圆柱形零件,也可以代替扳手旋小螺栓、小螺母,钳口后部的刃口可剪切金属丝。

(2)鲤鱼钳:如图 2-22 所示,鲤鱼钳的作用与钢丝钳相同,其中部凹口粗长,便于夹持圆柱形零件,由于一片钳体上有两个互相贯通的孔,可以方便地改变钳口大小,以适应夹持不同大小的零件,是汽车维修中使用较多的手钳。规格以钳长来表示,一般有 165mm、200mm 两种。

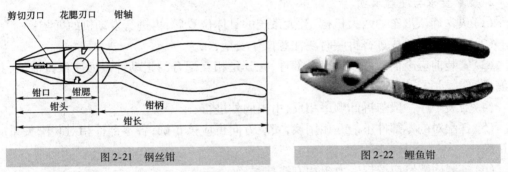

图 2-21　钢丝钳　　　　　　　　　图 2-22　鲤鱼钳

(3)尖嘴钳:如图 2-23 所示,尖嘴钳因其头部细长而得名,能在较小的空间使用,其刃口也能剪切细小金属丝,使用时不能用力太大,否则钳口头部会变形或断裂,规格以钳长来表示,汽车拆装常用的是 160mm。

注意:使用上述手钳时,应注意不要用手钳代替扳手松紧 M5 以上的螺纹连接件,以免损坏螺母或螺栓。

(4)挡圈钳:如图 2-24 所示,挡圈钳也称卡簧钳,有多种结构形式,用于拆装发动机中的各种卡簧(挡圈)。使用时根据卡簧(挡圈)结构形式,选择相应的挡圈钳。

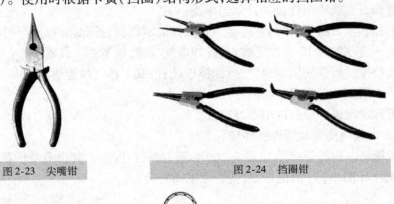

图 2-23　尖嘴钳　　　　　　　　　图 2-24　挡圈钳

图 2-25 顶拔器

5）顶拔器

顶拔器也叫拉器,用来拆卸配合较紧的轴承、齿轮等零部件,它由拉爪、座架、丝杆和手柄等组成,如图2-25所示。

使用顶拔器时,根据轴端与被拉工件的距离转动顶拔器的丝杆,至丝杆顶端顶住轴端,拉爪钩住工件的边缘,然后慢慢转动丝杆将工件拉出。顶拔工件时,其中心线应与被拉工件轴线保持同轴,以免损坏顶拔器。

二、实 践 操 作

1. 实践准备

发动机一台、常用拆装工具和专用工具各一套、干净的抹布、刮刀、油盆及维修手册等。

2. 技术要求与注意事项

（1）预先确认汽车的两大机构、五大系统的具体位置后,再进行发动机的拆装；

（2）对发动机总成进行拆装时要注意操作安全；

（3）安装前应全面清洗发动机零部件,尤其是相互配合的运动件表面应保持清洁,并涂抹润滑油；

（4）安装顺序一般与拆卸顺序相反,由内向外进行；

（5）各配对的零部件不能互相调换,安装方向也应该正确；各零部件相对装配关系应保持正确；

（6）各紧固螺钉应按规定力矩和方法拧紧。

3. 实践操作

1）拆卸发动机外围部件的步骤

发动机外围部件如图2-26所示。

（1）旋松发电机11的固定螺钉,拆卸发电机；

（2）旋松曲轴带轮5的固定螺钉,拆卸曲轴带轮；

（3）抽出油尺13；

（4）拆卸点火线圈组件及其外部连接线；

（5）拆卸燃油分配管14的各连接油管及其固定螺钉,拆卸燃油分配管和喷油器；

（6）旋松进气歧管12的固定螺钉,拆卸进气歧管,取下进气歧管垫片；

（7）旋松排气歧管的固定螺钉,拆卸排气歧管,取下排气歧管垫片；

（8）用专用工具拆卸机油滤清器；

（9）拆卸发动机外部各进出水连接管。

2）拆卸配气机构传动组件的步骤

（1）旋松正时齿形带护罩1（图2-26）的固定螺钉,拆卸正时齿形带护罩,观察凸轮轴正时齿形带轮17（图2-27）的记号,以备后续正确安装；

学习任务二　发动机总成的分解

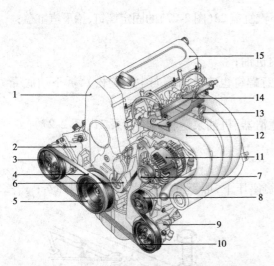

图 2-26　发动机外围部件
1 _____ ; 2 _____ ; 3 _____ ; 4 _____ ;
5 _____ ; 6 _____ ; 7 _____ ; 8 _____ ;
9 _____ ; 10 _____ ; 11 _____ ; 12 _____ ;
13 _____ ; 14 _____ ; 15 _____

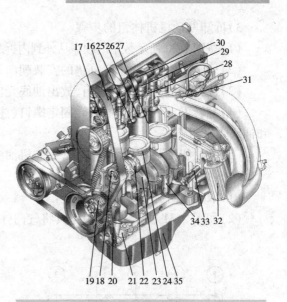

图 2-27　发动机剖视图
16-正时齿形带；17-凸轮轴正时齿形带轮；18-水泵齿形带轮；19-曲轴正时齿形带轮；20-机油泵链条；21-机油泵；22-曲轴；23-水泵；24-活塞；25-排气门；26-进气门；27-汽缸体；28-汽缸盖；29-挺柱；30-凸轮轴；31-喷油器；32-机油滤清器；33-限压阀；34-连杆；35-油底壳

（2）旋松汽缸罩盖15（图2-26）的固定螺钉，拆卸汽缸罩盖；
（3）用专用工具旋转张紧轮2（图2-28），拆卸发动机的正时齿形带4（图2-28）；
（4）拆卸曲轴齿形带轮5（图2-28）、曲轴链轮、水泵齿轮带轮3（图2-28）、张紧轮2（图2-28）和凸轮轴正时齿形带轮1（图2-28），拆下齿形皮带后防护罩；
（5）旋松凸轮轴2（图2-29）的轴承座盖1（图2-29）的固定螺钉，拆卸凸轮轴轴承座盖，取下凸轮轴和气门挺柱3（图2-29）。

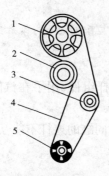

图 2-28　配气齿轮组件
1-凸轮轴正时齿形带轮；2-张紧轮；3-水泵齿轮带轮；4-正时齿形带；5-曲轴齿形带轮

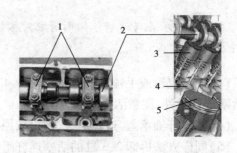

图 2-29　凸轮轴与气门组件
1-凸轮轴轴承座盖；2-凸轮轴；3-气门挺柱；4-气门；5-活塞

3）拆卸发动机机体组的步骤

（1）按图2-30所示数字的顺序从外到内拆下汽缸盖28（图2-27）的固定螺钉，抬下汽缸盖；

（2）取下汽缸垫，注意汽缸垫的安装朝向；

（3）旋松油底壳的放油螺钉，放出油底壳内机油；

（4）翻转发动机，拆卸油底壳固定螺钉（注意螺钉也应从两端向中间旋松），拆下油底壳和油底壳密封垫；

（5）旋松机油粗滤器固定螺钉，拆卸机油滤清器、机油泵链轮和机油泵21（图2-27）。

4）拆卸发动机气门组件的步骤

（1）取下挺杆体，按顺序放好；

（2）如图2-31所示，用专用工具将气门弹簧座压下，取下气门锁片，拆出气门弹簧；

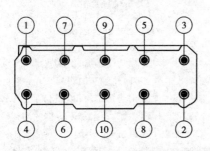

图2-30　汽缸盖螺钉拆卸顺序

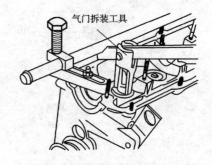

图2-31　用专用工具拆卸气门

（3）取下气门弹簧座、气门弹簧、气门油封和气门，并按顺序放好，不可混放。

5）拆卸活塞连杆组件的步骤

（1）转动曲轴22（图2-27），使发动机1、4缸活塞处于下止点；

（2）分别拆卸1、4缸的连杆紧固螺母，取下连杆轴承盖；

 **小提示**

连杆轴承盖与连杆体侧面有配对标记（图2-32），应配对放好，各缸连杆也应按顺序放好。

（3）用橡胶锤或手锤木柄分别推出1、4缸的活塞连杆组件，用手在汽缸出口接住并取出活塞连杆组件，注意活塞安装方向；

（4）将连杆轴承盖、连杆螺栓、螺母按原位置装回，不同缸的连杆不能互相调换；

（5）同样方法拆卸2、3缸的活塞连杆组；

（6）采用专用的活塞环装卸钳拆装各缸活塞环；

（7）采用卡簧钳拆卸活塞销卡环；

（8）在油压机上进行活塞销的拆卸。如无油压机，也可以将活塞连杆组浸入60℃的热水或机油中加热，然后用专用工具进行拆卸。

6)拆卸曲轴飞轮组件的步骤

(1)旋松飞轮紧固螺钉,拆卸飞轮(飞轮较重,拆卸时注意安全);

(2)拆卸曲轴前端及后端密封凸缘及油封;

(3)按图2-33螺钉序号从两端到中间旋松曲轴主轴承盖紧固螺钉,取下主轴承盖,并且要注意各缸主轴承盖有装配标记,不同缸的主轴承盖及轴瓦不能互相调换;

图2-32 连杆标记

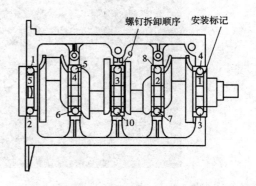

图2-33 曲轴主轴承盖螺钉拆卸顺序

(4)抬下曲轴,再将主轴承盖及垫片按原位装回,并将固定螺钉拧入少许,同时要注意曲轴推力轴承的定位及开口的安装方向。

7)清洗

(1)用刮刀将发动机各零部件上的污物刮净;

(2)用清洗液将发动机各部件洗净;

(3)用干抹布将发动机各部件擦净。

拆卸活塞连杆组时应注意哪些问题?

三、学习拓展

(1)请观察汽油机和柴油机,想一想它们在结构上有何不同?

(2)请查阅丰田花冠汽车维修手册,书中关于发动机总成的分解步骤与现实中的分解步骤有何不同?

(3)从图2-34中,你明白了什么道理?为什么拆卸的零件要分类摆放整齐?写出你的理解。

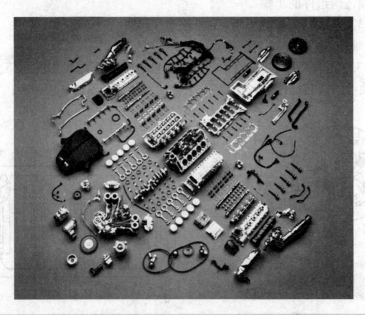

图 2-34 发动机零件分类摆放

四、评价与反馈

1. 自我评价与反馈

(1)能否主动参与工作现场的清洁和整理工作?(　　)

　　A. 主动完成　　　　　　B. 被动完成　　　　　　C. 未完成

(2)你能否正确规范地完成发动机总成的分解?(　　)

　　A. 快速规范　　　　　　B. 规范但不熟练　　　　C. 不会操作

(3)写出发动机总成的分解中用到的拆卸工具。
_____
_____

(4)能否知道发动机的常见故障有哪些?
_____
_____

(5)下次遇到类似的学习任务应如何改善从而提高学习效果?
_____
_____

(6)你在本学习任务中遇到的困难是什么?你是如何解决的?

签名：_____　_____年_____月_____日

2. 小组评价与反馈

(1) 是否主动参与小组讨论？（　　）

　　A. 主动　　　　　　　　B. 被动　　　　　　　　C. 未参与

(2) 是否完成本学习任务的学习目标？（　　）

　　A. 完成且效果好　　　　B. 完成但效果不好　　　C. 未完成

(3) 是否积极学习，不懂的是否积极向别人请教，是否积极帮助他人学习？（　　）

　　A. 积极学习　　　　　　　　　　　　　　B. 积极请教

　　C. 积极帮助他人　　　　　　　　　　　　D. 三者都不积极

(4) 零件、工具与油污有没有落地，有无保持作业现场的整洁？（　　）

　　A. 无掉地且场地整洁　　　　　　　　　　B. 有零件、工具掉地

　　C. 有油污掉地　　　　　　　　　　　　　D. 未保持作业现场的清洁

(5) 操作过程中是否注意维修质量且有责任心？（　　）

　　A. 注意质量，有责任心　　　　　　　　　B. 不注意质量，有责任心

　　C. 注意质量，无责任心　　　　　　　　　D. 全无

(6) 在团队学习中的主动性与合作情况如何？（　　）

　　A. 好　　　　　　　　B. 较好　　　　　　　　C. 一般

　　　　参与评价的同学签名：_____　_____年_____月_____日

3. 教师评价及答复

_____

_____

　　　　教师签名：_____　_____年_____月_____日

五、技能考核标准

序号	项目	操作内容	规定分	评分标准	得分
1	准备	清点工量具、清理工位	5分	酌情扣分	
2	拆卸	拆卸发动机外围部件； 拆卸配气机构传动组件； 拆卸机体组件； 拆卸气门组件； 拆卸发动机活塞连杆组； 拆卸曲轴飞轮组	10分 10分 10分 10分 10分 10分	操作不当扣1~10分； 操作不当扣1~10分； 操作不当扣1~10分； 操作不当扣1~10分； 操作不当扣1~10分； 操作不当扣1~10分	

续上表

序号	项目	操 作 内 容	规定分	评 分 标 准	得分
3	清洗	用刮刀将发动机上的污物刮净； 用清洗液将发动机各部件洗净； 用干抹布将发动机各部件擦净	5分 3分 2分	操作不当扣1~5分； 操作不当扣1~3分； 操作不当扣1~2分	
4	完成时限	150min	10分	超时1~5min扣1~5分； 超时5min以上扣10分	
5	安全文明	无安全隐患,无不文明操作	10分	未达标扣1~10分	
6	结束	工具、量具清洁并归位； 工作场地清洁	3分 2分	漏一项扣1分,未做扣3分； 清洁不彻底扣1~2分,未做扣2分	
		总分	100分		

学习任务三　正时皮带的检查与更换

任务要求

完成本学习任务后,你应:
1. 能分析发动机正时对发动机配气正时和点火正时的影响;
2. 能明确正时皮带的检查和更换周期;
3. 能解释发动机运转时正时皮带断裂对发动机的影响;
4. 能使用专用工具拆装曲轴带轮;
5. 能规范更换发动机正时皮带。

建议学时:8 学时

任务描述

一辆丰田凌志 LS400 轿车,在冷车状态起动发动机后,发动机罩前端有异响,随着发动机温度的升高,异响随之减弱直至消失。经维修人员检查,发现异响是因发动机前端的正时皮带下罩盖内侧与正时皮带之间产生运动干涉引起的。需对正时皮带下罩盖进行调整,同时需要更换正时皮带。

一、理论知识准备

正时皮带是发动机配气系统的重要组成部分,通过与曲轴的连接并配合一定的传动比以保证进、排气时间的准确。使用皮带而不是齿轮来传动是因为皮带噪声小、传动精确、自身变化量小而且易于补偿。显而易见,皮带的寿命要比金属齿轮短,因此需定期更换。

1. 正时皮带的功用

正时皮带的功用是连接曲轴与凸轮,以一定的传动比传递动力,同时保证进、排气时间的准确,上部连接的是发动机凸轮轴的正时轮,下部连接的是曲轴正时轮;在凸轮轴上有凸轮,与凸轮相接触的是气门摇臂,气门摇臂通过正时皮带带来的动力产生压力来顶开气门;当凸轮轴上的凸轮凸峰顶起进气门时,可燃混合气或空气进入汽缸;顶起排气门时,废气排出缸体;当凸轮轴上的凸轮基圆部位接触气门摇臂时,进气门、排气门都关闭,火花塞跳火,点燃可燃混合气,推动活塞作功产生动力。

以四缸发动机为例,点火顺序是 1-2-4-3(或 1-3-4-2),当:

第一缸的进气门、排气门都关闭时,可燃混合气开始燃烧并产生动力;

此时,第二缸的进气门接近完全关闭,排气门是关闭的;

第三缸这时候的进气门是几乎完全打开的,吸进可燃混合气或空气,排气门关闭;

第四缸此时完成内燃,进气门是关闭的,排气门完全打开排气。

2. 正时皮带的装配关系

正时皮带是发动机配气系统的重要组成部分,通过与曲轴的连接并配合一定的传动比来保证进、排气时间的准确,其结构组成如图3-1所示。

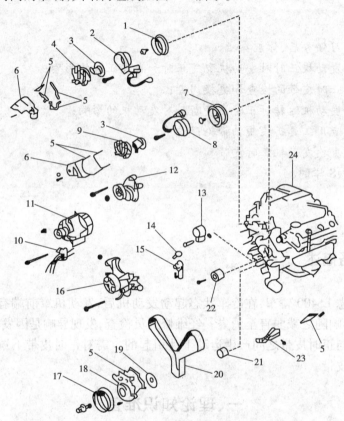

图3-1　正时皮带及部件分解图

1-右凸轮轴链轮;2-右分电器罩;3-转子;4-右分电器盖;5-衬垫;6-2号正时带罩;7-左凸轮轴链轮;8-左分电器盖;9-左分电器盖;10-机油冷却器管道支架;11-交流发电机;12-驱动带张紧器;13-1号张紧轮;14-防尘罩;15-正时皮带张紧器;16-风扇支架,液压泵;17-曲轴带轮;18-1号正时罩;19-正时带导向垫圈;20-正时带;21-曲轴链轮;22-2号张紧轮;23-正时带罩隔板;24-发动机总成

3. 正时皮带的使用注意事项

(1)正时皮带属于耗损品,而且正时皮带一旦断裂,极有可能导致气门与活塞撞击而造成严重毁损,所以正时皮带一定要依据原厂指定的里程或时间更换。

(2)正时皮带属于橡胶部件,随着发动机工作时间的增加,正时皮带及其附件,如正时皮带张紧轮、正时皮带张紧器和水泵等都会发生磨损或老化。因此,凡是装有正时皮带的发动机,厂家都会有严格要求,在规定的周期内定期更换正时皮带及附件,更换周期则随着发动机的结构不同而有所不同,一般在车辆行驶到 6 万～10 万 km 时应该更换,具体的更换周期应该以车辆的维修手册说明为准。

4. 正时皮带的定期维护

因为正时皮带的重要性,我们每一年或每行驶 15000km 应对皮带检查维护一次。检查皮带的张紧度、张紧轮以及水泵的状况,发现问题要及时更换或调整;查看皮带齿是否有磨损和剪切,皮带侧壁有无裂纹,皮带背面有无裂纹,有无被油脂、冷却液浸泡的痕迹,如果有上述任何一种现象,都应该更换正时皮带。如果检查正时皮带和附属件状态良好,要用压缩空气清理干净正时皮带护罩内的杂质,以延长皮带的使用寿命。

小提示

在更换正时皮带时,其附属件如张紧轮、水泵也须一起更换。

5. 正时皮带破裂对发动机的影响

正时皮带破裂时,如果皮带被咬住,那么气门停在打开状态,同时发动机停止运转;破裂时如果发动机是空转,就意味着在行程顶部的活塞与张开的气门之间存有空隙。这两种情况下的破裂,损坏的只是正时皮带本身。但是,如果发动机是"过盈配合"设计,活塞和气门占据着相同空间,它们之间没有间隙,那么很快就会损坏其他部件,如气门被弯曲,活塞受冲压等。

相关链接

发动机正时是配气正时和点火正时的基础,也就是说正时皮带(或正时链)能确定曲轴和凸轮轴相对位置,确定活塞运行与气门开闭时刻的关系,如发动机正时不准,会导致配气正时和点火正时不准,发动机无法正常工作。

配气正时,指进气门和排气门开关时刻和开启的持续时间,用曲轴转角表示。

点火正时,是汽油机确定某缸点火的正时时刻,用曲轴转角表示。

二、实 践 操 作

1. 实践准备

丰田凌志 LS400 轿车一辆、带轮固定器、常用工具和专业工具各一套、干净的抹布、刮刀及维修手册等。

2. 技术要求与注意事项

(1)松开正时皮带张紧轮前,应将曲轴转到 1 缸上止点位置。

(2)当张紧器从发动机上拆下时,必须将柱塞压入张紧器壳体内。将张紧器放入虎钳,慢慢地压柱塞。当柱塞被压入张紧器壳体时,穿过壳体和柱塞安装销钉来固定柱塞,直到张紧器被安装好。张紧器在虎钳中的位置与安装时方向相同。这将保证张紧器安装在发动机上时销钉适当定位。

(3)在取下正时皮带时,应在正时皮带上标明其原转动方向,以防安装时装反;否则,会

加速正时皮带的磨损。

（4）在安装正时皮带时，一定要对齐凸轮轴链轮的正时标记。

3. 实践操作

1）正时皮带的拆卸

（1）断开蓄电池负极电缆，排空冷却液，拆下蓄电池，拆下发动机下罩。

（2）如有必要，拆下进气管与空气滤清器总成。拆下驱动带、风扇总成与散热器。

（3）从气门罩上拆下左上和右上正时带罩，拆下驱动带张紧轮，如图3-2所示。

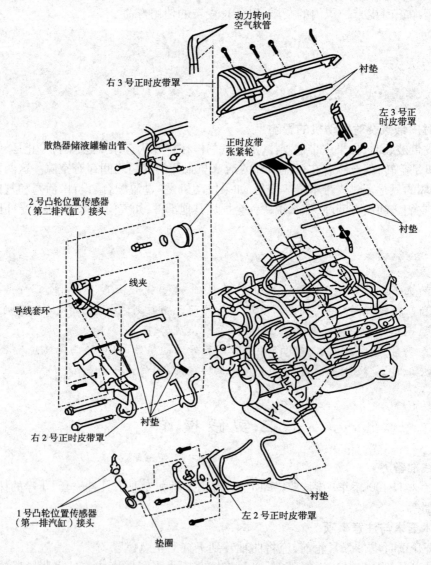

图3-2 正时皮带罩分解实物图

（4）从正时皮带左右中心（2号）罩上断开传感器线束接头与线束夹。拆下正时皮带中心罩（2号）。拆下分电器与点火导线。拆卸左点火线圈。

（5）拆下空调压缩机（保持软管连接，固定在旁边）及液力风扇泵和风扇支架。

 **小提示**

如果要重复使用正时皮带,确保正时皮带上有4个安装标记,如图3-3所示。如果安装标记不存在,在正时皮带和链轮上作标记。

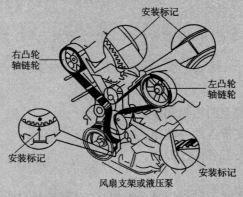

图3-3 识别正时皮带的安装标记

(6)对于所有车型,转动曲轴,直到曲轴上的正时标记与凸轮轴带轮上的正时标记对齐。记下正时标记,凸轮轴链轮上的正时标记必须与正时皮带后板上的正时标记对齐,如图3-4所示。

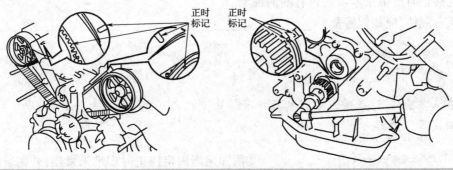

图3-4 正时标记的对齐

 **小提示**

拆下正时皮带后,不要转动凸轮轴或曲轴,否则可能发生活塞与气门接触并损坏发动机。

(7)使用带轮固定器,固定住曲轴带轮。拆下曲轴带轮螺栓。使用拉出器,拆下曲轴带轮。交替地拧松并拆下正时皮带张紧器螺栓。拆下张紧器(图3-1中15)。

(8)使用链轮固定器,顺时针稍微转动右凸轮轴链轮以释放正时皮带张力。从凸轮轴链轮上拆下正时带。如果拆卸凸轮轴链轮,在拆卸凸轮轴链轮螺栓时,使用链轮固定器固定住链轮。

(9)拆下驱动带张紧器(图3-1中12)。拆下正时皮带下罩(1号)、垫圈、正时皮带罩隔环与垫圈。

 小提示

拆卸正时皮带与张紧轮时,注意曲轴转角传感器板(正时皮带导向装置)的方向,以便重新装配时参考。

2)正时皮带的清洗
(1)用刮刀将正时皮带上的污物刮净;
(2)用清洗液将正时皮带各部件洗净;
(3)用干抹布将正时皮带各部件擦净。

3)正时皮带的检查
(1)检查正时皮带。观察正时皮带是否有损坏的带齿、开裂或油污。
如有损坏或油污,应如何修复?＿＿＿＿＿＿＿＿＿＿
(2)检查张紧轮。观察张紧轮是否平滑旋转,是否有润滑脂泄露现象。
如果有上述现象,应如何修复?＿＿＿＿＿＿＿＿＿＿
(3)检查正时皮带张紧器。
①观察正时皮带张紧器是否有漏油现象。
如果有漏油,应如何修复?＿＿＿＿＿＿＿＿＿＿

 小提示

在正常条件下,正时皮带张紧器杆密封处可能会有少量漏油。如果漏油过多,更换正时皮带张紧器。

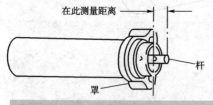

图3-5 测量正时皮带张紧器杆的伸出长度

②用固定器固定住正时皮带张紧器,并朝着固定器表面压正时皮带张紧器杆。
如果杆移动,应如何修复?＿＿＿＿＿＿＿＿＿＿
③测量正时皮带张紧器杆伸出部分(从杆的端部到罩的边缘)的长度,如图3-5所示(选择一组数据填写)。测量值为:＿＿＿＿＿＿标准值为:＿＿＿＿＿＿
如果杆的伸出部分不是10.50~11.50mm,应如何修复?＿＿＿＿＿＿＿＿＿＿

 做一做

同学们,请自己动手对发动机正时皮带进行检查。

如果正时皮带严重损坏时,应如何选配新的正时皮带?

4)正时皮带的安装

(1)如果事先已拆下曲轴链轮,将曲轴链轮与曲轴键对齐。不要转动曲轴。使用手锤与链轮安装工具安装曲轴链轮,凸缘朝向汽缸体。

(2)安装1号张紧轮与垫圈(如果事先已拆下)。在张紧轮螺栓的螺纹上涂抹螺纹防松剂。安装螺栓并拧紧至技术规范要求。

(3)安装2号张紧轮与螺栓。拧紧螺栓至技术规范要求。确保张紧轮是清洁的并能平滑转动。确保张紧轮支架移动自由。

(4)使用曲轴带轮螺栓,转动曲轴,使曲轴链轮上的正时标记与油泵体上的正时标记对齐。

(5)将正时皮带装到曲轴链轮上,使正时皮带上的"CR"安装标记对齐曲轴链轮底部的点标记。将正时皮带先后安装到1号和2号张紧轮上。

确保凸轮轴链轮安装时,识别标志朝前。右凸轮轴链轮识别标记为"R",左凸轮轴链轮识别标记为"L"。

(6)如果凸轮轴链轮事先被拆下,将凸轮轴链轮孔与凸轮轴定位销对齐,安装凸轮轴链轮。用链轮固定器固定住凸轮轴链轮。安装凸轮轴链轮螺栓并拧紧至技术规范要求。

(7)安装曲轴转角传感器板(正时皮带导向装置),凹的一侧远离曲轴链轮,平的一侧朝向正时皮带。安装带垫圈的正时皮带罩。

(8)安装风扇支架。安装螺栓、螺母并拧紧至技术规范要求;安装液压泵。安装螺栓、螺母并拧紧至技术规范要求。

(9)对所有车型,使曲轴键与曲轴带轮上的键槽对齐。使用锤子与带轮安装工具,安装曲轴带轮。安装曲轴带轮螺栓并拧紧至技术规范要求。

(10)确保曲轴设定在上止点。曲轴带轮上的正时标记应该对齐正时带罩上的"O"标记。确保凸轮轴链轮正时标记与正时皮带后板上的正时标记对齐,如图3-6所示。

(11)安装左凸轮轴链轮上的正时皮带。确保左凸轮轴链轮上的正时标记仍然对齐正时皮带后板上的正时标记。确保正时皮带在左凸轮轴链轮和曲轴链轮之间不松弛。

(12)安装右凸轮轴链轮上的正时皮带。确保右凸轮轴链轮上的正时标记仍然对齐正时皮带后板上的正时标记。确保正时皮带在左右凸轮轴链轮之间不松弛。正时皮带上的正时标记应与凸轮轴链轮上的正时标记对齐,如图3-6所示。

(13)把正时皮带张紧器放在压力工具中,给正时皮带张紧器杆施加压力直到杆缩回,并且杆和罩的孔对齐。穿过壳体和杆上的孔安装内六角扳手,以把杆固定在缩回位置,如图3-7所示。松开压力工具,将防尘罩安装到正时皮带张紧器上。安装正时皮带张紧器。交

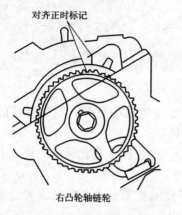 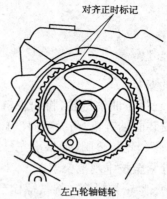

右凸轮轴链轮　　　　　　　　　左凸轮轴链轮

图3-6　对齐凸轮轴链轮正时标记

替地拧紧螺栓至技术规范要求。

 小提示

从发动机前面看，一定要顺时针转动曲轴，不要逆时针转动曲轴。

（14）从正时皮带张紧器上拆下六角扳手。从上止点位置开始，顺时针转动曲轴两整圈。确保凸轮轴链轮上的正时标记与正时皮带后板上的正时标记对齐。如果正时标记不对齐，拆下正时皮带并重新安装。

（15）按与拆卸相反的顺序安装其余零件。根据分电器壳前面的识别标记来确保分电器壳安装位置正确。右分电器壳（从发动机后面看）识别标记为"R"，左分电器壳识别标记为"L"。

（16）安装转子，使转子的伸出部分对齐凸轮轴链轮槽，如图3-8所示。确保火花塞导线位置正确并安装在导线保持架中。按技术规范要求拧紧所有螺栓、螺母。加注冷却液并作排气处理。

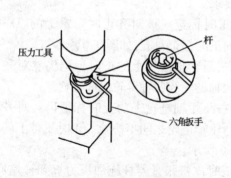 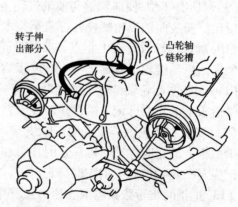

图3-7　缩回正时皮带张紧器　　　　图3-8　转子的安装

 **做一做**

对正时皮带进行拆卸与安装。

三、学 习 拓 展

(1)请观察捷达汽油机和捷达柴油机,想一想它们的正时皮带在结构上有何不同?

(2)请查阅丰田卡罗拉汽车维修手册,书中关于正时链条各部件的检修与现实中的检修有何不同?拆装和检修步骤有何不同?

(3)故障案例分析。

故障现象:一辆丰田凌志 LS400 轿车,冷车起动时能很清晰地听到发动机部位有连续的"哒哒"声,轻踩加速踏板提高发动机转速则"哒哒"声更明显,若继续踩加速踏板,响声消失;低挡位、低速度行驶时也能听到连续的"哒哒"声。车主反映,该车行驶了 800km 左右后出现此故障现象。

故障诊断与排除:经维修人员检查、诊断,初步确定问题可能出现在正时系统部分,于是拆下正时皮带检查,发现正时皮带有些跑偏,没有在皮带轮的正中央位置,而且皮带的外侧已经被打磨得呈不规则形状,与另外一侧完全不同,同时还发现正时皮带中已经有一条分岔;工作人员重新更换一条新的正时皮带,装好试车,故障排除。

四、评价与反馈

1. 自我评价与反馈

(1)能否主动参与工作现场的清洁和整理工作?(　　)
　　A. 主动完成　　　　B. 被动完成　　　　C. 未完成
(2)你能否正确规范地完成正时皮带的检修?(　　)
　　A. 快速规范　　　　B. 规范但不熟练　　　C. 不会操作
(3)写出正时皮带的检测步骤与检查工具。

_____
_____

(4)能否知道正时皮带损坏会导致发动机哪些故障?

_____
_____

(5)下次遇到类似的学习任务应如何改善从而提高学习效果?

_____

(6)你在本学习任务中遇到的困难是什么？你是如何解决的？
_____
_____

签名：_____　　　_____年_____月_____日

2. 小组评价与反馈

(1)是否主动参与小组讨论？（　　）
  A. 主动　　　　　　　B. 被动　　　　　　　C. 未参与
(2)是否完成本学习任务的学习目标？（　　）
  A. 完成且效果好　　　B. 完成但效果不好　　C. 未完成
(3)是否积极学习，不懂的是否积极向别人请教，是否积极帮助他人学习？（　　）
  A. 积极学习　　　　　　　　　　　　　　　B. 积极请教
  C. 积极帮助他人　　　　　　　　　　　　　D. 三者都不积极
(4)零件、工具与油污有没有落地，有无保持作业现场的整洁？（　　）
  A. 无掉地且场地整洁　　　　　　　　　　　B. 有零件、工具掉地
  C. 有油污掉地　　　　　　　　　　　　　　D. 未保持作业现场的清洁
(5)操作过程中是否注意维修质量且有责任心？（　　）
  A. 注意质量，有责任心　　　　　　　　　　B. 不注意质量，有责任心
  C. 注意质量，无责任心　　　　　　　　　　D. 全无
(6)在团队学习中的主动性与合作情况如何？（　　）
  A. 好　　　　　　　　B. 较好　　　　　　　C. 一般

参与评价的同学签名：_____　　　_____年_____月_____日

3. 教师评价及答复
_____
_____
_____

教师签名：_____　　　_____年_____月_____日

五、技能考核标准

序号	项目	操作内容	规定分	评分标准	得分
1	准备	清点工量具、清理工位； 打开并支撑发动机罩； 安装汽车保护罩	2分 2分 2分	酌情扣分； 酌情扣分； 酌情扣分	

学习任务三 正时皮带的检查与更换

续上表

序号	项目	操作内容	规定分	评分标准	得分
2	拆卸	外观检查正时皮带； 拆卸正时皮带前的准备工作； 拆下左上正时皮带罩； 拆下右上正时皮带罩； 拆下下正时皮带罩； 拧松皮带张紧器； 拆下正时皮带； 拆卸曲轴正时齿轮； 拆卸凸轮轴	2分 2分 2分 2分 2分 2分 2分 2分 2分	操作不当扣1~2分； 操作不当扣1~2分； 操作不当扣1~2分； 操作不当扣1~2分； 操作不当扣1~2分； 操作不当扣1~2分； 操作不当扣1~2分； 操作不当扣1~2分； 操作不当扣1~2分	
3	清洗	用刮刀将正时皮带上的污物刮净； 用清洗液将正时皮带各部件洗净； 用干抹布将正时皮带各部件擦净	2分 2分 2分	操作不当扣1~2分； 操作不当扣1~2分； 操作不当扣1~2分	
4	检查	检查正时皮带背面； 检查正时皮带帆布面； 检查齿根； 检查正时皮带侧面； 检查水泵齿轮； 检查凸轮轴齿带轮； 检查正时齿带张紧轮； 检查曲轴正时齿带轮； 安装正时皮带后，检查挠度	3分 3分 3分 3分 3分 3分 3分 3分 3分	操作不当扣1~3分； 操作不当扣1~3分； 操作不当扣1~3分； 操作不当扣1~3分； 操作不当扣1~3分； 操作不当扣1~3分； 操作不当扣1~3分； 操作不当扣1~3分； 操作不当扣1~3分	
5	安装	安装凸轮轴； 安装链轮； 安装曲轴正时齿轮； 安装正时齿带； 拧紧皮带张紧器螺栓； 安装张紧器锁止销； 安装正时皮带室盖； 安装发电机传动带； 安装压缩机传动带； 安装冷却风扇及支架	3分 3分 3分 3分 3分 3分 3分 3分 3分 3分	操作不当扣1~3分； 操作不当扣1~3分； 操作不当扣1~3分； 操作不当扣1~3分； 操作不当扣1~3分； 操作不当扣1~3分； 操作不当扣1~3分； 操作不当扣1~3分； 操作不当扣1~3分； 操作不当扣1~3分	
6	完成时限	50min	5分	超时1~5min扣1~5分； 超时5min以上扣5分	
7	安全文明	无安全隐患，无不文明操作	4分	未达标扣1~4分	
8	结束	工具、量具清洁并归位； 工作场地清洁	2分 2分	漏一项扣1分，未做扣2分； 清洁不彻底扣1~2分，未做扣2分	
		总分	100分		

学习任务四　配气机构的检修

任务要求

完成本学习任务后,你应:
1. 知道配气机构的组成、结构和装配关系;
2. 能明确拆装配气机构的步骤及装配要求;
3. 能分析配气机构各零件损坏导致故障的现象;
4. 会拆装和检修配气机构。

建议学时:10 学时

任务描述

一辆丰田佳美 3.0 轿车,装用 V6 发动机,无论怠速与加速,配气机构都出现嘈杂的敲击响声,噪声极大。维修人员诊断为发动机配气机构出现了问题,需对发动机的配气机构作进一步检查,以确定故障部位,进行维修或更换。

一、理论知识准备

目前,四冲程汽车发动机都采用气门式配气机构,其按照发动机工作顺序和工作循环的要求,定时开启和关闭各缸的进、排气门,使新鲜混合气(或空气)进入汽缸,废气从汽缸排出。进入汽缸内新鲜混合气(或空气)的数量(或称进气量)对发动机性能的影响很大。进气量越多,发动机的有效功率和转矩越大。因此,配气机构首先要保证进气充分,进气量尽可能的多;同时,废气要排除干净,因为汽缸内残留的废气越多,进气量将会越少。

1. 配气机构的功用

配气机构是进、排气管道的控制机构,它按照汽缸工作顺序和工作过程的要求,准时地开闭进、排气门,向汽缸供给可燃混合气(汽油机)或新鲜空气(柴油机或缸内直喷汽油机)并及时排出废气。另外,当进、排气门关闭时,保证汽缸密封。

2. 充气效率

新鲜空气或可燃混合气被吸入汽缸愈多,则发动机可能发出的功率愈大。新鲜空气或可燃混合气充满汽缸的程度,用充气效率 η_v 表示。η_v 越高,表明进入汽缸的新气越多,可燃混合气燃烧时可能放出的热量也就越大,发动机的功率越大。

3. 配气机构的形式

1)气门布置方式

气门布置方式如图 4-1 所示,气门位于汽缸盖上称为气门顶置式配气机构,由凸轮、挺柱、推杆、摇臂、气门和气门弹簧等组成。其特点是进气阻力小、燃烧室结构紧凑、气流搅动大、能达到较高的压缩比,目前国产的汽车发动机都采用气门顶置式配气机构。

气门位于汽缸体侧面称为气门侧置式配气机构,由凸轮、挺柱、气门和气门弹簧等组成。省去了推杆、摇臂等零件,简化了结构。因为它的进、排气门在汽缸的一侧,压缩比受到限制,进排气门阻力较大,发动机的动力性和高速性均较差,逐渐被淘汰。

2)凸轮轴布置方式

凸轮轴布置方式如图 4-2 所示。

凸轮轴下置式:凸轮轴布置在汽缸下部,主要缺点是气门和凸轮轴相距较远,因而气门传动零件较多、结构较复杂,发动机高度也有所增加。

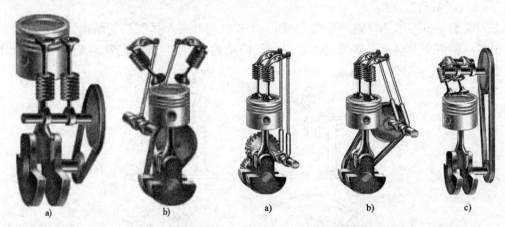

图 4-1　气门布置方式
a)气门侧置式;b)气门顶置式

图 4-2　凸轮轴布置方式
a)凸轮轴下置式;b)凸轮轴中置式;c)凸轮轴上置式

凸轮轴中置式:凸轮轴位于汽缸体的中部,由凸轮轴经过挺柱直接驱动摇臂,省去推杆,这种结构称为凸轮轴中置式配气机构。

凸轮轴上置式:凸轮轴布置在汽缸盖上,有两种结构,一是凸轮轴直接通过摇臂来驱动气门,这样既无挺柱,又无推杆,往复运动质量大大减小,此结构适用于高速发动机;另一种是凸轮轴直接驱动气门或带液力挺柱的气门,此种配气机构的往复运动质量更小,特别适用于高速发动机。

3)凸轮轴传动方式

凸轮轴传动方式如图 4-3 所示,凸轮轴下置式和中置式的配气机构大多采用圆柱形正时齿轮传动,一般从曲轴到凸轮轴只需一对正时齿轮传动,若齿轮直径过大,可增加一个中间齿轮。为了啮合平稳、减小噪声,正时齿轮多用斜齿。

凸轮轴上置式的配气机构多采用链条与链轮传动,但其工作可靠性和耐久性不如齿轮传动。近年来高速汽车发动机上广泛采用齿形皮带来代替传动链,齿形带传动噪声小、工作可靠、成本低。

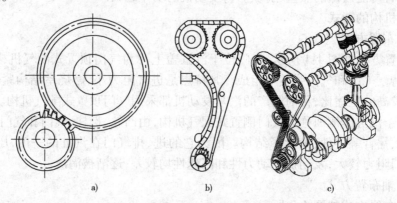

图4-3　凸轮轴传动方式
a)齿轮传动；b)链条传动；c)齿形带传动

4)气门数目

一般发动机都采用每缸两个气门，即一个进气门和一个排气门的结构。为了改善换气，在很多新型汽车发动机上多采用每缸四个气门结构，即两个进气门和两个排气门，如图4-4所示。

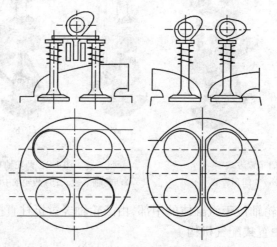

图4-4　四气门布置

4. 配气机构的组成

配气机构主要由气门组和气门传动组两大部分组成，如图4-5所示。其中气门组由进气门10、排气门9、气门弹簧8等组成；气门传动组由同步带轮1、凸轮轴2、摇臂轴3和摇臂轴弹簧5等组成。

1)气门组的功用与构造

气门组的功用是封闭进、排气道。

(1)气门。

①类型：进、排气门。

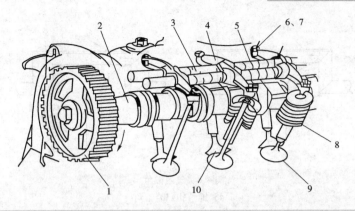

图 4-5 配气机构的结构
1-凸轮轴同步带轮;2-凸轮轴;3-摇臂轴;4-摇臂;5-摇臂轴弹簧;6、7-气门间隙调整螺钉及锁紧螺母;8-气门弹簧;9-排气门;10-进气门

②组成:

头部——与气门座配合,封闭汽缸的进、排气通道;

杆身——与气门导管配合,为气门运动导向,如图 4-6 所示。

③构造:

头部形状——有平顶、喇叭形顶、球面顶三种,如图 4-7 所示。

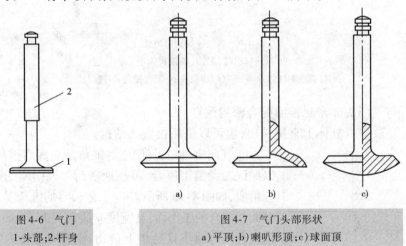

图 4-6 气门
1-头部;2-杆身

图 4-7 气门头部形状
a)平顶;b)喇叭形顶;c)球面顶

平顶——结构简单,制造方便,吸热面积小,质量小,进、排气门均可采用。

球面顶——适用于排气门,强度高、排气阻力小、废气的清除效果好,但受热面积大、质量和惯性力大、加工较复杂。

喇叭形顶——适用于进气门,进气阻力小,但受热面积大。

气门锥角——一般有45°和30°两种,如图 4-8 所示。

气门杆身——与气门头部制成一体,其气门杆端有一个用来安装锁销的径向孔,如图 4-9 所示。

(2)气门座。

①位置:进、排气道口与气门工作面接触部位。

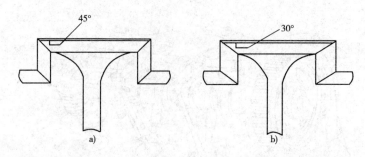

图4-8 气门锥角
a)45°锥角;b)30°锥角

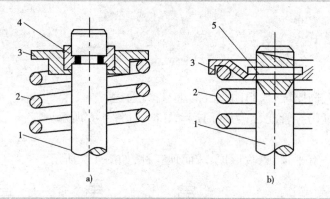

图4-9 弹簧座的固定方式
a)锁环式固定;b)锁销式固定
1-气门杆;2-气门弹簧;3-气门弹簧座;4-气门锁环;5-气门锁销

②功用:与气门头部密封锥面配合密封汽缸。

③类型:在缸盖或缸体上直接镗出,也可以采用镶嵌式结构。

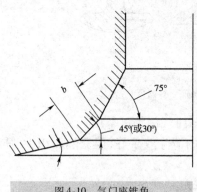

图4-10 气门座锥角

④气门座锥角:气门座的锥角是与气门锥角相适应的,以保证二者紧密座合,可靠地密封。气门座的锥面由三部分组成,如图4-10所示。45°(或30°)的锥面是与气门工作锥面相座合的工作面,其宽度 b 通常为 $1\sim3mm$,过宽时,单位座合压力减小且易垫上杂物、密封可靠性差;过窄时,面积小、气门头散热能力差。这一锥面应与气门工作锥面的中部附近相座合。15°和75°锥角便是用来修正工作锥面的宽度和上下位置的,以使其达到规定的要求。

(3)气门导管。

①功用:起导向作用,以保证气门作直线往复运动;起导热作用,将气门头部传给杆身的热量,通过汽缸盖传出去。

②位置:在汽缸盖上的气门导管孔中。

③结构特点:空心管状结构,伸入气道部分成锥形,后端装气门油封,有些带限位卡环,与座孔过盈配合,内孔与气门杆间隙配合,如图4-11所示。

(4)气门弹簧。

①功用:保证气门复位,使气门与气门座压紧。

②位置:安装在气门杆上。

③结构特点:圆柱形螺旋弹簧。

④类型:等螺距、变螺距、双弹簧三种,如图4-12所示。

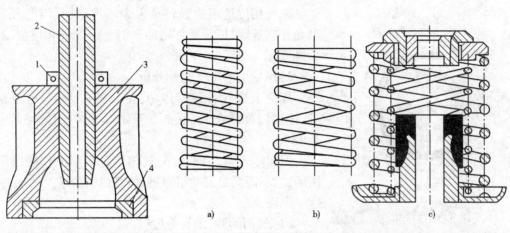

图4-11 气门座和气门导管的配合
1-卡环;2-气门导管;3-汽缸盖;4-气门座

图4-12 气门弹簧类型
a)等螺距弹簧;b)变螺距弹簧;c)双弹簧

2)气门传动组的功用与构造

气门传动组的功用:传递凸轮轴与气门之间的运动;

气门传动组的组成:包括凸轮轴、挺柱、推杆、摇臂、气门间隙调整螺钉等,如图4-13所示。

(1)凸轮轴。

①功用:控制气门的开启和关闭,每个进、排气门分别有相应的进气凸轮和排气凸轮。

②组成:由进气凸轮、排气凸轮和支撑轴颈等组成。

③形状与排列:凸轮的形状影响气门的开闭时刻及高度,凸轮的排列影响气门的开闭时刻和工作顺序。

(2)挺柱。

①功用:将凸轮的推力传给推杆(或气门杆),并承受凸轮轴旋转时所施加的侧向力。

②类型:液压挺柱(可以消除气门间隙)。

(3)推杆。

①功用:将从凸轮轴传来的推力传给摇臂。

②要求:它是配气机构中最容易弯曲的零件,要求有很高的刚度,在动载荷大的发动机中,推杆应尽量做得短些。

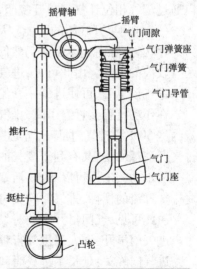

图4-13 凸轮轴下置气门传动组分布图

(4)摇臂。
①功用:将推杆或直接由凸轮传来的推力改变方向,作用在气门杆端部以推动气门。
②特点:是一个不等臂的双臂杠杆。

5. 配气相位

1)定义

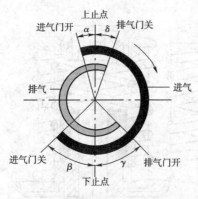

图4-14 配气相位图

配气相位是用曲轴转角来表示进、排气门的开启时刻和开启延续时间,通常用环形图表示配气相位图,如图4-14所示。

2)理论上的配气相位分析

理论上进气、压缩、作功、排气各占180°,也就是说进、排气门都是在上、下止点开闭,延续时间都是曲轴转角180°。

但实际表明,简单的配气相位对实际工作是很不适用的,它不能满足发动机对进、排气门的要求。

原因:

(1)气门的开、闭有个过程。

开启总是由小→大;关闭总是由大→小。

(2)气体惯性的影响。随着活塞的运动,同样造成进气不足、排气不净。

(3)发动机速度的要求。实际发动机曲轴转速很高,活塞每一行程历时都很短,当转速为5600r/min时一个行程只有$60/(5600\times 2)=0.0054s$,就是转速为1500r/min,一个行程也只有0.02s,这样短的进气或排气过程,使发动机进气不足、排气不净。

可见,理论上的配气相位不能满足发动机进饱排净的要求。

3)实际的配气相位分析

为了便于进气充足、排气干净,除了从结构上进行改进外(如增大进、排气管道),还可以通过配气相位让气门早开晚闭,延长进、排气时间。

(1)气门早开晚闭的可能。从示功图中可以看出,活塞到达进气下止点时,由于进气吸力的存在,汽缸内气体压力仍然低于大气压,在大气压的作用下仍能进气;另外,此时进气流还有较大的惯性。由此可见,进气门晚关可以增加进气量(图4-15)。

进气门早开,可使进气一开始就有一个较大的通道面积,可增加进气量。

在作功行程接近终了时,排气门打开,可以利用作功的余压使废气高速冲出汽缸,排气量约占50%。排气门早开,势必造成功率损失,但因气压低,损失并不大,而早开可以减少排气所消耗的功,又有利于废气的排出,所以总功率仍是提高的。

从示功图上还可以看出,活塞到达上止点时,汽缸内废气压力仍然高于外界大气压,加之排气气流的惯性,排气门晚关可使废气排得更干净一些。

由此可见,气门早开晚关对发动机实际工作的好处有:

进气门早开:增大了进气行程开始时气门的开启高度,减小进气阻力,增加进气量。

进气门晚关:延长了进气时间,在大气压和气体惯性力的作用下,增加进气量。

排气门早开:借助汽缸内的高压自行排气,大大减小了排气阻力,使排气干净。

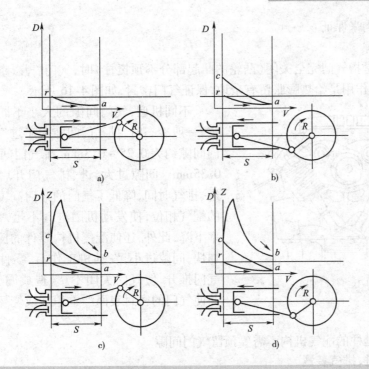

图 4-15　四冲程汽油机示功图
a) 进气行程；b) 压缩行程；c) 作功行程；d) 排气行程

排气门晚关：延长了排气时间，在废气压力和废气惯性力的作用下，使排气干净。

（2）气门重叠。由于进气门早开，排气门晚关，势必造成在同一时间内两个气门同时开启。把两个气门同时开启时间相当的曲轴转角叫作气门重叠角。

 想一想

气门重叠角是否会使可燃混合气和废气乱窜呢？

（3）进、排气门的实际开闭时刻和延续时间。

①实际进气时刻和延续时间：在排气行程接近终了时，活塞到达上止点前，即曲轴转到离上止点还差一个角度 α，进气门便开始开启，α 称为进气提前角，α 一般为 10°～30°。进气行程直到活塞越过下止点后 β 角度时，进气门才关闭。β 称为进气延迟角，β 一般为 40°～80°。整个进气过程延续时间相当于曲轴转角 180°＋α＋β。所以进气过程曲轴转角为 230°～290°。

②实际排气时刻和延续时间：同样，作功行程接近终了时，活塞在下止点前排气门便开始开启，提前开启的角度 γ 称为排气提前角，γ 一般为 40°～80°，活塞越过下止点后 δ 角度排气门关闭，δ 称为排气延迟角，δ 一般为 10°～30°，整个排气过程相当曲轴转角 180°＋γ＋δ。所以排气过程曲轴转角为 230°～290°。气门重叠角 α＋δ＝20°～60°。

从上面的分析可以看出，实际配气相位和理论上的配气相位相差很大，实际配气相位，气门要早开晚关，主要是为了满足进气充足，排气干净的要求。但实际中，究竟气门什么时候开？什么时候关最好呢？这主要根据各种车型，经过实验的方法确定，由凸轮轴的形状、

位置及配气机构来保证。

6. 气门间隙

气门间隙是指气门完全关闭(凸轮的凸起部分不顶挺柱)时,气门杆尾端与摇臂或挺柱之间的间隙,其作用是给热膨胀留有余地,保证气门密封,如图4-16所示。

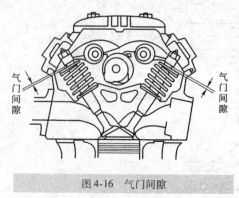

图4-16 气门间隙

不同机型,气门间隙的大小不同,根据实验确定,一般冷态时,排气门间隙大于进气门间隙,进气门间隙约为0.25~0.3mm,排气门间隙约为0.3~0.35mm。间隙过大,进、排气门开启滞后,缩短了进、排气时间,降低了气门的开启高度,改变了正常的配气相位,使发动机因进气不足,排气不净而功率下降,此外,还使配气机构零件的撞击增加,磨损加快;间隙过小,发动机工作后,零件受热膨胀,将气门推开,使气门关闭不严,造成漏气,功率下降,并使气门的密封表面严重积炭或烧坏,甚至气门撞击活塞。

采用液压挺柱的配气机构不需要预留气门间隙。

7. 发动机进、排气装置

1)作用

发动机进、排气装置的作用是不断地将新鲜空气或可燃混合气送入燃烧室,又将燃烧后的废气排到大气中去,实现充气量的不断更迭,保证发动机连续运转。

2)组成

发动机进、排气装置包括空气滤清器、进气管、排气管及排气消声器等,如图4-17所示。

(1)空气滤清器。

①必要性:由于汽车行驶时速度快,引起道路两旁尘土飞扬,使周围空气中含有灰尘,而灰尘中又含有大量的砂粒,如果被吸入汽缸,就会黏附在汽缸、活塞和气门座等零件的密封表面,加速它们的磨损,使发动机寿命大大下降。因此,在车用发动机上,必须安装空气滤清器(图4-18)。

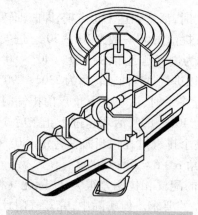

图4-17 发动机进、排气装置

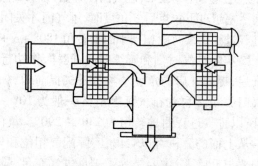

图4-18 空气滤清器

②作用与要求:空气滤清器的功用就是把空气中的尘土分离出来,保证向汽缸供给足够量的清洁空气。对空气滤清器的基本要求是滤清能力强、进气阻力小、维护周期长、价格低廉。

③形式和工作原理:目前,能采用的空气滤清器的形式很多,但归纳起来可分为以下几类:

按滤清方式分为惯性式和过滤式;按是否用机油分为干式和湿式。把它们组合起来就有干惯性式、干过滤式、湿惯性式、湿过滤式,综合两种以上的方式叫综合式。

a.惯性式:它是根据离心力或惯性力与质量成正比的原理,利用尘土比空气重的特点,引导气流作高速旋转运动,重的尘土就会自动地从空气中甩出去,或者引导气流突然改变流动方向,重的尘土就会来不及改变方向而从空气中分离出去。

优点:进气阻力小,维护简单。

缺点:滤清能力不强,即滤清效果差。

b.过滤式:它是根据吸附原理,引导气流通过滤芯(如金属网、丝、棉质物质和纸质等),将尘土隔离并黏附在滤芯上,从而使空气得到滤清。

优点:滤清能力强,滤清效果好。

缺点:进气阻力大,滤芯易堵塞。

c.综合式:综合上述两种滤清方式,使空气通过惯性式,除去粗粒灰尘,然后再通过过滤式除去细粒灰尘。因此,滤清能力强,可将空气中 85% 的灰尘清除掉,而阻力增加不大,从而得到了广泛的应用。

(2)进气歧管与排气歧管。

①作用:进气歧管的功用是将可燃混合气或空气引入汽缸,对多缸机还要保证各缸进气量均匀一致;排气歧管的功用是将燃烧后的废气引入大气。

②要求:进气阻力小、充气量要大;排气阻力小、排气噪声小。

进气阻力是影响充气量的主要因素,只有减小进气阻力,才能提高充气量,但进气阻力又与进气管道截面积的大小、弯曲程度以及管道内表面的形状有很大关系。

③材料:进、排气歧管一般用铸铁制成。进气歧管也有用铝合金铸造的。二者可铸成一体,也可分别铸出。它们都固定在汽缸盖上,接合面处装有石棉衬垫,以防漏气。进气总管以凸缘连通节气门,排气歧管连通排气消声器。而进、排气歧管则分别与进、排气门的通道连通(图 4-19)。

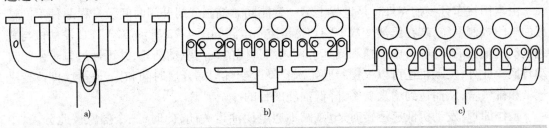

图 4-19 进气歧管与排气歧管
a)进、排气歧管排列(1) b)进、排气歧管排列(2) c)进、排气歧管排列(3)

(3)催化转换器。

汽车排出的废气,含有有害成分,如:无色无味有毒气体 CO;对呼吸系统有刺激作用,对农作物有害的HC;对人体有害,易引起肺炎、肺气肿的NO_x。催化转换器(图4-20)就是要降低这三种成分的含量。催化转换器内装有催化剂,促进空气与这些有害成分起化学反应,使CO氧化为CO_2,HC氧化为CO_2和H_2O,NO_x还原为N_2。

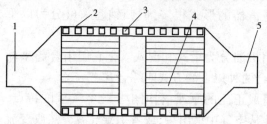

图4-20　催化转换器
1-入口;2-外壳;3-石棉隔热垫;4-陶瓷蜂窝载体;5-出口

8. 发动机可变进气控制系统

可变配气相位是现代汽车技术手段中的新技术之一。它改变了配气相位固定不变的状态,在发动机运转工况范围内提供最佳的配气正时,提高了充气系数,较好地解决了高转速与低转速、大负荷与小负荷下动力性与经济性的矛盾,在一定程度上改善了废气排放、怠速稳定性和低速平稳性,降低了怠速转速。

可变配气技术,从大类上分,包括可变气门正时和可变气门行程两大类。发动机只匹配可变气门正时,如丰田的VVT-i发动机;发动机只匹配了可变气门行程,如本田的VTEC发动机;发动机既匹配可变气门正时又匹配可变气门行程,如丰田的VVTL-i发动机,本田的i-VTEC发动机。

1)CVVT(连续可变的气门正时系统)

韩国的汽车工业一向不以技术先进闻名,故所用技术也多是借鉴了德、日等国的经验,而CVVT正是在VVT-i和i-VTEC的基础上研发而来。以现代汽车的CVVT发动机为例,它能根据发动机的实际工况随时控制气门的开闭,使燃料燃烧更充分,从而达到提升动力、降低油耗的目的。但是CVVT不会控制气门的升程,也就是说这种发动机只是改变了吸、排气的时间。

2)VVT-i(智能可变配气正时系统)

VVT-i是丰田独有的发动机技术,已十分成熟,近年国产的丰田轿车,大都装配了VVT-i控制系统,如图4-21所示。与本田汽车的VTEC原理相似,该系统的最大特点是可根据发动机的状态控制进气凸轮轴,通过调整凸轮轴转角对配气时机进行优化,以获得最佳的配气正时,从而在所有速度范围内提高转矩,并能改善燃油经济性,从而有效提高了汽车性能。

3)VTEC(可变气门配气相位和气门升程电子控制系统)

由本田汽车开发的VTEC是世界上第一款能同时控制气门开闭时间及升程两种不同情况的气门控制系统,现在已演变成i-VTEC,其控制电路如图4-22所示。i-VTEC发动机与普通发动机最大的不同是,中低速和高速会用两组不同的气门驱动凸轮,并可通过电子系统自动转换。此外,发动机还可以根据行驶工况自动改变气门的开启时间和提升程度,即改变进气量和排气量,从而达到增大功率、降低油耗的目的。

工作原理:发动机低速运转时,电磁阀不通电使油道关闭,此时,三个摇臂彼此分离,主凸轮通过摇臂驱动主进气门,中间凸轮驱动中间摇臂空摆;次凸轮的升程非常小,通过次摇臂驱动次进气门微量关闭。配气机构处于单进、双排气门工作状态,单进气门由主凸轮轴驱动;当发动机高速运转,电脑向VTEC电磁阀供电,使电磁阀开启,来自润滑油道的机油压力作用在正时活塞一侧,此时两个活塞分别将主摇臂和次摇臂与中间摇臂接成一体,成为一个

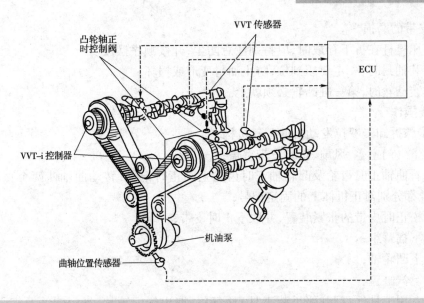

图4-21　VVT-i控制系统

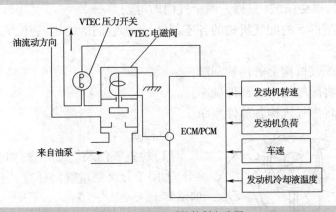

图4-22　VTEC系统控制电路图

组合摇臂。此时,中间凸轮升程最大,组合摇臂受中间凸轮驱动,两个进气门同步工作;当发动机转速下降到设定值,电脑切断电磁阀电流,正时活塞一侧油压下降,各摇臂油缸孔内的活塞在复位弹簧作用下,三个摇臂彼此分离而独立工作。

二、实践操作

1. 实践准备

丰田卡罗拉汽车发动机一台、气门研磨膏、6B铅笔、电动气门研磨机、手工研磨工具、气门座铰刀、常用工具和专业工具各一套、气门弹簧拆装工具、百分表、千分尺、游标卡尺、V形铁、干净的抹布、刮刀、维修手册等。

2. 实践要求与注意事项

(1)松开正时皮带张紧轮前,应将曲轴转到1缸上止点位置。

(2)在取下正时皮带时,应在正时皮带上标明其原转动方向,以防安装时装反;否则,会加速正时皮带的磨损。

（3）液压挺杆在拆下存放时，应特别注意防尘，并按顺序摆放。

（4）安装油封时，一定要压到位，防止油封变形或损坏。

（5）安装凸轮时，第一缸凸轮必须朝上。

3. 实践操作

1）按步骤拆卸卡罗拉发动机的配气机构

（1）拆下气门室盖、风扇、正时皮带室盖；

（2）察看曲轴正时齿轮及凸轮轴正时齿轮上的正时记号，转动曲轴使两个正时齿轮上的正时记号都分别对正机体上的固定记号；

（3）拆松正时皮带的张紧装置，并取下正时皮带；

（4）拆下摇臂组；

（5）拆下凸轮轴；

（6）拆下汽缸盖；

（7）用专用工具（气门弹簧拆装工具）压气门，取出气门锁片、气门弹簧及气门，并在每个气门上做好记号，以免错装（只拆一两个气门即可）；

（8）认真观察所拆下的配气机构的各零部件，熟悉它们的结构、装配关系。

2）清洗

（1）用刮刀将配气机构上的污物刮净；

（2）用清洗液将配气机构各部件洗净；

（3）用干抹布将配气机构各部件擦净。

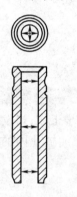
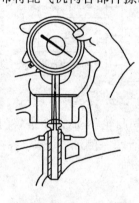

图4-23 测量气门导管

3）检查

（1）检查气门及气门导管，如图4-23所示。

①用千分尺测量气门杆直径长度，选择一组数据填写。

测量值为：_____标准值为：_____

如不符合规定，如何修复？_____

②利用百分表测量气门导管内径，选择一组数据填写。

测量值为：_____标准值为：_____

如不符合规定，如何修复？_____

③测量气门总长，选择一组数据填写。

测量值为：_____标准值为：_____

如不符合规定，如何修复？_____

 **想一想**

如气门或气门导管严重损坏时，该如何选配新的零部件？

(2)检查气门弹簧。

①利用游标卡尺测量气门弹簧的自由长度,如图4-24所示(选择一组数据填写)。

测量值为:_____ 标准值为:_____

如不符合规定,如何修复?_____

②利用弹簧弹力试验器测量气门弹簧的弹力,如图4-25所示(选择一组数据填写)。

测量值为:_____ 标准值为:_____

如不符合规定,如何修复?_____

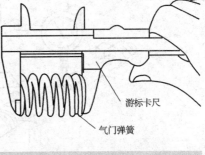

图4-24 检查气门弹簧的自由长度

③利用直尺测量气门弹簧的垂直度,如图4-26所示(选择一组数据填写)。

测量值为:_____ 标准值为:_____

如不符合规定,如何修复?_____

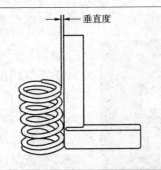

图4-25 检查气门弹簧的弹力　　图4-26 检查气门弹簧的垂直度

做一做

同学们,请自己动手,测量气门弹簧的自由长度和垂直度。

想一想

如气门弹簧严重损坏时,该如何选配新的气门弹簧?

(3)检查凸轮轴。

①利用百分表测量凸轮轴的径向圆跳动,如图4-27所示(选择一组数据填写)。

测量值为:_____ 标准值为:_____

如不符合规定,如何修复?_____

②利用千分尺测量凸轮轴上凸轮桃尖的高度,如图4-28所示(选择一组数据填写)。

测量值为:_____ 标准值为:_____

如不符合规定,如何修复?_____

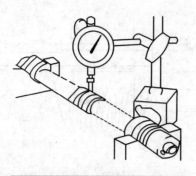
图4-27 凸轮轴径向圆跳动的测量

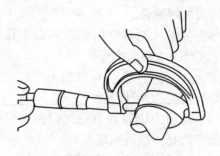
图4-28 凸轮轴桃尖高度的测量

想一想

如凸轮轴严重损坏时,该如何选配新的凸轮轴?

图4-29 铰削气门座

(4)检查气门座。

①在气门面上涂一层普鲁士蓝(或白铅),轻轻将气门压向气门座,不要转动气门。如果围绕气门座蓝色呈现360°,则导管与气门面是同心的。

如不符合规定,如何修复?_____

②检查气门座接触带是否在气门面的中间。

若气门面上密封带过高或过低,如何修复?_____

③利用铰刀对气门座进行铰削,如图4-29所示。

想一想

气门座为什么需要铰削?

做一做

同学们,请自己动手,利用铰刀对气门座进行铰削。

(5)检查气门密封性。

①锥面铅笔画道法。即用软铅笔在气门密封锥面上每隔10mm画一条线,将气门装入气门导管,用手将气门与气门座压紧并往复转动1/4圈,然后取下气门检查,若所有划线均被切断,说明气门与气门座密封良好,否则应继续研磨。

②煤油试验法。将组装好气门组的汽缸盖侧置,向气门内倒入煤油至接触环带上缘,在5min内其封面上不得有渗漏现象发生。

(6)气门间隙的检查与调整(以四缸直列作功顺序为1-3-4-2的发动机为例)。

①采用逐缸法检查与调整。

第一步:打开气门室盖。

第二步:摇转曲轴,直至飞轮(或曲轴皮带轮)的正时记号与缸体上固定的正时记号对正,这时,第一缸和第四缸活塞均处于上止点位置。

第三步:判断第一缸是压缩上止点还是排气上止点。用手摇一缸的气门摇臂,如果进、排气门的摇臂均可摇动,则表明此时一缸处于压缩上止点。如果进、排气门的摇臂均摇不动,则表明此时一缸处于排气上止点,再转动曲轴一周,使一缸处于压缩上止点;或用其他方法使一缸处于压缩上止点。

第四步:检查气门间隙。用规定厚度的塞尺插入气门杆与摇臂之间,来回抽动塞尺,如果过紧或过松,都表明气门间隙不合适,需要进行调整。

第五步:调整气门间隙。松开锁紧螺母,旋出调整螺钉,在气门杆与摇臂之间插入厚度与气门间隙相等的塞尺,一边拧进调整螺钉,一边不停地来回抽动塞尺,直到抽动塞尺有阻力又能抽出时为止,锁紧螺母,在锁紧螺母时,不能让调整螺钉转动,最后再复查一次。

第六步:按作功顺序,分别摇转曲轴180°,依次使下一缸处于压缩上止点,用同样的方法,检查与调整各缸的气门间隙。如作功顺序为1-3-4-2,则摇转曲轴180°,检查调整三缸的气门间隙。用同样的方法再检查调整四缸和二缸的气门间隙。

②两次调整法("双排不进"法)。

第一步:打开气门室盖。

第二步:摇转曲轴至一缸处于压缩上止点。方法可用多种。

第三步:检查与调整第一缸两个气门的间隙、第三缸的排气门间隙、第二缸的进气门间隙,方法与逐缸法相同。

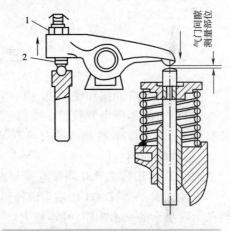

图4-30 气门间隙的检查与调整
1-锁紧螺母;2-调整螺钉

气门间隙的检查与调整如图4-30所示。先松开锁紧螺母1,用螺丝刀旋动调整螺钉2,将规定厚度的厚薄规插入气门杆端部与摇臂之间。当抽动厚薄规时有阻力感,拧紧锁紧螺母,再复查一次,符合规定值即可。

(7)按以下汽缸压缩压力的检查方法检查卡罗拉发动机汽缸压力。

第一步:检查发动机各部分正常后,起动发动机,怠速运转至水温到80~90℃时再熄火,随即拆下全部火花塞。

第二步:把汽缸压力表组装好,并把表内存气放净(复"0"),把汽缸压力表的软管头部旋入火花塞孔(或将锥形橡皮头压紧在火花塞孔中)。

第三步:将节气门置于全开位置,关闭所有用电设备,并把油泵熔断丝拔下,不让其工作,以免喷油器喷油。

第四步:用起动机带动曲轴旋转3~5s,(转速不低于150r/min),看清并记录压力表读数,每缸测量2~3次,求出平均值,并与规定标准值比较分析。

第五步:检查结果对比分析。

如果测量出某一缸的压力比标准压力偏低,可向该缸火花塞(或喷油器)孔内注入20～30mL机油,然后重测一次;如果第二次测出的压力比第一次高,接近于标准压力,则表明活塞汽缸组密封不良;第二次测出的压力与第一次差不多,则表明是气门或汽缸垫密封不良;如相邻两缸两次检测的压力都很低,则表明是两缸相邻处的汽缸垫烧损窜气;如果测量出某一缸的压缩压力比标准压力偏高,可能是由于燃烧室内积炭过多或是其他原因造成,引起压缩比增大,从而导致压缩压力增大。

4)按步骤安装卡罗拉发动机配气机构

(1)用专用工具,把每个气门安装到对应的气门座上,注意不能错装;
(2)按要求装好汽缸盖;
(3)按要求装好凸轮轴;
(4)安装正时皮带,并调整正时皮带的松紧度,对正正时记号,以保证配气相位的正确性;
(5)安装正时皮带室盖;
(6)安装摇臂组;
(7)安装气门室盖。

三、学习拓展

(1)请观察汽油机和柴油机,想一想它们的配气机构在结构上有何不同?
(2)请查阅丰田卡罗拉汽车维修手册,书中关于配气机构各部件的检修与现实中的检修有何不同?拆装和检修步骤有何不同?
(3)故障案例分析。

案例1:丰田佳美3.0轿车怠速与加速时配气机构异响

故障现象:一辆2000年款丰田佳美3.0轿车,装用V6发动机,无论怠速与加速,配气机构都出现嘈杂的敲击响声,噪声极大。

故障分析与判断:丰田佳美3.0轿车,配气机构与凌志发动机相似,进、排气凸轮轴均采用减噪齿轮结构,不同的是,凌志ES300进气凸轮上的齿轮为主动齿轮,排气凸轮上的减噪齿轮为从动齿轮,而佳美3.0发动机,排气凸轮上的减噪齿轮为主动齿轮,进气凸轮上的齿轮为从动齿轮。检查这辆佳美3.0轿车,排气凸轮上的减噪齿轮,发现减噪齿轮的安装错位了3个牙,原因可能是以前拆卸时,未事先安装上6×18mm螺栓所致。考虑到这台发动机异响声严重,经维修人员逐缸检查气门间隙,在将减噪齿轮复位的同时,更换调整垫片将进气门调整为0.15mm,排气门调整为0.20mm,试车异响减轻,但没有根除。

故障排除:重新拆卸凸轮轴,更换全部24个气门顶杯后,异响完全排除,发动机声音恢复正常。

案例2:凌志LS400气门脚异响

故障现象:一辆2002年款丰田凌志LS400轿车,装用的是V8发动机,发动机起动后,怠速运转就能听到"嗒、嗒、嗒"的敲击异响,加速时声音变大而嘈杂。

故障分析与判断:听诊分析为典型的气门脚响声,与温度、断火、加速等不相关联。进一步拆卸气门室罩盖检查,首先发现排气凸轮轴上的减噪齿轮错位安装,于是又先拆卸两个排气凸轮轴,用6×18mm 螺栓复位固定好减噪齿轮。装上缸盖后,卸掉6mm 的螺栓,试车,发动机异响依旧,没有听出任何变化。只好重新逐缸检查进、排气门间隙,正常值:进气门为 0.15～0.25mm,排气门为 0.25～0.35mm,测量均为正常范围的上限,即进气 0.25mm,排气 0.35mm,虽在正常范围内,但噪声过大。维修人员选择更换气门顶杯上的调整垫片,缩小间隙。

故障排除:维修人员选择更换气门顶杯上的调整垫片,缩小间隙,装复试车,气门脚异响得到排除。

四、评价与反馈

1. 自我评价与反馈

(1)能否主动参与工作现场的清洁和整理工作?(　　)
　　A. 主动完成　　　　　B. 被动完成　　　　　C. 未完成
(2)你能否正确规范地完成配气机构的检修?(　　)
　　A. 快速规范　　　　　B. 规范但不熟练　　　C. 不会操作
(3)写出配气机构的检测步骤与检查工具。
_____
_____

(4)能否知道凸轮轴异响和气门弹簧异响会导致发动机哪些故障?
_____
_____

(5)下次遇到类似的学习任务应如何改善从而提高学习效果?
_____
_____

(6)你在本学习任务中遇到的困难是什么?你是如何解决的?
_____
_____

　　　　　　　　　　签名:_____　_____年_____月_____日

2. 小组评价与反馈

(1)是否主动参与小组讨论?(　　)
　　A. 主动　　　　　　　B. 被动　　　　　　　C. 未参与
(2)是否完成本学习任务的学习目标?(　　)
　　A. 完成且效果好　　　B. 完成但效果不好　　C. 未完成
(3)是否积极学习,不懂的是否积极向别人请教,是否积极帮助他人学习?(　　)
　　A. 积极学习　　　　　　　　　　　　　　　　B. 积极请教

　　　　C. 积极帮助他人　　　　　　　　　　　　D. 三者都不积极
（4）零件、工具与油污有没有落地，有无保持作业现场的整洁？（　　）
　　　　A. 无掉地且场地整洁　　　　　　　　　B. 有零件、工具掉地
　　　　C. 有油污掉地　　　　　　　　　　　　D. 未保持作业现场的清洁
（5）操作过程中是否注意维修质量且有责任心？（　　）
　　　　A. 注意质量，有责任心　　　　　　　　B. 不注意质量，有责任心
　　　　C. 注意质量，无责任心　　　　　　　　D. 全无
（6）在团队学习中的主动性与合作情况如何？（　　）
　　　　A. 好　　　　　　　　B. 较好　　　　　　　　C. 一般
　　　　参与评价的同学签名：_____　_____年_____月_____日

3. 教师评价及答复

_____
_____
_____
　　　　教师签名：_____　_____年_____月_____日

五、技能考核标准

序号	项目	操作内容	规定分	评分标准	得分
1	准备	清点工量具、清理工位	5分	酌情扣分	
2	拆卸	拆卸气门室盖、正时皮带室盖； 拆卸正时皮带； 拆下摇臂组； 拆下凸轮轴； 拆下汽缸盖； 拆下气门； 按顺序放置好各零部件	1分 1分 2分 1分 1分 3分 1分	操作不当扣1分； 操作不当扣1分； 操作不当扣1～2分； 操作不当扣1分； 操作不当扣1分； 操作不当扣1～3分； 操作不当扣1分	
3	清洗	用刮刀将配气机构上的污物刮净； 用清洗液将配气机构各部件洗净； 用干抹布将配气机构各部件擦净	2分 2分 2分	操作不当扣1～2分； 操作不当扣1～2分； 操作不当扣1～2分	
4	检查	气门与气门导管的检测； 气门弹簧的检测； 凸轮轴的检验； 气门座的检测； 气门间隙的检查	10分 10分 10分 10分 6分	操作不当扣1～10分； 操作不当扣1～10分； 操作不当扣1～10分； 操作不当扣1～10分； 操作不当扣1～6分	
5	安装	安装气门； 安装汽缸盖； 安装凸轮轴； 安装正时皮带与正时皮带室盖； 安装摇臂组； 安装气门室盖	3分 3分 1分 1分 1分 1分	操作不当扣1～3分； 操作不当扣1～3分； 操作不当扣1分； 操作不当扣1分； 操作不当扣1分； 操作不当扣1分	

续上表

序号	项目	操作内容	规定分	评分标准	得分
6	完成时限	50min	10分	超时1~5min扣1~5分；超时5min以上扣10分	
7	安全文明	无安全隐患,无不文明操作	5分	未达标扣1~5分	
8	结束	工具、量具清洁并归位； 工作场地清洁	5分 3分	漏一项扣1分,未做扣5分； 清洁不彻底扣1~3分,未做扣3分	
		总分	100分		

学习任务五　汽缸盖和汽缸体的检修

> **任务要求**
> 完成本学习任务后,你应:
> 1. 知道汽缸盖和汽缸体的组成、结构和装配关系;
> 2. 能明确拆装汽缸盖和汽缸体的步骤及装配要求;
> 3. 能分析汽缸盖和汽缸体各零件损坏导致故障的现象;
> 4. 会检修汽缸盖和汽缸体。
>
> 建议学时:10 学时

任务描述

一辆丰田凯美瑞 2.0 轿车,装用 L4 发动机,车主在检查机油时,发现机油标尺上的机油黏度下降,用手拨动机油,感觉有水。经维修人员检查,初步判断是缸体渗水或冲了汽缸垫,需对缸体和缸盖作进一步检查,以确定故障部位,进行维修或更换。

一、理论知识准备

汽缸体和汽缸盖是发动机的支架,是曲柄连杆机构、配气机构和发动机各系统主要零部件的装配基体。汽缸盖用来封闭汽缸顶部,并与活塞顶和汽缸壁一起形成燃烧室。另外,汽缸盖和汽缸体内的水套和油道以及油底壳又分别是冷却系统和润滑系统的组成部分。

1. 汽缸体的功用

汽缸体的功用是支承发动机所有的运动件和各种附件。汽缸体内设置有冷却水道和润滑油道,保证对高温状态下工作和高速运动的零件进行可靠地冷却和润滑。汽缸体上部的圆柱形空腔称为汽缸,它的作用是引导活塞做往复运动,汽缸体下部的空间为上曲轴箱,用来安装曲轴。

2. 汽缸体的形式

汽缸体作为发动机各个机构和系统的装配基体,承受较大的机械负荷和热负荷,汽缸体本身应具有足够的刚度、强度和良好的耐热性,其具体结构形式分为三种,如图 5-1 所示。

学习任务五 汽缸盖和汽缸体的检修

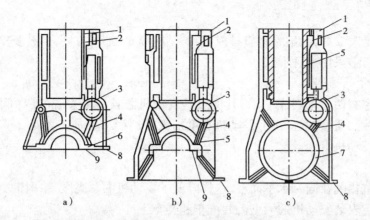

图 5-1 汽缸体示意图
a)一般式汽缸体；b)龙门式汽缸体；c)隧道式汽缸体
1-汽缸体；2-水套；3-凸轮轴孔座；4-加强筋；5-湿缸套 6-主轴承座；7-主轴承座孔；8-安装油底壳的加工面；9-安装主轴承盖的加工面

1)一般式汽缸体

缸体下平面通过曲轴中心线，这种缸体刚度虽不如其他两种，但缸体高度低、质量轻、容易加工。轿车和轻型载货汽车使用汽油机，由于其负荷率低，常采用这种结构形式。

2)龙门式汽缸体

缸体下平面低于曲轴中心线，这种结构形式的缸体虽重些，但刚度好，一般柴油机和负荷较大的汽油机采用这种形式的缸体，大多数 V 形发动机和铝合金缸体发动机多选用这种形式。

3)隧道式汽缸体

缸体上的曲轴轴承座为整体式，形成隧道形状，缸体的发动机采用滚动轴承的盘形曲轴，安装时，曲轴从一端插入，这种缸体比较笨重，但刚度最好。

3.汽缸的形式

汽缸体内引导活塞作往复运动的圆筒就是汽缸。多缸发动机汽缸的排列形式决定了发动机外形尺寸和结构特点，对发动机汽缸体的刚度和强度也有影响，并关系到汽车的总体布置。可分为：直列式、V 形、对置式三种，如图 5-2 所示。

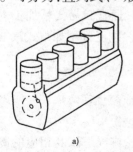 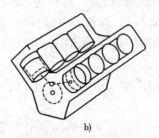 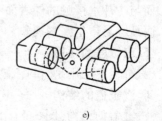

a)   b)   c)

图 5-2 汽缸的排列形式
a)直列式；b)V 形；c)对置式

1)直列式

一般缸体是竖立的,汽缸是垂直排成单行,结构简单、加工方便,但高度较高,长度较长。六缸以下发动机多采用这种形式。

2)V形

汽缸分为左右两边排列成V形,其优点是发动机总长度缩短、高度降低、结构紧凑、功率增大、刚度加强、质量减轻等,但发动机宽度加大、形状复杂、加工困难。一般用于八缸以上功率较大的发动机上。

3)对置式

把汽缸对置排列在同一水平面上,这样降低了发动机的总高度,结构也更加紧凑。一般用于车身底板下安装发动机的大型公共汽车和赛车上。

4. 汽缸套的类型

汽缸套分为干式和湿式两种,如图5-3所示。

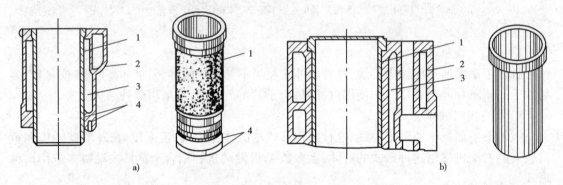

图5-3 水冷式汽缸套
a)湿式缸套;b)干式缸套
1-汽缸套;2-汽缸体;3-冷却水套;4-密封圈

(1)干式缸套的特点是外表面不与冷却水接触,它是一个耐磨性能良好的薄壁套筒,壁厚一般为1~3.5mm,它具有整体式汽缸体的优点,强度和刚度都较好,但加工比较复杂、内、外表面都需要进行精加工,拆装不方便、散热不良。

(2)湿式缸套是一个与冷却水直接接触的厚壁套筒,壁厚应保证缸套有足够的强度和刚度,一般为缸径的5%~10%。它散热良好、冷却均匀、加工容易,通常只需要精加工内表面,而与冷却水接触的外表面不需要加工,拆装方便,但缺点是强度、刚度都不如干式汽缸套好,而且容易产生漏水现象。应该采取一些防漏措施。

5. 汽缸盖的功用

汽缸盖的功用是密封汽缸,并与活塞顶、汽缸内壁上部共同形成燃烧室。

6. 汽缸盖的结构

汽缸盖的结构(图5-4)十分复杂,顶置发动机缸盖上要布置进、排气道以及相应的冷却水套,对顶置凸轮轴发动机要考虑凸轮轴的支承、火花塞、喷油器以及缸盖螺栓的布置等。

7. 汽缸盖的形式

水冷式汽缸盖有三种结构形式:整体式、分体式、单体式。

(1) 整体式汽缸盖:多缸发动机的整列汽缸共用一个缸盖的称为整体式汽缸盖,一般用于缸径较小的发动机。缸径小于 110mm 的发动机多采用整体式汽缸盖,这种形式结构紧凑,可缩短汽缸中心距,但刚度小,制造、维修不便。

(2) 分体式汽缸盖:多缸发动机的整列汽缸中,分开为二缸一盖或三缸一盖的称为分体式汽缸盖。缸径大于 110mm 且小于 150mm 的发动机多采用分体式汽缸盖。

(3) 单体式汽缸盖:多缸发动机每缸采用一个缸盖的称为单体式汽缸盖。单体式汽缸盖刚度大,制造、维修方便,备件存储比较优越,但缸心距较大,且要用专门的回水管回流缸盖冷却水,故结构复杂,缸径大于 150mm 的发动机多采用单体式汽缸盖,风冷发动机均采用单体式汽缸盖。

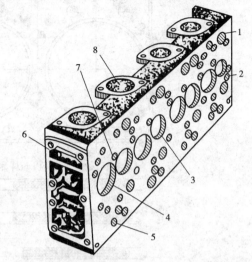

图 5-4 汽缸盖结构
1-挺柱孔;2-缸盖螺栓孔;3-排气门座孔;4-进气门座孔;
5-冷却水孔;6-冷却水出水道;7-喷油器孔;8-气道

8. 汽缸垫的功用与材料

(1) 功用:汽缸垫置于汽缸盖与汽缸体之间,作用是保证燃烧室的密封,防止漏汽、漏水。

(2) 材料:汽缸垫的材料要有一定的弹性,能补偿结合面的不平度,以确保密封,同时要有好的耐热性和耐压性,在高温高压下不烧损、不变形,拆装方便,能重复使用,寿命长。目前应用的汽缸垫结构有金属—石棉垫、纯金属垫等几种(图 5-5)。

9. 汽缸盖螺栓

螺栓数量尽量多一些,螺栓直径适当小一些,以使其受力均匀。螺栓的预紧力应为缸盖所受最大燃气压力的 3～4 倍,由中间对称地向四周多次交叉进行,如图 5-6 所示。

10. 汽油机燃烧室

对于汽油机燃烧室而言,可以分为:楔形燃烧室、盆形燃烧室、半球形燃烧室,如图 5-7 所示。

1) 楔形燃烧室

燃烧室横向剖面呈楔形,有较大的挤气面产生压缩涡流,使距火花塞燃烧最远处得到很好冷却,有利于抑制爆震的产生,这种燃烧室气门多列于一侧。

2) 盆形燃烧室

这种燃烧室形状像浴盆,燃烧室中可适当布置挤气面,燃烧温度较低、工作较柔和,只是进气受到室壁的影响。

3) 半球形燃烧室

这种燃烧室的气门呈横向 V 形排列。因此气门头部直径可以做得较大,换气好。火花塞多位于燃烧室的中部,抗爆性、经济性、动力性好。

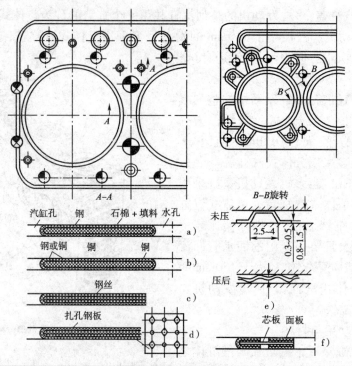

图 5-5 汽缸垫的结构
a)、b)、c)、d) 金属—石棉板；e) 冲压钢板；f) 无石棉汽缸垫

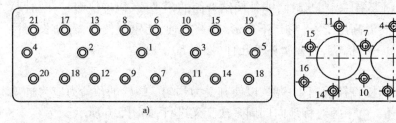

图 5-6 汽缸盖螺栓拧紧顺序
a) 4125 型发动机；b) 495 型发动机

11. 柴油机燃烧室

对于柴油机燃烧室而言，可以分为统一式燃烧室和分隔式燃烧室两大类。

（1）统一式燃烧室由凹顶活塞顶部与汽缸盖底部所包围形成单一内腔，几乎全部容积都在活塞顶面上。燃油自喷油器直接喷射到燃烧室中，借喷出油柱的形状和燃烧室形状的匹配，以及燃烧室内空气涡流运动，迅速形成混合气。所以又叫做直接喷射式燃烧室，统一式燃烧室有 ω 形和球形两种，如图 5-8 所示。

①ω 形燃烧室：结构简单，燃烧室位于活塞顶部，采用孔式喷油器，混合气的形成以空间雾化为主。

②球形燃烧室：燃烧室位于活塞顶部的深坑内，采用单孔或双孔喷油器，混合气的形成以油膜蒸发为主。采用螺旋进气道形成强烈的进气涡流。

（2）分隔式燃烧室分为两个部分，主燃烧室位于活塞顶部，而副燃烧室位于缸盖上，主副燃烧室通过通道相通，喷油嘴位于副燃烧室内，有涡流室和预燃室两种，如图 5-9 所示。

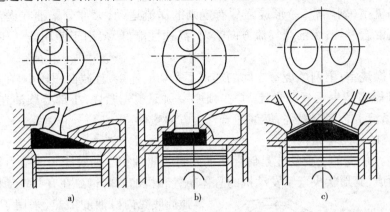

图 5-7　汽油机的燃烧室形式
a）楔形燃烧室；b）盆形燃烧室；c）半球形燃烧室

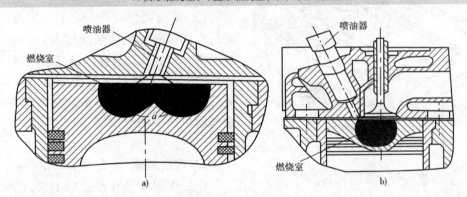

图 5-8　统一式燃烧室
a）ω 形燃烧室；b）球形燃烧室

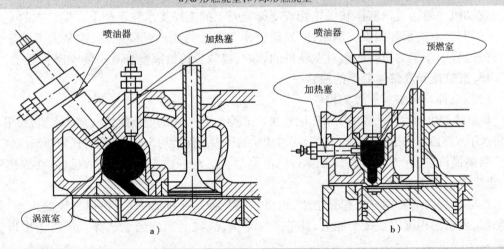

图 5-9　分隔式燃烧室
a）涡流室燃烧室；b）预燃室燃烧室

①涡流室燃烧室：主副燃烧室之间通过狭窄的切向通道相通，压缩行程中，空气从主燃烧室被挤入涡流室（副燃烧室）形成强烈有规则的涡流运动，大部分柴油在涡流室内燃烧，形成二次涡流混合燃烧；燃油顺气流方向喷射；高速性能好，多用于使用柴油机的轿车和轻型汽车上。

②预燃室燃烧室：主副燃烧室之间的通道不是切向连接，且截面积较小，在压缩行程中，空气被挤入预燃室产生无规则紊流，并在预燃室顶部预先燃烧，小部分柴油在预燃室内燃烧，产生二次紊流混合完全燃烧；燃油迎着气流方向喷射。

12. 油底壳的作用与结构

（1）作用：油底壳的主要功能是储存机油并封闭曲轴箱。油底壳一般受力很小，多采用薄钢板冲压而成，其形状决定于发动机的总体布置和机油的容量。在有些发动机上，为了加强油底壳内机油的散热，采用了铝合金铸造的油底壳，在壳的底部还铸有相应的散热肋片。

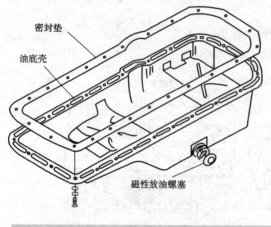

图5-10 油底壳的结构

（2）结构：如图5-10所示，为了保证在发动机纵向倾斜时机油泵能够吸到机油，油底壳后部一般制作得较深。油底壳内还设有挡油板，防止汽车振动时油面波动过大。油底壳底部装有放油塞。多数放油塞是磁性的，能吸附机油中的金属屑，减少发动机运动件的磨损。

13. 汽缸盖罩

汽缸盖罩安装在汽缸盖上部，结构如图5-11所示，一般为薄钢板冲压而成，起封闭及防尘作用。

14. 发动机支承的作用

发动机一般通过汽缸体和飞轮壳或变速器壳上的支撑支承在车架上。发动机的支承方法，一般有三点支承和四点支承两种，发动机在车架上的支承是弹性的，这是为了消除在汽车行驶过程中车架的扭转变形对发动机的影响，以减少传给底盘和乘员的噪声和振动。

15. 汽缸盖和汽缸体变形的检修

1）汽缸体与汽缸盖裂纹的检修

汽缸体裂纹的检查一般采用水压试验法。试验时，用专用的盖板封住汽缸体水道口，用水压机将水压入汽缸体水道中，要求在0.3~0.4MPa的压力下保持约5min，应没有任何渗漏现象。

当镶换汽缸套（干式）时，应在镶好汽缸套后再进行一次水压试验。汽缸体在焊接修理后，也应进行水压试验。

汽缸体裂纹的修理方法有黏结法、焊接法等几种。在维修中，应根据裂纹的大小、裂纹的部位、损伤的程度以及技术能力、设备条件等情况，灵活而适当地选择。汽缸盖出现裂纹一般应予以更换。

2）汽缸体与汽缸盖变形的检修

汽缸体与汽缸盖平面发生变形可测量其平面度误差。测量时用等于或略大于被测平面全长的刀形样板尺或直尺,沿汽缸体或汽缸盖平面的纵向、横向和对角线方向多处进行测量,然后用厚薄规测量其与平面间的间隙,最大间隙即该平面的平面度误差。

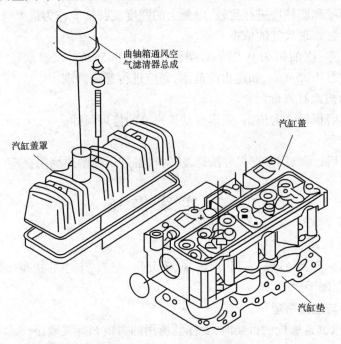

图5-11 汽缸盖与汽缸盖罩结构

汽缸体与汽缸盖接合平面的平面度要求如下:铝合金汽缸体一般为0.25mm,铸铁汽缸体一般为0.10mm。汽缸盖一般不能超过0.05mm,否则应进行维修或更换。

对铝合金汽缸盖的变形多用压力校正法修理,即:将汽缸盖放置在平台上,用压力机在其凸起部分逐渐加压,同时用喷灯在变形处加热至300~400℃,待汽缸盖平面与平台贴合后保持压力直到冷却。

对铸铁汽缸盖的变形一般采用磨削或铣削方法进行维修。但切削量不能过大,一般不允许超过0.5mm,否则将改变发动机压缩比。

16. 汽缸磨损(圆度、圆柱度)**的检查**

汽缸磨损检验的工艺流程:

1)安装量缸表

(1)根据汽缸直径的尺寸,选择合适的接杆装入量缸表的下端。接杆装好后,活动伸缩杆的总长度应与被测汽缸尺寸相适。

(2)校正量缸表的尺寸。将外径千分尺校准到被测汽缸的标准尺寸,再将量缸表校准到外径千分尺的尺寸,并使伸缩杆有2mm的压缩行程,旋转表盘使表针对准零位。

2)测量

(1)将量缸表的测杆伸入到汽缸的上部,根据汽缸磨损规律,测量第一道活塞环在上止点位置时所对应的汽缸壁厚。

(2)量缸表下移,测量汽缸中部和下部的磨损。汽缸中部为上、下止点中间的位置,汽缸下部为距离汽缸下边缘10~20mm左右处。

3）确定最大磨损汽缸

各汽缸的圆度和圆柱度进行比较，以最大的圆度或圆柱度作为最大磨损汽缸，并以此缸为确定发动机汽缸修理尺寸的依据。

汽缸圆度公差：汽油机为0.05mm，柴油机为0.065mm。汽缸圆柱度公差：汽油机为0.20mm，柴油机为0.25mm。如超出此范围，则应进行镗缸修理。

4）确定发动机汽缸修理尺寸

以最大汽缸磨损尺寸为依据，确定发动机汽缸的修理尺寸。

5）汽缸的修理

当汽缸磨损后，可以用修理尺寸法修复，对汽缸进行镗削或磨削修理。

二、实 践 操 作

1. 实践准备

捷达发动机一台、量缸表、直尺、厚薄规、千分尺、刮刀、干净的抹布、常用工具和专用工具各一套，以及维修手册等。

2. 技术要求与注意事项

（1）在进行汽缸盖螺栓的拆装时，要注意所用的力矩和拆装顺序；

（2）拆卸汽缸盖应在冷态的状况下进行。

3. 实践操作

1）汽缸盖和汽缸体拆卸步骤

（1）先从发动机上拆去燃料供给系统、点火系统、冷却系统等有关部件；

（2）拆卸前、后汽缸盖罩总成；

（3）拆除摇臂机构，取出推杆；

（4）拆卸汽缸盖及衬垫（拆缸盖螺栓、螺母应从周围向中间交叉均匀拆卸，可用木锤轻敲缸盖四周使其松动，不允许用螺丝刀或其他硬物撬缸盖）。拆下缸盖后，注意观察燃烧室结构、火花塞及气门位置、缸盖上水道、油道等。

2）清洗

（1）用刮刀将汽缸盖和汽缸体上的污物刮净；

（2）用清洗液将汽缸盖和汽缸体各部件洗净；

（3）用干抹布将汽缸盖和汽缸体擦净。

3）检查

（1）检查汽缸盖和汽缸体裂纹。汽缸盖与汽缸体裂纹的检查一般采用水压试验法。试验时，用专用的盖板封住汽缸体水道口，用水压机将水压入汽缸体水道中，要求在0.3~0.4MPa的压力下保持约5min，看是否有渗漏现象。

如有渗漏，如何修复？_____

（2）检查汽缸盖和汽缸体变形。利用直尺和厚薄规测量汽缸盖和汽缸体的平面度，如图5-12所示，选择一组数据填写。

测量值为：＿＿＿＿＿＿＿＿ 标准值为：＿＿＿＿＿＿
如不符合规定,如何修复？＿＿＿＿＿＿＿＿＿＿＿＿＿＿＿＿＿＿

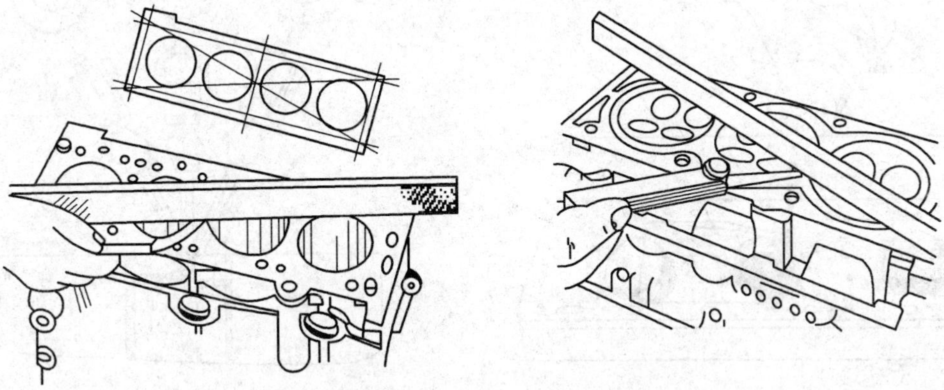

图 5-12 测量汽缸体与汽缸盖的平面度

  做一做

同学们,请自己动手,利用直尺和厚薄规测量汽缸盖和汽缸体的平面度。

（3）检查燃烧室容积。

利用煤油与机油的混合液测量燃烧室容积。测量燃烧室容积所用的液体要按规定的比例进行配制。一般是 80% 的煤油,20% 的机油,如图 5-13 所示,选择一组数据填写。

测量值为：＿＿＿＿＿＿＿＿ 标准值为：＿＿＿＿＿＿
如不符合规定,如何修复？＿＿＿＿＿＿＿＿＿＿＿＿＿＿＿＿＿＿

（4）检查汽缸磨损。

利用量缸表测量各汽缸的圆度和圆柱度,如图 5-14 所示,选择一组数据填写。

测量值为：＿＿＿＿＿＿＿＿ 标准值为：＿＿＿＿＿＿
如不符合规定,如何修复？＿＿＿＿＿＿＿＿＿＿＿＿＿＿＿＿＿＿

  做一做

同学们,请自己动手,利用量缸表测量你所拆卸发动机的汽缸是否磨损过度。

4）汽缸盖和汽缸体的安装

（1）竖直发动机,安装汽缸垫和汽缸盖。汽缸盖螺栓应由中间向两端交叉均匀地分 2～3 次拧至规定力矩；用油性笔作好记号,再将汽缸盖螺栓旋转 90°角。

（2）安装凸轮轴及摇臂机构,安装汽缸盖罩等。

（3）将所拆其他非曲柄连杆机构部件安装到发动机上。

（4）检查有无遗漏未装部件,检查整理好工具。

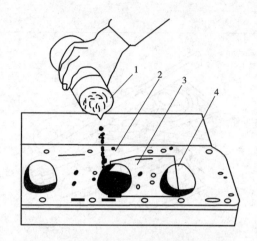

图5-13 燃烧室容积的检查
1-量杯;2-汽缸盖;3-玻璃板;4-燃烧室

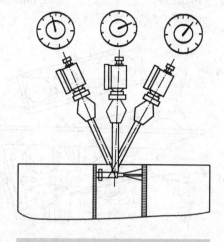

图5-14 汽缸磨损的检验

 做一做

对汽缸盖和汽缸体进行解体与安装。

 想一想

如发动机汽缸垫被冲后,将对发动机产生什么后果?如何检查?

三、学习拓展

(1)请观察汽油机和柴油机,想一想它们的汽缸盖和汽缸体在结构上有何不同?

(2)请查阅丰田汽车维修手册,书中关于汽缸盖和汽缸体各部件的检修与现实中的检修有何不同?拆装和检修步骤有何不同?

(3)故障案例分析。

故障现象:一辆2000年产的丰田佳美轿车装用1S-ILU型发动机,在高速行驶中或爬坡时,发动机动力不足,有时甚至熄火。发动机怠速及高速下行驶正常。

故障诊断与排除:经维修人员试车检查,故障症状明显,维修人员调取故障码,无故障码显示,说明发动机的电控系统工作正常。用油压表进行燃油压力检测,测得燃油压力201kPa,属正常范围,这说明燃油泵、燃油滤清器无异常。用汽缸压力表检查汽缸的工作压力,用真空表检查进气歧管的真空度,也均正常。发动机解体后,发现大多进气门座处有不同程度积炭,拆下进气门,更换了气门及相关配件,故障彻底排除。

四、评价与反馈

1. 自我评价与反馈

(1) 能否主动参与工作现场的清洁和整理工作?(　　)
　　A. 主动完成　　　　B. 被动完成　　　　C. 未完成
(2) 你能否正确规范地完成汽缸盖和汽缸体的检修?(　　)
　　A. 快速规范　　　　B. 规范但不熟练　　C. 不会操作
(3) 写出汽缸盖和汽缸体的检测步骤与检查工具。
　　_____
　　_____
　　_____

(4) 能否知道汽缸盖和汽缸体发生裂纹和变形、汽缸磨损过度会导致发动机哪些故障?
　　_____
　　_____
　　_____

(5) 下次遇到类似的学习任务应如何改善从而提高学习效果?
　　_____
　　_____
　　_____

(6) 你在本学习任务中遇到的困难是什么?你是如何解决的?
　　_____
　　_____
　　_____

　　　　　　　　签名:_____　　_____年_____月_____日

2. 小组评价与反馈

(1) 是否主动参与小组讨论?(　　)
　　A. 主动　　　　　　B. 被动　　　　　　C. 未参与
(2) 是否完成本学习任务的学习目标?(　　)
　　A. 完成且效果好　　B. 完成但效果不好　　C. 未完成
(3) 是否积极学习,不懂的是否积极向别人请教,是否积极帮助他人学习?(　　)
　　A. 积极学习　　　　B. 积极请教　　　　C. 积极帮助他人　　D. 三者都不积极
(4) 零件、工具与油污有没有落地,有无保持作业现场的整洁?(　　)
　　A. 无掉地且场地整洁　　　　　　　　B. 有零件、工具掉地
　　C. 有油污掉地　　　　　　　　　　　D. 未保持作业现场的清洁
(5) 操作过程中是否注意维修质量且有责任心?(　　)
　　A. 注意质量,有责任心　　　　　　　B. 不注意质量,有责任心
　　C. 注意质量,无责任心　　　　　　　D. 全无

(6)在团队学习中的主动性与合作情况如何？（   ）

  A.好   B.较好   C.一般

  参与评价的同学签名：_____ _____年_____月_____日

3.教师评价及答复

_____

_____

_____

    教师签名：_____   _____年_____月_____日

五、技能考核标准

序号	项目	操作内容	规定分	评分标准	得分
1	准备	清点工量具、清理工位	5分	酌情扣分	
2	拆卸	拆下发动机相关部件； 拆下前、后汽缸盖罩； 拆下摇臂机构； 拆下汽缸盖及衬垫； 按顺序放置好各零部件	2分 1分 2分 4分 1分	操作不当扣1~2分； 操作不当扣1分； 操作不当扣1~2分； 操作不当扣1~4分； 操作不当扣1分	
3	清洗	用刮刀将汽缸盖和汽缸体上的污物刮净； 用清洗液将汽缸盖和汽缸体各部件洗净； 用干抹布将汽缸盖和汽缸体各部件擦净	2分 2分 2分	操作不当扣1~2分； 操作不当扣1~2分； 操作不当扣1~2分	
4	检查	汽缸盖和汽缸体裂纹的检测； 汽缸盖和汽缸体变形的检测； 燃烧室容积的检测； 汽缸磨损的检测	10分 14分 10分 12分	操作不当扣1~10分； 操作不当扣1~14分； 操作不当扣1~10分； 操作不当扣1~12分	
5	安装	安装汽缸垫； 安装汽缸盖； 安装凸轮轴； 安装摇臂机构； 安装汽缸盖罩； 安装相关部件	3分 3分 1分 1分 1分 1分	操作不当扣1~3分； 操作不当扣1~3分； 操作不当扣1分； 操作不当扣1分； 操作不当扣1分； 操作不当扣1分	
6	完成时限	50min	10分	超时1~5min扣1~5分； 超时5min以上扣10分	
7	安全文明	无安全隐患，无不文明操作	5分	未达标扣1~5分	
8	结束	工具、量具清洁并归位； 工作场地清洁	5分 3分	漏一项扣1分，未做扣5分； 清洁不彻底扣1~3分，未做扣3分	
		总分	100分		

学习任务六　曲柄连杆机构的检修

任务要求

完成本学习任务后,你应:
1. 知道曲柄连杆机构的组成、构造和装配关系;
2. 能明确拆装曲柄连杆机构的步骤及装配要求;
3. 能分析曲柄连杆机构各零件损坏导致故障的现象;
4. 具备正确使用测量和检测工具检测曲轴的弯曲、扭曲、磨损和间隙的实际操作能力;
5. 能正确使用测量和检测工具检测活塞连杆组零件;
6. 能明确曲轴轴承的选配方法。

建议学时:12学时

任务描述

一辆丰田凯美瑞轿车在冷车起动或发动机怠速运转时,可听到"铛、铛、铛"连续不断的金属敲击声;温度升高后,声响减小或消失;发动机处于怠速或中低转速时,声响明显、清晰;中高转速时,金属敲击声减弱或消失;且机油加注口处冒烟,排气管冒蓝烟。经维修人员提取数据后分析,诊断为活塞敲缸响故障。需对曲柄连杆机构进行检修,进一步确定故障部位,以便维修或更换。

一、理论知识准备

曲柄连杆机构是往复式内燃机的主要工作机构。曲柄连杆机构是发动机实现工作循环,完成能量转换的主要运动零件。在作功冲程中,它将燃料燃烧产生的热能转变为活塞往复运动、曲轴旋转运动的机械能,对外输出动力;在其他冲程中,它依靠曲柄和飞轮的转动惯性、通过连杆带动活塞上下运动,为下一次作功创造条件。

1. 曲柄连杆机构的作用

曲柄连杆机构的作用是提供燃烧场所,把燃料燃烧后产生的气体压力变为曲轴的转矩;并将活塞的往复运动变为曲轴的旋转运动。

2. 曲柄连杆机构的组成、构造、装配关系

曲柄连杆机构由机体组、活塞连杆组、曲轴飞轮组三部分组成。

1）机体组

机体组包括汽缸体、汽缸垫、汽缸盖、曲轴箱及油底壳,如图6-1所示。

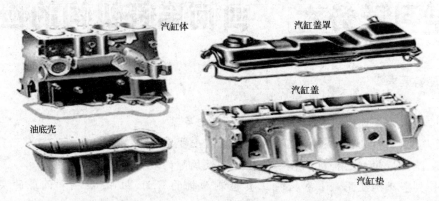

图6-1　机体组组成

机体组的构造与检修见学习任务五。

2）活塞连杆组

活塞连杆组包括活塞、活塞环、活塞销、连杆等,如图6-2所示。

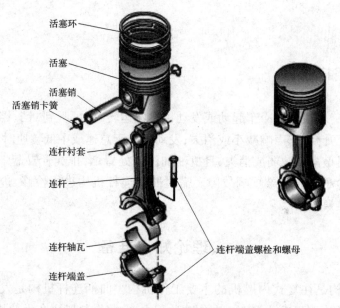

图6-2　活塞连杆组组成

（1）活塞的作用、构造。

作用:承受汽缸中气体压力所造成的作用力,并将此力通过活塞销传给连杆,以推动曲轴旋转（作功行程）。活塞顶部还与汽缸盖和汽缸壁共同组成燃烧室。

构造:活塞的基本构造可分为顶部、头部和裙部三部分,在活塞头部加工有活塞环槽和加强筋,在活塞裙部有安装活塞销的活塞销座,如图6-3所示。

①活塞顶部。

作用:形成燃烧室的底部。

形状:平顶、凹顶、凸顶,如图6-4所示。

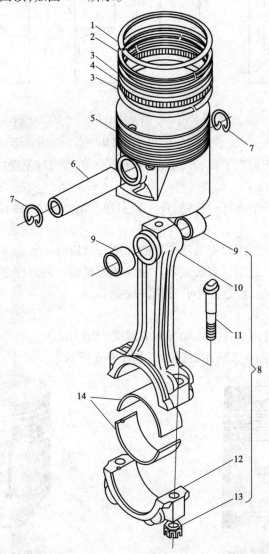

图6-3 活塞连杆组成

1、2 _____;3 _____;4 _____;5 _____;6 _____;7 _____;8 _____;9 _____;10 _____;
11 _____;12 _____;13 _____;14 _____

应用:汽油机活塞顶部多为平顶,其优点是加工简单,而且减少顶部与燃气的接触面积,从而使应力分布均匀;现代高压缩比、多气门发动机,为满足燃烧室的要求也有略微凸起或凹下的形状,以及为了避免活塞与气门碰撞而制成凹坑;柴油机活塞顶部由于燃烧系统的不同,形状有较大的差异。非直喷式的涡流室式或预燃室式燃烧室的活塞顶部基本为平顶或

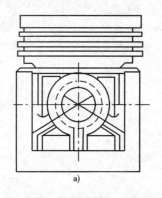 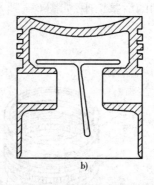 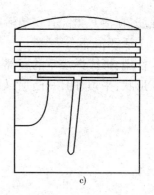

图 6-4 活塞顶部形状
a) 平顶；b) 凹顶；c) 凸顶

微浅凹坑，而直喷式燃烧室为了混合气形成的需要，一般均有较复杂的形状。

②活塞头部。

作用：承受压力并传给连杆；与活塞环一起实现汽缸的密封；将活塞顶吸收的热量通过活塞环传导到汽缸壁上。

结构：头部切有若干道用以安装活塞环的环槽。汽油机一般有 2~3 道环槽，上面 1~2 道用以安装气环，下面一道用以安装油环。在油环槽底面上钻有许多径向小孔，被油环从汽缸壁上刮下来的多余机油，经这些小孔流回油底壳。

③活塞裙部。

作用：为活塞在汽缸内做往复运动导向并承受侧压力。

类型：半拖板式，如图 6-5 所示；拖板式，如图 6-6 所示。

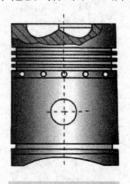 

图 6-5 半拖板式活塞　　　　　　　图 6-6 拖板式活塞

椭圆锥裙：裙部断面制成椭圆形，椭圆的长轴在垂直活塞销的方向，即在连杆摆动平面内或承受侧压力导向平面内，椭圆的短轴在活塞销的方向。裙部轴向呈锥形，上小下大。这样在活塞工作过程中，受力、受热膨胀变形时，形成圆柱形，不致在汽缸内卡住。

裙部开有绝热—膨胀槽：在裙部受侧向力较小的面，开有"T"形或"Π"形槽。其中横槽叫绝热槽，其作用是减少头部热量向裙部传导，从而减少裙部的热膨胀；竖槽叫膨胀槽，其作用是使裙部具有一定的弹性且在热态时起补偿作用，使活塞在装配间隙较小的情况下热膨胀时不致卡缸。

④经过变形的活塞。为了提高活塞的工作性能,有些发动机采用经过变形了的活塞。

偏心活塞:是指活塞销中心偏离活塞销轴线的活塞。从发动机前面看,偏向左面或侧压力大的一面,其主要目的是减少活塞在汽缸内的敲击。这种偏心活塞的偏心量不易观察出来,一般都有标记,注意安装时方向不能错,否则换向敲击力会增大,使裙部受损。

桶形活塞:由于活塞上部受热较强,活塞侧面的形状,通常制成锥形、梯形或锥形和柱形组合,也有较复杂的变椭圆形(即椭圆度随活塞高度而变化)。现代汽车上的活塞有的还使用一种裙部中部隆起的桶形裙部,它不仅考虑了温度等因素引起的变形,而且还考虑到油楔的形成,从而减小摩擦,延长寿命。

(2)活塞环的构造。

①类型:分为气环和油环两种。

②活塞环的"三隙":活塞环在安装时应留有端隙、侧隙、背隙三处间隙(图6-7),端隙 $\Delta 1$ 又称开口间隙,是活塞环装入汽缸后开口处的间隙,一般在 $0.15\sim 0.70$ mm 之间;侧隙 $\Delta 2$ 又称边隙,是环高方向与环槽之间的间隙,第一道环一般为 $0.02\sim 0.13$ mm,其他气环为 $0.02\sim 0.087$ mm,油环较小,一般为 $0.02\sim 0.07$ mm;背隙 $\Delta 3$ 是活塞及活塞环装入汽缸后,活塞环背面与环槽底部间的间隙,一般为 $0\sim 0.35$ mm。为了测量方便,维修中以环的厚度与环槽的深度差来表示。

③气环的作用。密封(防止汽缸内的气体窜入油底壳)、传热(将活塞头部的热量传给汽缸壁)、辅助刮油和布油。

④气环的密封原理。气环可能漏气的通道有三条:环面与汽缸壁之间;环与环槽的侧面之间;开口间隙处。前两处是可以密封的。

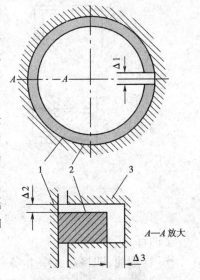

图 6-7 活塞环端隙、侧隙、背隙
1-汽缸;2-活塞环;3-活塞

第一密封面的建立:活塞环在自由状态下,其外圆直径略大于缸径,所以装入汽缸后,活塞环就产生一定的弹力与缸壁压紧,形成了第一密封面。

第二密封面的建立:由于活塞头部与缸壁间有间隙,活塞环还有侧隙和背隙,汽缸内未被密封的气体不能通过第一密封面下窜,便窜入侧隙和背隙,把环压到环槽端面形成第二密封面。

气环的第二次密封:窜入活塞环背隙和侧隙的气体,产生背压力和侧压力,使活塞环对缸壁和环槽进一步压紧,显著加强了第一、第二密封面的密封,此即为气环的第二次密封。

有了两个密封面的密封,理论上只有开口处是唯一的漏气通道。因此安装时相互按一定位置错开,形成迷宫式封气路线,其漏气量在高速发动机上是很微小的,一般仅为进气量的 $0.2\%\sim 1.0\%$。这也是往复活塞式发动机至今有巨大生命力的原因之一。

⑤活塞环的泵油作用及危害。由于侧隙和背隙的存在,当发动机工作时,活塞环便产生了泵油作用。环在气压力、惯性力、摩擦力的作用下,反复地靠在环的上、下沿,其过程是:当活塞带着活塞环下行(进气行程)时,环靠在环槽的上方,环从缸壁上刮下来的润滑油充入

环槽下方;当活塞带动活塞环上行(压缩行程)时,环靠在环槽的下方,同时将油挤压到环槽的上方,如此反复运动,就将润滑油泵到活塞顶。

活塞环的泵油作用对润滑困难的汽缸是有利的。但随着发动机转速的提高,泵油作用加剧,不仅增加了润滑油的消耗,还可能使火花塞因沾油而不能产生电火花,并使燃烧室内积炭增多,甚至在环槽内形成积炭,挤压活塞环而失去密封性。另外还加剧了汽缸等部件的磨损。

为此,多在结构上采取如下措施:即尽量减小环的质量,气环采取特殊断面形状,油环下设减压腔,气环下面的油环加衬簧或用组合式油环等方式。

⑥气环的断面形状,如图6-8所示。

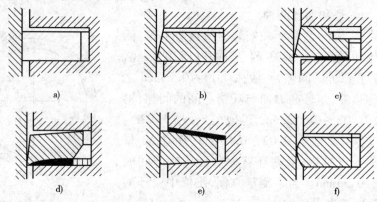

图6-8 气环的断面形状
a)矩形环;b)锥形环;c)正扭曲内切环;d)反扭曲锥面环;e)梯形环;f)桶形环

⑦油环。
作用:刮油,即将汽缸壁上多余的润滑油刮下来。
类型:分为普通油环和组合油环,如图6-9所示。
(3)活塞销的构造。
作用:连接活塞和连杆,并将活塞的力传递给连杆。
结构:用低碳钢或低碳合金钢制成的厚壁管状体,如图6-10所示。
工作条件:活塞销承受着很大的周期性的冲击荷载,为此,要求活塞销须有足够的强度和刚度。特别是刚度最为重要。另外要求活塞销尽量得轻,以减小运动质量的惯性力。由于活塞销、活塞销座和连杆小头的润滑靠飞溅油雾润滑,润滑条件很差,因此要求活塞销的表面耐磨。

连接方式:
①全浮式:在发动机正常工作温度下,活塞销在连杆小头孔和活塞销座孔中都能转动。
②半浮式:活塞销与活塞销座孔和连杆小头两处,一处固定,一处浮动(一般固定连杆小头)。
(4)连杆的构造。
作用:将活塞的力传给曲轴,变活塞的往复运动为曲轴的旋转运动。
组成:连杆组由连杆体、连杆盖、连杆螺栓和连杆轴瓦等组成。

学习任务六　曲柄连杆机构的检修

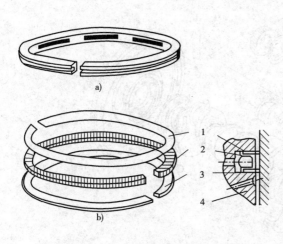

图6-9　油环
a)普通油环;b)组合油环
1-上刮片;2-衬簧;3-下刮片;4-活塞

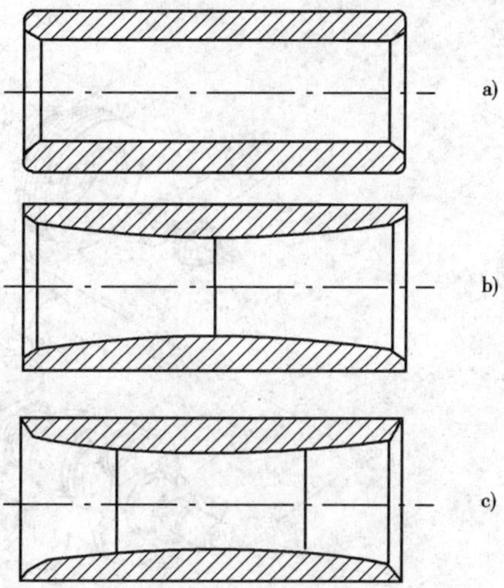

图6-10　活塞销的内孔形状
a)圆柱形;b)两段截锥形;c)组合形

构造:
① 小头:用来安装活塞销,以连接活塞。
② 杆身:常做成"工"字形断面。
③ 大头:与曲轴的连杆轴颈相连。大头一般做成分开式,即连杆体大头和连杆盖。
(5)连杆轴承(俗称小瓦)的构造。
作用:保护连杆轴颈及连杆大头孔。
组成:由钢背和减磨层组成。钢背由1~3mm的低碳钢制成。减磨层为0.3~0.7mm的减磨合金,层质较软能保护轴颈。
3)曲轴飞轮组
曲轴飞轮组由曲轴和飞轮以及其他不同作用的零件和附件组成,如图6-11所示。
(1)曲轴。
作用:把活塞的往复运动变为旋转运动,对外输出功率并用来驱动发动机各辅助系统工作。
构造:曲轴一般由主轴颈、连杆轴颈、曲柄、平衡块、前端和后端等组成。
① 主轴颈。主轴颈是曲轴的支承部分,通过主轴承支承在曲轴箱的主轴承座中。主轴承的数目不仅与发动机汽缸数目有关,还取决于曲轴的支承方式。曲轴的支承方式一般有两种,一种是全支承曲轴,另一种是非全支承曲轴。在相邻的两个曲拐之间,都设置一个主轴颈的曲轴,称为全支承曲轴,否则称为非全支承曲轴。因此直列式发动机的全支承曲轴,其主轴颈总数(包括曲轴前端和后端的主轴颈)比汽缸数多一个;V形发动机的全支承曲轴,其主轴颈总数比汽缸数的一半多一个。全支承曲轴的优点是可以提高曲轴的刚度和弯曲强度,并且可减轻主轴承的荷载。其缺点是曲轴的加工表面增多,主轴承数增多,使机体加长。这两种形式的曲轴,均可用于汽油机,但柴油机因荷载较大多采用全支承曲轴。

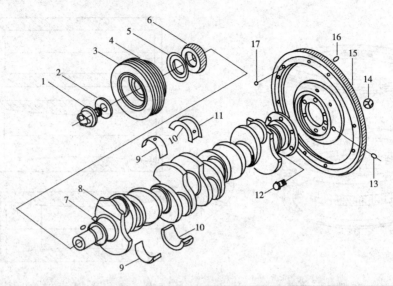

图 6-11 曲轴飞轮组
1-起动爪；2-锁紧垫圈；3-扭转减振器总成；4-带轮；5-挡油片；6-正时齿轮；7-半圆键；8-曲轴；9、10-主轴瓦；11-止推片；12-飞轮螺栓；13-润脂嘴；14-螺母；15-飞轮与齿圈；16-离合器盖定位销；17-六缸上止点记号用钢球

②连杆轴颈。连杆轴颈是曲轴与连杆的连接部分，通过曲柄与主轴颈相连，在连接处用圆弧过渡，以减少应力集中。直列发动机的连杆轴颈数目和汽缸数相等。V形发动机的连杆轴颈数等于汽缸数的一半。为了使曲轴易于平衡，曲柄销都对称布置。如四缸发动机曲轴的一、四缸曲柄销在同一侧，二、三缸曲柄销在另一侧，两者相差180°。

③曲柄。曲柄是主轴颈与曲柄销的连接部分，也是曲轴受力最复杂、结构最薄弱的环节。曲柄形状多数呈矩形或椭圆形，它与主轴颈和曲柄销的连接处形状突然变化，存在着严重的应力集中现象，曲轴裂缝或断裂大多数出现在这个部位。为了减小这种应力集中现象，此处都采用过渡圆角连接。但过渡圆角半径过大会使轴承的承压面积减小。为了平衡曲轴旋转的惯性力，往往在曲柄上与曲柄销相反的方向装有平衡块（或制成整体）。

④平衡块。平衡块用来平衡发动机不平衡的离心力矩，有时还用来平衡一部分往复惯性力，从而使曲轴旋转平稳。

⑤前端轴与后端轴。前端轴是第一道主轴颈之前的部分，通常有键槽和螺栓，用来安装正时齿轮、皮带轮、扭转减振器等。后端轴是最后一道主轴颈之后的部分，一般在其后端有凸缘盘，飞轮用螺栓紧固扭转减振器等。后端轴是最后一道主轴颈之后的部分，一般在其后端有凸缘盘，飞轮用螺栓紧固于曲轴后端面上。有的汽油喷射发动机点火和喷油脉冲的信号发生器齿轮装在飞轮的前端或后端。曲轴的前后端都伸出曲轴箱，为了防止润滑油沿轴颈流出油底壳，在曲轴前后都设有防漏装置。常用的防漏装置有挡油盘、填料油封、自紧油封、回油螺栓等。

⑥曲轴的轴向定位。为阻止车辆行驶时，离合器经常结合与分离和带锥齿轮驱动时施加于曲轴上的轴向力以及在上、下坡行驶或突然加速、减速出现的曲轴轴向窜动，曲轴必须有轴向定位，以保证曲柄连杆机构的正常工作。但也应允许曲轴受热后能自由膨胀，所以曲

轴轴向上只能有一处设置定位装置。

轴向定位是通过止推装置实现的。止推装置有翻边轴瓦、止推片、止推环和轴向止推滚珠轴承等多种形式。

翻边轴瓦：翻边轴瓦放在曲轴的某一主轴承内，靠翻边轴瓦两外侧表面的减摩合金层（与轴瓦内表面的合金层相同）减低与轴颈端面相对运动时的摩擦阻力并可挡住曲轴的左、右窜动。翻边轴瓦工艺复杂、成本高，现已很少采用。

止推片：止推片是外侧有减摩合金层的半环状钢片，装在机体或主轴承盖的槽内。为防止止推片的转动，止推片上有凸起卡在槽内，止推片用4片，也可用2片。

止推环：当止推装置放在曲轴第一主轴颈（曲轴自由端）上时，可采用两个带有减摩合金层的止推钢环的形式。因为它可从曲轴端部直接套入主轴颈上。为防止止推环转动，止推环上有止转销孔与主轴承盖上的止转销相配合。安装止推环时钢背应面向机体与轴承盖。止推片与止推环广泛用于发动机曲轴止推。

轴向止推滚珠轴承：在轴向力大且频繁作用时，多采用轴向止推滚珠轴承。轴向止推滚珠轴承装在曲轴功率输出端的主轴颈附近的圆柱面上，其侧面靠在圆柱面的凸台上，另一侧面有一凹槽，在凹槽内放上两个半L形圆环，在半L形圆环外面再套上一个钢制圆环，以固定两个半L形圆环。在相应于轴向止推滚珠轴承的机体与主轴承盖上有一圆形环槽，以挡住止推轴承左、右窜动。

⑦曲拐的布置。一个主轴颈、一个连杆轴颈和一个曲柄组成了一个曲拐，曲轴的曲拐数目等于汽缸数（直列式发动机）；V形发动机曲轴的曲拐数等于汽缸数的一半。

曲轴的形状和各曲拐的相对位置（即所谓曲拐的布置），取决于缸数、汽缸排列方式（单列或V形等）和发火次序（即各缸的作功行程交替次序）。在安排多缸发动机的发火次序时，应注意使连续作功的两缸相距尽可能远，以减轻主轴承的荷载，同时避免可能发生的进气重叠现象（即相邻两缸进气门同时开启），以免影响充气效率；作功间隔应力求均匀，也就是说，发动机在完成一个工作循环的曲轴转角内，每个汽缸都应发火作功一次，而且各缸发火的间隔时间（以曲轴转角表示，称为发火间隔角）应力求均匀。对于缸数为i的四冲程发动机而言，其发火间隔角应为$720°/i$，即曲轴每转$720°/i$时，就有一缸作功，以保证发动机运转平稳。

几种常用的多缸发动机曲拐布置和发火次序如下：

四冲程直列四缸发动机：

发火间隔角应为$720°/4=180°$，四个曲拐布置在同一平面内。发火次序有两种可能的排列法，即1-2-4-3或1-3-4-2（表6-1a、b）。

四冲程直列四缸发动机工作顺序1-3-4-2 表6-1a

曲轴转角(°)	第一缸	第二缸	第三缸	第四缸
0~180	作功	排气	压缩	进气
180~360	排气	进气	作功	压缩
360~540	进气	压缩	排气	作功
540~720	压缩	作功	进气	排气

四冲程直列四缸发动机工作顺序 1-2-4-3　　表6-1b

曲轴转角(°)	第一缸	第二缸	第三缸	第四缸
0~180	作功	压缩	排气	进气
180~360	排气	作功	进气	压缩
360~540	进气	排气	压缩	作功
540~720	压缩	进气	作功	排气

四冲程直列六缸发动机：

四冲程直列六缸发动机的点火间隔角为 720°/6 = 120°。这种发动机曲轴的曲拐，每两缸布置在一个平面内，互成120°夹角（图6-12），曲拐布置的点火顺序为 1-5-3-6-2-4（表6-2）。直列六缸机惯性力平衡，发动机运转平稳，广泛用于各种车辆上。

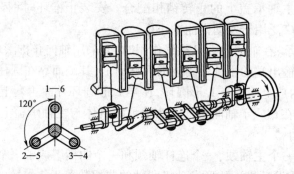

图6-12　六缸发动机曲拐的布置

四冲程直列六缸发动机工作顺序 1-5-3-6-2-4　　表6-2

曲轴转角(°)		第一缸	第二缸	第三缸	第四缸	第五缸	第六缸
0~180	0~60	作功	排气	进气	作功	压缩	进气
	60~120						
	120~180			压缩	排气		
180~360	180~240	排气	进气	进气	作功	作功	压缩
	240~300						
	300~360			作功	进气		
360~540	360~420	进气	压缩	压缩	作功	排气	作功
	420~480						
	480~540			排气	压缩		
540~720	540~600	压缩	作功	进气	进气	进气	排气
	600~660						
	660~720		排气	进气	作功		压缩

四冲程 V 形六缸发动机:

四冲程 V 形六缸发动机的发火间隔角仍为 120°,3 个曲拐互成 120°(图 6-13)。工作顺序 R1-L3-R3-L2-R2-L1。面对发动机的冷却风扇,右列汽缸用 R 表示,由前向后汽缸号分别为 R1、R2、R3;左列汽缸用 L 表示,汽缸号分别为 L1、L2 和 L3,工作循环见表 6-3。

四冲程 V 形六缸发动机工作顺序 R1-L3-R3-L2-R2-L1   表 6-3

曲轴转角(°)		R1	R2	R3	L1	L2	L3
	0~60		排气				压缩
0~180	60~120	作功				进气	
	120~180			压缩	排气		
	180~240		进气				作功
180~360	240~300	排气				压缩	
	300~360			作功	进气		
	360~420		压缩				排气
360~540	420~480	进气				作功	
	480~540			排气	压缩		
	540~600		作功				进气
540~720	600~660	压缩				排气	
	660~720			进气	作功		

V 形八缸发动机:

V8 发动机左右两缸共用一个曲拐,故曲拐布置与四缸机一样可采用曲拐 180°平面布置,也可采用曲拐 90°夹角空间布置(图 6-14)。V8 发动机结构紧凑、平衡性好,广泛应用于

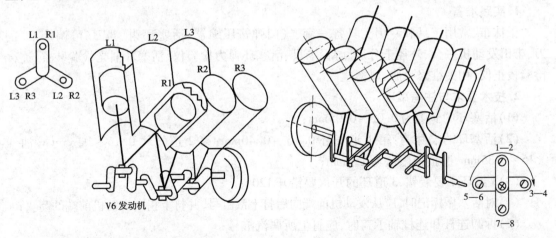

图 6-13　四冲程 V 形六缸发动机曲拐分布　　　　图 6-14　V 形八缸发动机曲拐布置

大型轿车上。原国产红旗轿车发动机就是采用曲拐空间布置形式。V8发动机的点火顺序为1-5-4-2-6-3-7-8(表6-4)。

V8发动机的点火顺序为1-5-4-2-6-3-7-8 或 R1-L1-R4-R2-L2-R3-L3-L4　　表6-4

曲轴转角(°)		R1	R2	R3	R4	L1	L2	L3	L4
0~180	0~90	作功	作功	排气	压缩	压缩	进气	排气	进气
	90~180								
180~360	180~270	排气	排气	进气	作功	作功	压缩	进气	压缩
	270~360								
360~540	360~450	进气	进气	压缩	排气	排气	作功	压缩	作功
	450~540								
540~720	540~630	压缩	压缩	作功	进气	进气	排气	作功	排气
	630~720		作功	排气					进气

(2)飞轮。

功用:用来储存作功行程的能量,以克服进气、压缩和排气行程的阻力和其他阻力,使曲轴能均匀地旋转。

构造:

①用作汽车传动系统中摩擦离合器的驱动件;

②起动发动机;

③上面刻有上止点记号,用来校准点火正时或喷油正时以及调整气门间隙。

二、实 践 操 作

1. 实践准备

干抹布、常用工具和专用工具各一套、气门弹簧压缩器、活塞环钳、锉刀、可调铰刀、刮刀、丰田发动机一台、外径千分尺、游标卡尺、活塞环弹力检验仪、活塞环漏光检验装置、连杆检验校正仪、相关维修手册、厚薄规等。

2. 技术要求与注意事项

(1)活塞环的侧隙为0.02~0.05mm;

(2)活塞环的端隙为:第1道气环0.15~0.40mm,第2道气环0.15~0.35mm,油环0.15~0.35mm,磨损极限值为1.0mm;

(3)3道环不要装错,3道环的开口要错开120°;

(4)对活塞做标记时,应从发动机前端向后打上汽缸号,并打上指向发动机前端的箭头;

(5)拆卸连杆和连杆轴承盖时,应打上所属汽缸号;

(6)连杆的安装。

①不能破坏连杆杆身与盖的配对及装合方向,在二者的同一侧打有配对标记;

②不能装反,也不能乱缸,在杆身上有方向标记,大头侧面有缸号标记。
3. 实践操作
1)按步骤拆卸丰田发动机的曲柄连杆机构
(1)汽缸体曲轴箱组的拆卸步骤。
①先从发动机上拆去燃料供给系统、点火系统、冷却系统等有关部件;
②拆卸前、后汽缸盖罩总成;
③拆除摇臂机构,取出推杆;
④拆卸汽缸盖及衬垫;
⑤放倒发动机,拆下油底壳。
(2)活塞连杆组的拆卸步骤。
①转动曲轴将准备拆卸的连杆对应的活塞转到下止点;
②拆卸连杆螺母,取下连杆轴承盖,并按顺序放好,如图6-15所示;
③用橡胶锤或手锤木柄推出活塞连杆组(应事先刮去汽缸上的台阶,以免损坏活塞环),注意不要硬撬、硬敲,以免损伤汽缸;
④取出活塞连杆组后,应将连杆轴承盖、螺栓、螺母按原位装回,并注意连杆的装配标记。标记应朝向皮带盘,活塞、连杆和连杆轴承盖上打上对应缸号;
⑤用活塞环装卸钳拆下活塞环,如图6-16所示,观察活塞环上的标记,"TOP"朝向活塞顶;

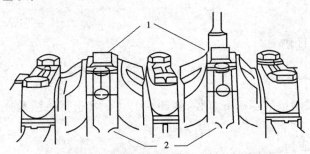

图6-15 连杆及其轴承的配对关系
1-连杆轴承盖;2-连杆

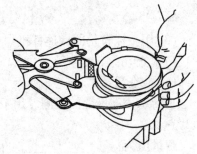

图6-16 拆卸活塞环

⑥将活塞连杆组浸入60℃热水中,并在热状态下拆下活塞销和活塞。
(3)曲轴飞轮组的拆卸步骤。
①按对角顺序旋松飞轮固定螺栓,取下螺栓,用手锤沿四周轻轻敲击飞轮,待松动后取下飞轮,如图6-17所示;
②拧松并取下曲轴油封端盖紧固螺栓,用手锤轻轻敲击油封端盖,待松动后取下油封端盖,如图6-18所示;
③拆卸主轴承盖及止推轴承,抬出曲轴。
2)清洗
(1)用刮刀将曲柄连杆机构上的污物刮净;
(2)用清洗液将曲柄连杆机构各部件洗净;

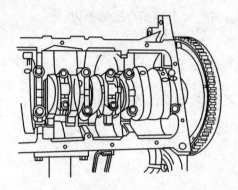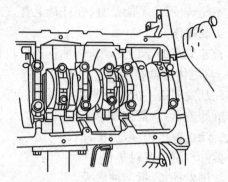

图6-17 曲轴的拆卸

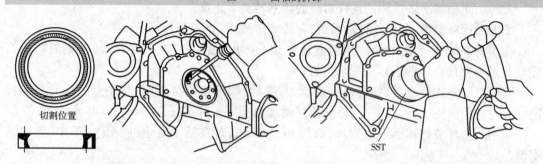

图6-18 油封的拆卸和安装

（3）用干抹布将曲柄连杆机构各部件擦净。

3）检查

（1）检查活塞。

①活塞裙部尺寸的检测。用千分尺测量活塞裙部直径，如图6-19所示（选择一组数据填写）。

测量值为：_____ 标准值为：_____

如不符合规定，如何修复？_____

②配缸间隙的检测。用塞尺测量其间隙值，如图6-20所示。

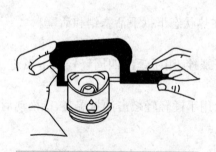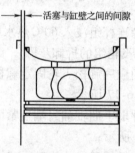

图6-19 活塞裙部尺寸的测量　　　图6-20 配缸间隙的测量

测量值为：_____ 标准值为：_____

如不符合规定，如何修复？_____

想一想

如活塞严重损坏,该如何选配新的活塞?

(2)检查活塞环。

①活塞环端隙的检验。用塞尺测量开口处的间隙,如图6-21所示(选择一组数据填写)。

测量值为:_____ 标准值为:_____

如不符合规定,如何修复?_____

②活塞环侧隙的检验。用厚薄规测量活塞环的侧隙,如图6-22所示(选择一组数据填写)。

第一道气环测量值为:_____ 标准值为:_____
第二道气环测量值为:_____ 标准值为:_____
油环测量值为:_____ 标准值为:_____
如不符合规定,如何修复?_____

图6-21 活塞环端隙测量

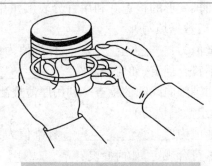

图6-22 活塞环侧隙测量

③活塞环背隙的检验。在实际测量中,活塞环背隙通常以槽深和环厚之差来表示。检验活塞环背隙的经验方法是:将活塞环置入环槽内,如活塞环低于环槽岸,能转动自如,且无松旷感觉,则间隙合适。

做一做

同学们,请自己动手,测量活塞环的"三隙"。

想一想

如活塞环严重损坏,该如何选配新的活塞环?

(3)连杆衬套的检查。用外径千分尺测量,如图6-23所示(选择一组数据填写)。

测量值为:_____

标准值为:_____
如不符合规定,如何修复?_____

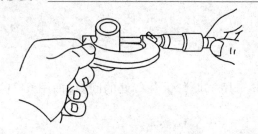

图6-23 连杆衬套的检查

 想一想

如连杆衬套已严重磨损,该如何选配新的连杆衬套?

(4)检查曲轴。
①曲轴变形的检查。利用百分表测量中间主轴颈的径向圆跳动误差,如图6-24所示(选择一组数据填写)。

测量值为:_____ 标准值为:_____
如不符合规定,如何修复?_____

②曲轴轴向间隙的检查。利用厚薄规测量曲柄与止推垫片之间的间隙,如图6-25所示(选择一组数据填写)。

测量值为:_____ 标准值为:_____
如不符合规定,如何修复?_____

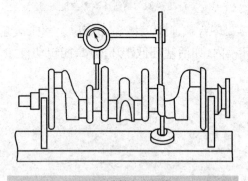 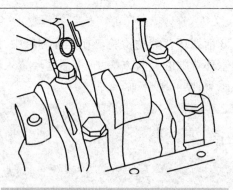

图6-24 曲轴变形的检查　　　图6-25 曲轴轴向间隙的测量

(5)检查飞轮。
①检查飞轮齿圈的磨损情况。
如磨损过度,该如何选配新的飞轮?_____
②利用厚薄规测量飞轮离合器工作面的平面度(选择一组数据填写)。
测量值为:_____ 标准值为:_____

如不符合规定,如何修复?

4)按步骤安装丰田发动机曲柄连杆机构

(1)装配曲轴飞轮组步骤。

①将清洗过的机体安装在专用支架上。

②将主轴承上瓦(有油槽)涂少许机油,按选配的位置逐个装在机体的主轴承瓦座上。注意止推片定位凸块及开口的安装方向必须朝向轴瓦。

③将主轴承下瓦安装在主轴承端盖中。

④把擦净的曲轴平稳地放在主轴承轴瓦上。按记号扣上对应的轴承盖,按规定的力矩(65N·m)依次将主轴承盖的螺栓拧紧。

⑤将曲轴旋转数次,曲轴的轴向应有适量的间隙,间隙大小,可通过更换止推垫片来调整。在机体后端面安装上中间支板和曲轴后油封座,在两者之间垫上密封衬垫。曲轴的径向间隙(主轴瓦与曲轴轴颈的间隙)应符合规定。

⑥安装曲轴前、后油封、油封座垫及油封座。

⑦曲轴前端安装正时齿轮,后端安装飞轮。

(2)装配活塞连杆组步骤。

①活塞、活塞销与连杆组装。组装前应检查活塞的尺寸,并按缸号作好记录,以确认活塞尺寸(即活塞与汽缸的配合间隙)无误。组装时,先把活塞按汽缸号依次排好,仔细检查活塞与连杆的装配方向,并准备好润滑油和手锤、引导销等工具;然后,用开水加热活塞5min,取出活塞,将活塞销涂抹润滑油后快速插入活塞销座孔和连杆衬套孔,同时查看活塞销是否在活塞销座孔的中间位置。组装后,将活塞连杆组反向插入汽缸内,以防活塞变形。发动机活塞、活塞销与连杆全部组装完后,再装好活塞销锁环,并用旋具撬转锁环,使它在槽内转一周,以确认锁环完全入槽,再用塞尺测量锁环与活塞锁端面的间隙,其值应为0.01~0.25mm。待活塞温度降到室温后再次测量活塞尺寸,并将测量结果与组装前所得的测量值进行比较,如有变化,说明在安装活塞销时活塞发生了变形,可用木棒对活塞裙部进行敲击校正。

②检查活塞在汽缸内的偏斜量。将未装活塞环的活塞连杆组按装配要求装入汽缸内,摇转曲轴两圈后用塞尺测量活塞头部前、后方在活塞上止点、下止点和汽缸中部时与汽缸的间隙,其差值在100mm长度上均应为0.03mm。如活塞在上止点和下止点时该间隙的差值符合规定,而在汽缸中部时差值过大,说明连杆扭曲;若活塞在上止点和下止点时,该间隙的差值过大,则说明连杆弯曲、连杆衬套孔轴线歪斜或汽缸轴线与曲轴轴线不垂直,这时应逐一检查、处理。

③安装活塞环。最重要的是活塞环的安装方向必须正确。第一道活塞环为气环,一般为镀铅环。如果气环上有安装标记,安装时标记应向上;如果气环上有切槽,则内圆切槽向上,外圆切槽向下。安装单面外圆倒角油环时,油环外圆倒角应向上。安装带衬环的油环时,不能将衬环剪断,以免影响刮油效果。

④向汽缸内安装活塞连杆组的步骤。

a. 准备好专用活塞环箍、鲤鱼钳、手锤、扳手等工具和润滑油;

b. 擦净曲轴轴颈、汽缸,并且抹上一层润滑油;

c. 旋转曲轴,将第一缸、第四缸连杆轴颈转到最下方;

d. 在第一缸活塞连杆组的连杆轴承、活塞销和活塞上抹一层润滑油,然后转动活塞环,待润滑油向活塞环槽内渗流后将活塞连杆组按安装方向装入第一缸;与此同时,另一人可在汽缸体另一侧观察连杆是否在活塞中间(如偏向一侧,可通过移动连杆作少量调整);

e. 拨转活塞环切口,按密封的技术要求:3 道环的开口要错开 120°;

f. 用活塞环箍压紧活塞环后,用木锤轻敲活塞顶部,将活塞推入汽缸;与此同时,另一人用手托住连杆,将连杆大头拉到曲轴连杆轴颈上,最好能听到"嗑嗒"声;

g. 装上连杆盖,按规定力矩拧紧连杆螺栓,然后转动曲轴 1 周,观察是否正常。

按照上述步骤再安装其他各缸的活塞连杆组。在安装过程中一定要注意:每装完 1 个缸的活塞连杆组,应旋转曲轴 1 周,以确认曲轴的旋转阻力矩无明显增加。

(3)安装油底壳。

①用衬垫刮刀或钢丝刷清理油底壳和汽缸表面的密封物质(密封胶),清理油底壳内部。用无残留型溶液清洁接触表面。

②将油底壳涂上宽 3~4mm 的密封胶或其他密封材料。

注意:不要给油底壳涂过多的密封胶,油底壳必须在涂上密封胶后 5min 内装到机体上,否则,必须刮去密封胶重涂。

③把油底壳置于机体下,装上螺栓和螺母,按规定的力矩拧紧螺栓。

想一想

连杆发生弯曲变形后,对发动机工作有何影响?

三、学 习 拓 展

(1)请观察汽油机和柴油机,想一想它们的曲柄连杆机构在结构上有何不同?

(2)请查阅丰田汽车维修手册,书中关于曲柄连杆机构各部件的检修与现实中的检修有何不同?拆装和检修步骤有何不同?

(3)故障案例分析。

故障现象:一辆丰田锐志汽车在行驶过程中,在发动机下部发出一种有节奏的连续异响,声响沉重,听起来是"刚刚"的金属撞击声,严重时机身抖动。

故障诊断与排除:经维修人员试车发现,此故障异响的发声部位在发动机的下部,在发动机急加速或急减速时,异响明显,并且不随发动机的温度变化而变化,初步诊断是曲轴轴承处有异响。一般情况下,后边的轴承发响声音发闷钝重,而前边的轴承声响则偏向于轻、脆。曲轴轴承处的异响原因有如下几种:主轴承径向间隙过大;主轴承盖螺栓松动;曲轴弯曲变形;主轴瓦烧毁;主轴瓦松动或断裂;轴向止推垫片磨损过度;主轴承润滑不良。如果是由于轴向止推垫片磨损过度,造成轴向间隙过大而使曲轴在轴向窜动所发出的异响,是一种无节奏异响。对于其他原因所造成的主轴承异响,在发动机冷起动后温度较低时,异响尤为显著。在异响发生时,故障缸的缸盖部位有与异响相吻合的震动感。如果对发动机进行单缸断火,则异响无明显变化,而把相邻两缸同时断火时,则可能出现异响消失或减弱,表明此两缸之间的主轴承发出异响。拆下曲轴,发现轴向止推垫片磨损过度,更换一新件后,复装试车,故障排除。

四、评价与反馈

1. 自我评价与反馈

(1)能否主动参与工作现场的清洁和整理工作?(　　)
　　A. 主动完成　　　　B. 被动完成　　　　C. 未完成
(2)你能否正确规范地完成曲柄连杆机构的检修?(　　)
　　A. 快速规范　　　　B. 规范但不熟练　　C. 不会操作
(3)写出曲柄连杆机构的检测步骤与检查工具。
_____
_____
_____

(4)能否知道曲柄连杆机构异响会导致发动机哪些故障?
_____
_____
_____

(5)下次遇到类似的学习任务应如何改善从而提高学习效果?
_____
_____
_____

(6)你在本学习任务中遇到的困难是什么?你是如何解决的?
_____
_____

签名:_____　　_____年_____月_____日

2. 小组评价与反馈

(1)是否主动参与小组讨论?(　　)
　　A. 主动　　　　　　B. 被动　　　　　　C. 未参与
(2)是否完成本学习任务的学习目标?(　　)
　　A. 完成且效果好　　B. 完成但效果不好　C. 未完成
(3)是否积极学习,不懂的是否积极向别人请教,是否积极帮助他人学习?(　　)
　　A. 积极学习　　　　　　　　　　　　B. 积极请教
　　C. 积极帮助他人　　　　　　　　　　D. 三者都不积极
(4)零件、工具与油污有没有落地,有无保持作业现场的整洁?(　　)
　　A. 无掉地且场地整洁　　　　　　　　B. 有零件、工具掉地
　　C. 有油污掉地　　　　　　　　　　　D. 未保持作业现场的清洁

(5)操作过程中是否注意维修质量且有责任心？（　　）
　　A.注意质量,有责任心　　　　　　B.不注意质量,有责任心
　　C.注意质量,无责任心　　　　　　D.全无
(6)在团队学习中的主动性与合作情况如何？（　　）
　　A.好　　　　　　B.较好　　　　　　C.一般
　　参与评价的同学签名：_____　_____年_____月_____日

3.教师评价及答复

_____

_____

　　　　　　教师签名：_____　_____年_____月_____日

五、技能考核标准

序号	项目	操作内容	规定分	评分标准	得分
1	准备	清点工量具、清理工位	5分	酌情扣分	
2	拆卸	拆卸汽缸盖； 拆卸油底壳； 拆下活塞连杆组； 拆卸曲轴飞轮组； 按顺序放置好各零部件	3分 1分 3分 2分 1分	操作不当扣1～3分； 操作不当扣1分； 操作不当扣1～3分； 操作不当扣1～2分； 操作不当扣1分	
3	清洗	用刮刀将曲柄连杆机构上的污物刮净； 用清洗液将曲柄连杆机构各部件洗净； 用干抹布将曲柄连杆机构各部件擦净	2分 2分 2分	操作不当扣1～2分； 操作不当扣1～2分； 操作不当扣1～2分	
4	检查	活塞的检测； 活塞环"三隙"的检测； 连杆衬套的检验； 曲轴的检测； 飞轮的检查	12分 15分 5分 9分 5分	操作不当扣1～12分； 操作不当扣1～15分； 操作不当扣1～5分； 操作不当扣1～9分； 操作不当扣1～5分	
5	安装	安装曲轴飞轮组； 安装活塞连杆组； 安装油底壳； 安装汽缸盖	3分 3分 2分 2分	操作不当扣1～3分； 操作不当扣1～3分； 操作不当扣1～2分； 操作不当扣1～2分	
6	完成时限	50min	10分	超时1～5min扣1～5分； 超时5min以上扣10分	
7	安全文明	无安全隐患,无不文明操作	5分	未达标扣1～5分	
8	结束	工具、量具清洁并归位； 工作场地清洁	5分 3分	漏一项扣1分,未做扣5分； 清洁不彻底扣1～3分,未做扣3分	
		总分	100分		

学习任务七　冷却系统的检修

任务要求
完成本学习任务后,你应:
1. 知道冷却系统的各部件安装位置;
2. 会对冷却系统的主要部件进行检测和修复;
3. 能分析冷却系统的典型故障并能正确地诊断与排除。

建议学时:10 学时

任务描述

一辆奥迪 A6 轿车行驶途中,发动机舱冒大量蒸汽,且行车无力,经维修人员诊断为发动机"开锅",需对冷却系统进行检修,以进一步确定故障部位,便于维修或更换。

一、理论知识准备

发动机工作时,汽缸内的气体温度高达 2500℃,若不及时冷却,会使零部件温度过高,受热膨胀过大,影响正常的配合间隙,导致活塞"咬缸"、轴瓦"抱轴"、柴油机因柱塞卡死而"飞车"等严重事故;还会使发动机工作环境恶化,容易产生爆震;零部件的机械强度下降;机油变质,润滑不良,零件磨损加剧等。最终导致发动机动力性、经济性、可靠性、耐久性及排放性能的全面下降。发动机工作温度过低,又会造成着火燃烧条件变差,起动困难;发动机工作粗暴;散热损失及摩擦损失增加;零件磨损加剧;CO 及 HC 排放增加,排放恶化等;导致发动机功率下降及燃油消耗率增加。因此,冷却系统是保证发动机正常工作的系统之一,一旦出现故障,要及时检修和排除。

1. 冷却系统的功用
把受热零件吸收的部分热量及时散发出去,保证发动机在最适宜的温度状态下工作。

2. 冷却系统的形式
冷却系统按照冷却介质不同可以分为风冷和水冷。
风冷系统是把发动机中高温零件的热量直接散入大气而进行冷却的装置。
水冷系统是把这些热量先传给冷却液,然后再散入大气而进行冷却的装置。

由于水冷系统冷却均匀、效果好,而且发动机运转噪声小,目前汽车发动机上广泛采用的是水冷系统。

发动机正常工作时,水冷却系统中的冷却液温度应保持在80~90℃范围内。

3. 冷却系统的组成及工作过程

(1)结构:水冷系统大都是由散热器、水泵、风扇、冷却水套和温度调节装置等组成,如图7-1所示。

(2)工作过程:水泵强制冷却水循环,冷却水在水套内吸收热量后,流经散热器,将热量散发到空气中,然后再流入水套。如此循环,以保证发动机在最佳温度下工作。

4. 水泵

(1)作用:是对冷却水加压,使冷却水循环流动。车用发动机多采用离心式水泵。

(2)安装位置:水泵用螺栓固定在发动机前端面上,通过皮带与曲轴带轮相连。

(3)组成:主要由泵壳、泵盖、叶轮、水泵轴、轴承、油封等组成,如图7-2所示。

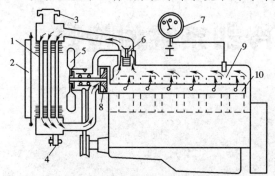

图7-1 冷却系统的组成及工作过程
1_____;2_____;3_____;4_____;
5_____;6_____;7_____;8_____;
9_____;10_____

(4)工作过程:当叶轮旋转时,水泵中的水被叶轮带动一起旋转,在离心力作用下,水被甩向叶轮边缘,然后经外壳上与叶轮成切线方向的出水管压送到发动机水套内。与此同时,叶轮中心处的压力降低,散热器中的水便经进水管被吸进叶轮中心部分。如此连续的作用,使冷却水在水路中不断地循环。

5. 风扇

(1)功用:提高通过散热器芯的空气流速,增加散热效果,加速水的冷却。

(2)风扇的安装与风扇皮带的调整装置。

①安装风扇:用螺钉安装在水泵轴前端的皮带轮或凸缘盘上。风扇常和发电机一起由曲轴通过三角皮带带动(图7-3)。

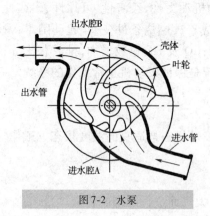

图7-2 水泵

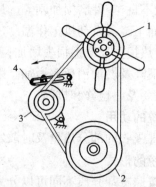

图7-3 风扇的驱动和皮带张紧力的调整
1-风扇及皮带轮;2-曲轴皮带轮;3-发电机;4-移动支架

②调整目的:若皮带过松,皮带将在皮带轮上打滑,风扇和水泵等的转速下降,扇风量和泵水量减小,使发动机过热;皮带过紧,将增加轴承和皮带的磨损。

③措施:常将发电机支架做成可移动式的,以便调节皮带的紧度。

(3)形式:车用发动机的风扇有两种形式,轴流式和离心式。

轴流式风扇所产生的风,其流向与风扇轴平行;离心式风扇所产生的风,其流向为径向。轴流式风扇效率高、风量大、结构简单、布置方便,因而在车用发动机上得到了广泛的应用。

6. 电动风扇

一些轿车由于发动机横置或后置,多采用电动风扇(图7-4)。电动机的开关由散热器的水温开关控制,并且有高低速两个挡位,低速挡在沸点内使用,高速挡在沸点外使用,需要冷却时自动起作用。这样,在一般行驶条件下,电动风扇几乎不转,功率消耗减少,油耗率降低。而在低速大负荷时又能得到充分的冷却。

7. 风扇离合器

(1)采用风扇离合器的目的:风扇是发动机功率的消耗者,最大时约为发动机功率的10%。为了降低风扇功率消耗、减少噪声和磨损、防止发动机过冷、降低污染、节约燃料,多采用风扇离合器。

(2)功用:根据发动机的温度自动控制风扇转速,以达到改变通过散热器的空气流量的目的。

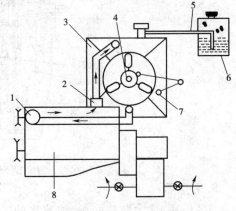

图7-4 电动风扇
1-水泵;2-节温器;3-散热器;4-电动机和风扇;
5-蒸汽排出和回吸管;6-膨胀水箱;7-温控开关;
8-发动机

(3)结构:如图7-5所示。

(4)安装位置:安装在风扇与水泵之间。

(5)硅油风扇离合器的工作原理:

①当发动机冷起动或小负荷下工作时,冷却液及通过散热器的气流温度不高,进油孔被阀片关闭,工作腔内无硅油,离合器处于分离状态。主动轴转动时,仅仅由于密封毛毡圈和轴承的摩擦,使风扇随同壳体在主动轴上空转打滑,转速极低。

②当发动机负荷增加时,冷却液和通过散热器的气流温度随之升高,感温器受热变形而带动阀片轴及阀片转动。当流经感温器的气流温度超过338K(65℃)时,进油孔被完全打开,于是硅油从储油腔进入工作腔。硅油十分黏稠,主动板即可利用硅油的黏性带动壳体和风扇转动。此时风扇离合器处于接合状态,风扇转速迅速提高。

③当发动机负荷减小,流经感温器的气体温度低于308K(35℃)时,感温器恢复原状,阀片将进油孔关闭,工作腔中油液继续从回油孔流回储油腔,直至甩空为止。风扇离合器又回到分离状态。

(6)故障应急措施:行驶途中,若硅油风扇离合器出现故障(如漏油等)时,可松开内六角螺钉,把锁止板的销插入主动板孔中,再拧螺钉,使壳体与主动轴连成一体,但此时只靠销传动,不能长期使用。

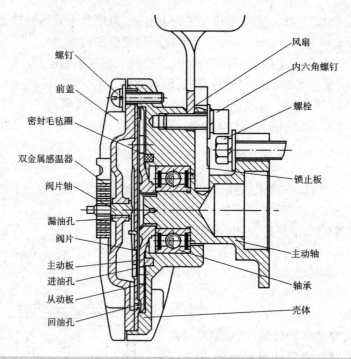

图 7-5　风扇离合器

8. 散热器

（1）作用：增大散热面积，加速水的冷却。为了将散热器传出的热量尽快带走，在散热器后面装有风扇与散热器配合工作。

（2）安装位置：大多安装在发动机及风扇的前方。

（3）结构：散热器又称为水箱，由上储水室、散热器芯和下储水室等组成，如图 7-6 所示。散热器上储水室顶部有加水口，平时用散热器盖盖住，冷却水即由此注入整个冷却系统。上储水室上的进水管和下储水室的出水管，用橡胶软管分别与汽缸盖的出水管和水泵的进水管相连。由发动机汽缸盖上出水管流出的温度较高的热水经过进水软管进入上储水室，经冷却管得到冷却后流入下储水室，由出水管流出被吸入水泵。在散热器下储水室的出水管上还有一个放水阀。

散热器芯由许多冷却水管和散热片组成，对于散热器芯应该有尽可能大的散热面积，采用散热片是为了增加散热器芯的散热面积。散热器芯的构造形式有多样，常用的有管片式和管带式两种。

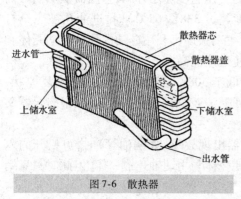

图 7-6　散热器

9. 节温器

（1）作用：改变冷却水的循环路线及流量，自动调节冷却强度，使冷却水温度经常保持在 80~90℃。

（2）结构：如图 7-7 所示。

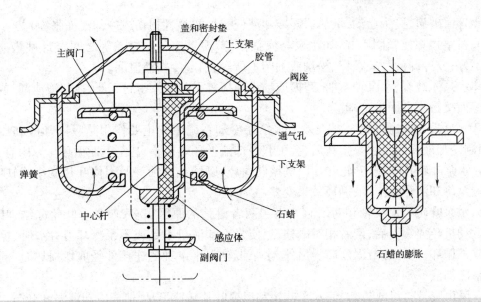

图7-7 节温器

(3)安装位置:装在冷却水循环的通路中,一般装在汽缸盖的出水口。
(4)形式:分为蜡式和折叠式。

10.百叶窗

(1)作用:在冷却水温度较低时改变吹过散热器的空气流量,从而控制冷却强度。

在严寒的冬季,水温过低时,由于节温器的作用使水只进行小循环,散热器中的水有冻结的危险。此时关闭百叶窗可使冷却水温度回升。

(2)安装位置:百叶窗安装在散热器前面,它是由许多片活动挡板组成的。挡板垂直或水平安装,由驾驶人通过装在驾驶室内的手柄操纵调节挡板的开度。

11.冷却系统常见故障分析

1)发动机温度过高

散热器加液口冒大量蒸气,冷却液温度表指针指示值为95℃以上,并有行车无力感觉。

(1)故障原因。发动机温度过高的原因有冷却液大循环(发动机冷却液未与散热器连通)不好、冷却液不足或风扇抽风效果不良等。

①冷却液循环不好的原因有:

a.冷却液冻结。如寒冷季节长时间熄火滑行或防寒措施不力,以及停车时间长等均会使未加防冻液的冷却液冻结,引起循环不好或不能循环,严重时会冻裂散热器。

b.散热器的扁管内存积的水垢、铁锈或机械杂质将水管堵塞,或散热器水管截断过多,或汽缸垫被冲坏,燃气对冷却液加温。

c.节温器损坏。节温器损坏后使其主阀门不能开启,大循环水路被堵塞,冷却液不能进入散热器冷却,致使发动机温度过高。

②冷却液不足(没加满或冷却液有泄漏)或冷却液脏污,直接影响冷却液循环,严重缺冷却液时会使循环中断,发动机工作时,汽缸壁的热量不能散掉引起冷却液温度过高。造成冷却液不足的原因有:

a. 管道破裂、接头松动、散热器漏冷却液（振动、机械性损伤或冷却液冻胀等）。

b. 衬垫损坏或紧固不好，如水泵与汽缸体、节温器室与汽缸盖等之间密封衬垫损坏或紧固不好；放冷却液开关损坏、松动或关闭不严等，引起冷却液泄漏。

c. 水泵体破裂、水泵轴弯曲、磨损或轴承损坏等引起水泵密封不严，冷却液泄漏，或水封与摩擦面接触不良而漏冷却液。

③水泵失效或风扇离合器失效。水泵在冷却系统中的主要作用是吸冷却液和压冷却液，强制冷却液循环。水泵损坏后，会引起冷却液循环效果差，甚至不能循环。原因有：

a. 水泵叶轮片破裂，叶轮叶片因机械性损坏、腐蚀或锈蚀等原因使叶片变小或缺叶，均会影响泵冷却液量，冷却液循环效果变差。

b. 水泵叶轮与水泵轴相对滑移。引起两者滑移的原因很多，如冬季叶轮冻结、叶轮与轴在发动机转速突变后，两者相对滑移，致使泵冷却液量不足或不泵冷却液，冷却液循环效果差或不循环，使冷却液温度高。另外，水泵带轮与水泵轴的连接件受剪切损坏时，同样造成不泵冷却液。

c. 风扇胶带打滑或折断，使水泵叶轮和风扇叶片转速不足，造成冷却液温度升高。

④风扇抽风效果不良，难以将散热器散发出的热量被空气带走。原因有：

a. 风扇转速低，抽风不足；风扇叶角度不当，如风扇叶与水泵轴的夹角过小时，会使轴向抽风减小。

b. 百叶窗未开或开度不足，进风量降低；散热器片倒状、散热片间有灰尘或杂质，或冬季行车时防寒罩未打开等，均会造成通风差。

⑤其他方面原因，如润滑不良，点火系统工作欠佳，发动机有早燃、爆震，排气系统不畅通，汽车底盘技术状况不佳，夏天使用了醇类防冻剂或防冻剂的浓度过高等。

（2）故障检修程序。发动机冷却液温度过高的检修程序和步骤如图7-8所示。

2）发动机温度过低

发动机正常工作时冷却液温度低于75℃，则称冷却液温度过低。冷却液温度过低的现象，多在气温低时出现。

（1）故障原因。冷却液温度过低的主要原因是：不能根据外界气温低或发动机负荷不大时来调整冷却强度。如调整流经散热器的空气流量和流速，或调整冷却液的流量和循环路线（大循环或小循环）。

（2）发动机温度过低检测程序。

①检测发动机风扇离合器，看风扇离合器在冷却液低温时是否能使风扇动力切断；

②检查节温器，看节温器的主阀门是否未关闭或关闭不严，造成冷却液始终进行大循环（冷却强度大和流动路线长）。

3）发动机突然过热

冷车发动时，发动机冷却液温度迅速升高并沸腾。在补足冷却液后温度下降，但之后又升高。

（1）故障原因。

①风扇胶带断裂或严重打滑；

②水泵轴与叶轮脱离，造成水泵不泵冷却液；

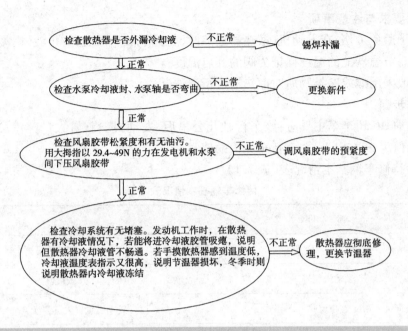

图 7-8 发动机冷却液温度过高检测程序图

③冷却系统严重缺冷却液,造成冷却强度差;

④节温器主阀门脱落卡在冷却液管内,或主阀门打不开,阻碍冷却液进行大循环(指冷却液全部流进散热器、冷却强度大、冷却液流动路线长、流量大的循环)。

(2)故障检修程序。发动机突然过热故障检修程序如图 7-9 所示。

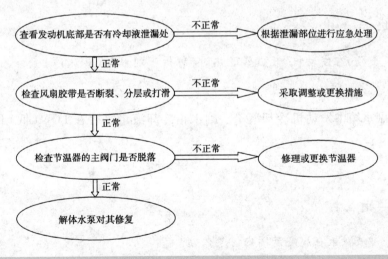

图 7-9 发动机突然过热故障检测程序图

二、实 践 操 作

1. 实践准备

干净的抹布、常用工具、奥迪 A6 轿车一辆、万用表、相关维修手册等。

2. 技术要求与注意事项

(1) 为了避免烫伤,在发动机、散热器还热时,勿拆下散热器盖,防止液体、蒸汽喷出;

(2) 注意节温器上的温度标记为阀的开启温度;

(3) 一般采用酸或碱类物质对散热器进行清洗。

3. 操作步骤

一辆奥迪A6轿车车主反应:该车行驶几公里后,发动机舱就冒大量蒸汽,冷却液温度表指针指示值为96℃以上,并有行车无力的感觉。

1) 填写待修车辆基本情况表(表7-1)

待修车辆基本情况表   表7-1

项目	内容
车辆型号(VIN码)	(查后填写)
发动机型号	(查后填写)
客户反映	发动机舱冒大量蒸汽、行车无力
维修建议	检查冷却系统

2) 冷却系统外观检查

(1) 检查冷却系统是否有泄漏。

□ 有   □ 无

 小提示

为避免烫伤,在发动机、散热器还热时,勿拆下副水箱(膨胀液)盖,防止液体、蒸汽喷出。

(2) 检查副水箱中发动机冷却液量。副水箱冷却液量是否在LOW(低)和FULL(满)之间。

□ 是   □ 否

 想一想

如果冷却液量未在规定范围内该怎么办?

(3) 检查冷却液质量。

3) 冷却系统主要部件的检查

(1) 水泵的检修。水泵常见的损伤有壳体的渗漏、破裂;水泵轴的弯曲、磨损;水泵叶轮叶片的破裂;水封垫圈与橡木垫圈的磨损;水泵轴与轴承的磨损;轴承与轴承座孔的磨损。

① 水泵的检查。

a. 检查泵体及皮带轮有无磨损及损伤,必要时应更换;
b. 检查水泵轴有无弯曲、轴颈磨损程度、轴端螺纹有无损坏;
c. 检查叶轮上的叶片有无破碎、轴孔磨损是否严重;
d. 检查水封和胶木垫圈的磨损程度,如超过使用限度应更换新件;
e. 检查轴承的磨损情况,可用表测量轴承的间隙,如超过0.10mm,则应更换新的轴承。

 想一想

如果水泵壳体破裂该如何修理?

②水泵及座的修理。

a. 水泵取出后,可按顺序进行分解。分解后应将零件进行清洗,再逐一检查,看其是否有裂纹、损坏及磨损等缺陷,如有严重缺陷者应予更换。

b. 水封及座的修理:水封如磨损起槽,可用砂布磨平,如磨损过度应予更换;水封座如有毛糙刮痕,可用平面铰刀或在车床上修理。在大修时应更换新的水封组件。

c. 在泵体上具有下列损伤时允许焊修:长度在30mm以内且没有伸展到轴承座孔的裂纹,与汽缸盖接合的突缘有破缺部分,油封座孔有损伤。

d. 水泵轴的弯曲不得超过0.05mm,否则应更换。

e. 叶轮叶片破损应予更换。

f. 水泵轴孔径磨损严重应更换或镶套修复。

g. 检查水泵轴承是否转动灵活或有异常响声,如有说明轴承存在问题,应予更换。水泵装配好后,用手转动一下,泵轴应无卡滞、叶轮与泵壳应无碰擦。然后检查水泵排水量,如有问题,应检查原因并排除。

(2)节温器的检查。

①节温器的拆卸。

a. 在发动机处于停机、冷态时,进行节温器的拆卸作业;

b. 将蓄电池负极导线拆下;

c. 按规定的程序,把冷却系统的冷却液排放干净;

d. 取下散热器的连接管,拆掉出水套管,将节温器取出。

②节温器的安装。

a. 安装程序与拆卸程序相反;

b. 发动机大修后的节温器,应使用新的密封垫;

c. 安装完毕后,加注冷却液,起动发动机运转观察是否有渗漏现象。

注意:节温器上的温度标记为阀的开启温度,如图7-10所示。

③把节温器浸水,渐渐加热,如图7-11所示。检查阀的开启温度:80~84℃。如温度不符合规范,更换节温器。

④检查阀的升程,如7-12所示。阀的升程:8mm或更大(在95℃时)。如升程不符合规范,更换节温器。

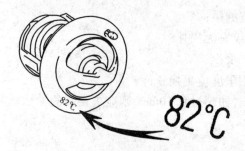
图7-10 温度标记

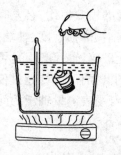
图7-11 阀的开启温度检查

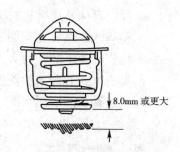
图7-12 检查阀的升程

⑤节温器在低温时(≤77℃),检查阀应完全关闭。

(3)冷却风扇系统的检修。

①低温时(低于83℃),检查冷却风扇的动作。

a. 点火开关处于ON位置;

b. 检查冷却风扇应停止;

小提示

如果风扇不停,检查冷却风扇继电器和水温开关,断开连接器或冷却风扇继电路和水温开关之间的接头。

c. 断开冷却液温度传感器接头;

d. 使用导线,将冷却液温度传感器接头与车身连接,并且导线搭铁;

e. 检查冷却风扇转动情况;

想一想

如果冷却风扇不转该怎么办?

f. 重新连接冷却液温度传感器接头。

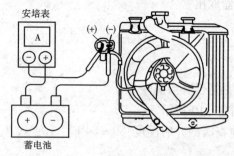
图7-13 检查冷却风扇

②高温时(93℃以上),检查风扇的动作。

a. 起动发动机,使冷却液温度高于93℃;

b. 检查冷却风扇是否转动。若不转动,更换水温开关。

③检查冷却风扇。

a. 断开冷却风扇接头;

b. 将蓄电池和电流表与连接器相连,如图7-13所示;

c. 检查冷却风扇(应平稳地转动)和电流的读

数(标准电流:5.7~7.7A);

d. 重新连接冷却风扇接头。

(4)散热器的检修。

①检查散热器的密封性能。将散热器的进出水口堵死,在散热器内充入49~98kPa的压缩空气,并将其浸在水中,检查有无气泡冒出。凡是冒气处,便是渗漏部位,应作好记号,以便焊修。

②检查散热器盖。将散热器盖检验器装到散热器盖上,并对散热器盖加压,检查密封性能和开启压力。如检查桑塔纳汽车散热器盖,当压力上升到117~147kPa时,排气阀必须打开。如读数不在允许范围内,应更换散热器盖。

③散热器的清洗。

a. 将散热器放在洗涤池(盆)内,进行清洗脱水垢,其方法如下:在洗涤池内盛有含碳酸钠3%~5%的水溶液,加热并使温度保持在80~90℃,约5~8h后取出散热器,再用温水清洗;

b. 洗涤池内盛有含苛性钠10%~15%的水溶液,加热使散热器在其水溶液中浸煮25~30min,然后用热水冲洗;

c. 对于水垢严重的散热器,可使用3%~5%的盐酸溶液,并按每升溶液加入3~5g六亚甲基四胺,然后加热到60~70℃,清洗约30min,再用热碱水中和,最后用热水冲洗。

想一想

为什么清洗散热器时要用酸性或碱性溶液进行冲洗?

④散热器的堵漏。散热器的裂纹在0.3mm左右时,可用散热器堵漏剂就车进行修补:

a. 清洗散热器。加入2%纯碱水后,发动机在80℃左右运转5min,趁热把碱水放掉,再加满清水,起动发动机,升温至80℃时,将水放掉。

b. 拆除节温器。

c. 在冷却系统中加入堵漏剂与水,堵漏剂与水的比例为1:20。起动发动机,将水温升到80~85℃,并保持30min。

d. 等散热器完全冷却后,再起动发动机,升温80~85℃,保持10min。此后就可行车。堵漏剂在冷却系统内保留3~4天,切勿放掉,保留时间愈长,效果愈好。

(5)温控开关的检修。把温度开关拆下放入水中,用万用表电阻挡(Ω挡),把两个触笔分别按到温度控制开关的接线端和外壳上,改变水的温度观察万用表指针的动态(图7-14),当冷却水温度达到92±2℃时,温度控制开关开始导通,万用表的指针指示接通。

图7-14 检查温控开关

当冷却水温开始下降时,温度控制开关仍然导通,当冷却水温下降至87±2℃时,万用表指针应指示断开(电阻无穷大)。

4)更换冷却液步骤

(1)排空冷却液。

①拆下副水箱盖;

②拆下散热器排水塞。

(2)加注冷却液。

①拧紧排水阀,加注冷却液到溢出为止;

用手捏散热器进水软管和出水软管数次。如果冷却液液位下降,继续加冷却液。

②拧紧副水箱盖;

③加注冷却液到副水箱软管数次;

④起动发动机,暖机到节温阀开始打开;

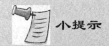

暖机期间,用手捏散热器进水软管和出水软管数次。

⑤关闭发动机,待冷却液温度下降到足够低,然后从副水箱上检查冷却液液位;

⑥如果液位下降,继续执行以上程序;

⑦如果液位没有下降,调节副水箱液位。

三、学习拓展

(1)请观察风冷却系统和水冷却系统,想一想它们的结构有何不同?

(2)请查阅丰田威驰汽车维修手册,书中关于冷却系统各部件的检修与现实中的检修有何不同?拆装和检修步骤有何不同?

(3)发动机冷却系统为什么要定期进行清洗护理?

①对发动机冷却系统定期进行清洗护理的目的主要有以下几方面:

a.清除积垢,提高冷却效果。在发动机冷却系统中循环的冷却液主要有冷却液和防冻液。通常加注的冷却液大多没有经过软化处理,其中不同程度地含有钙、镁等盐类物质,如钙和镁的碳酸盐、硫酸盐和氯化盐等。这些盐类物质大多是不溶或微溶于水的,它们会以沉淀的形式积附在冷却系统的内表面,形成主要成分为硫酸钙、碳酸钙等物质的"水垢",导致冷却系统的容积减小,冷却效果降低。另外,冷却液和防冻液中均含有硅酸盐,当冷却液温度从高至低发生变化时,硅酸盐容易产生"分化"现象,在冷却液中形成一条条青苔状的絮状物。此物质的形成会降低冷却液的流速,从而导致散热功能的减退。由于冷却系统的积垢、沉积物的分化都将影响发动机的冷却能力,使发动机过热、机油变质,从而破坏正常的燃烧,并引起发动机运动摩擦副的摩擦阻力增大、发热,直至卡死。因此,必须定期对冷却系统进行清洁护理,以保证冷却系统的正常工作。

b.防锈除锈,延长机件使用寿命。冷却系统主要由铸铁、铝、钢和铜等不同性质的金属组成。当这些金属与水、乙醇等酸质防冻液、冷却液接触时,电解作用即开始,酸化反应使冷却液带电,其结果是金属被腐蚀,散热器表面被"咬出凹坑"。冷却液中的水遇到铁和空气中的氧就起化学反应产生铁锈,致使金属件逐渐被锈蚀。使用冷却系统防锈除锈用品,可有效地防止锈蚀,延长冷却系统各机件的使用寿命。

c.防漏止漏,减少故障发生。冷却系统一旦出现渗漏、泄漏现象,传统的解决方法是先分解冷却系统,再进行检漏、焊修、黏结等修复,这种方法工序繁琐且费时。使用冷却系统自动堵漏用品,可不分解冷却系统,只要将堵漏剂加入到冷却液中,随冷却液的循环,便可快速有效地堵住泄漏部位。

②怎样用清洁水对冷却系统进行清洗?

用水对冷却系统进行清洗操作比较简单,清洗时,应放净旧冷却液,将发动机冷却系统加满清洁水(自来水),起动发动机,运转5min后放出。放出的水若比较浑浊,应重复上述步骤直至水清为止。

③怎样用清洗剂对冷却系统进行清洗?

当发动机散热性能不好、发动机冷却系统水垢过多时,应使用专用的散热器清洗剂进行清洗。采用冷却系统清洁剂对冷却系统进行清洗的操作方法是:

a.发动机处于熄火冷却状态,打开副水箱盖,慢慢加入清洁剂;

b.按冷却系统的容量添加清洁剂;

c.检查副水箱水位处于正常位置,然后拧紧副水箱盖;

d.起动发动机,怠速运转至正常工作温度,打开暖风开关,车辆运行10min后放掉旧冷却液,水垢和水锈将随之排出。

④注意事项。

a.必须确保清洁剂参与冷却系统的大循环;

b.在清洁后的散热器中,再加入冷却系统防锈剂,效果更佳;

c.清洁剂一旦开启,应全部用完;

d.清洁剂切勿入口,远离儿童。

四、评价与反馈

1.自我评价与反馈

(1)能否主动参与工作现场的清洁和整理工作?(　　)

　　A.主动完成　　　B.被动完成　　　C.未完成

(2)你能否正确规范地完成冷却系统的检修?(　　)

　　A.快速规范　　　B.规范但不熟练　　C.不会操作

(3)写出冷却系统的检测步骤与检查工具。

(4) 能否知道冷却水温过高会导致发动机哪些故障?

(5) 下次遇到类似的学习任务应如何改善从而提高学习效果?

(6) 你在本学习任务中遇到的困难是什么? 你是如何解决的?

签名:_____   _____年_____月_____日

2. 小组评价与反馈

(1) 是否主动参与小组讨论? (　　)
　　A. 主动　　　　　　B. 被动　　　　　　C. 未参与
(2) 是否完成本学习任务的学习目标? (　　)
　　A. 完成且效果好　　B. 完成但效果不好　　C. 未完成
(3) 是否积极学习,不懂的是否积极向别人请教,是否积极帮助他人学习? (　　)
　　A. 积极学习　　　　　　　　　　　B. 积极请教
　　C. 积极帮助他人　　　　　　　　　D. 三者都不积极
(4) 零件、工具与油污有没有落地,有无保持作业现场的整洁? (　　)
　　A. 无掉地且场地整洁　　　　　　　B. 有零件、工具掉地
　　C. 有油污掉地　　　　　　　　　　D. 未保持作业现场的清洁
(5) 操作过程中是否注意维修质量且有责任心? (　　)
　　A. 注意质量,有责任心　　　　　　B. 不注意质量,有责任心
　　C. 注意质量,无责任心　　　　　　D. 全无
(6) 在团队学习中的主动性与合作情况如何? (　　)
　　A. 好　　　　　　B. 较好　　　　　　C. 一般

参与评价的同学签名:_____   _____年_____月_____日

3. 教师评价及答复

教师签名:_____   _____年_____月_____日

五、技能考核标准

序号	项目	操 作 内 容	规定分	评 分 标 准	得分
1	准备	清点工量具、清理工位； 打开并支撑发动机罩； 安装汽车保护罩； 外观检查	2分 3分 2分 3分	酌情扣分； 酌情扣分； 酌情扣分； 酌情扣分	
2	拆卸	拆卸水泵； 拆卸节温器； 拆卸散热器与风扇	3分 2分 2分	操作不当扣1~3分； 操作不当扣1~2分； 操作不当扣1~2分	
3	清洗	散热器的清洗	3分	操作不当扣1~3分	
4	更换	冷却液的更换	3分	操作不当扣1~3分	
5	检查	水泵的检修； 节温器的检修； 冷却风扇系统的检修； 散热器的检修； 温控开关的检修	7分 7分 8分 8分 7分	操作不当扣1~7分； 操作不当扣1~7分； 操作不当扣1~8分； 操作不当扣1~8分； 操作不当扣1~7分	
6	安装	安装水泵； 安装节温器； 安装散热器与风扇	3分 2分 5分	操作不当扣1~3分； 操作不当扣1~2分； 操作不当扣1~5分	
7	故障诊断	冷却系统故障诊断	8分	操作不当扣1~8分	
8	完成时限	60min	10分	超时1~5min扣1~5分； 超时5min以上扣10分	
9	安全文明	无安全隐患，无不文明操作	5分	未达标扣1~5分	
10	结束	工具、量具清洁并归位； 工作场地清洁	5分 2分	漏一项扣1分，未做扣5分； 清洁不彻底扣1~2分，未做扣2分	
		总分	100分		

学习任务八　润滑系统的检修

任务要求

完成本学习任务后,你应:
1. 知道润滑系统的各部件组成、安装位置;
2. 能对润滑系统的主要部件进行检测和修复;
3. 能分析润滑系统的典型故障并能正确地诊断与排除;
4. 能检修润滑系统的主要部件。

建议学时:10 学时

任务描述

一辆捷达汽车起动后,机油压力表读数迅速下降接近零;并且发动机在正常温度和转速下,机油压力表读数始终低于规定值。经维修人员提取数据后分析,此故障的原因可能是润滑油油量不足、润滑油黏度过低、润滑油集滤器的滤网被污物堵塞,油管接头、管路或摇臂轴端盖脱落等,需对润滑系统进行检修,以进一步确定故障部位,便于维修或更换。

一、理论知识准备

汽车发动机润滑系统的主要任务是将润滑油不断供给各个零件的摩擦表面,减少零件的摩擦和磨损。如润滑系统出了故障,将不能保证运动件表面的润滑,导致磨损加剧、温度升高,使发动机不能正常工作或停止工作。

1. 润滑系统的功用

(1)减摩作用:润滑系统将润滑油不断地输送到各零件的摩擦表面,减轻零件的摩擦和磨损。

(2)冷却作用:循环流动的润滑油不断地从受热的零件表面吸收热量,并将热量通过机油散热装置或冷却液散发到外界空气中,使摩擦零件表面的温度不致太高。

(3)清洁作用:利用润滑油的循环流动清洗零件工作表面,带走由于零件磨损造成的金属细末和其他杂质,使其不留在摩擦副造成磨料磨损。

(4)密封作用:利用润滑油的黏度,使润滑油充满各运动零件之间的间隙,提高零件的密封效果,减少漏气。

(5)防锈作用:润滑油附着于零件表面,能防止零件表面与水分、空气及燃气直接接触而发生氧化和腐蚀。

2. 润滑方式

发动机运转时,各运动零件的工作条件不同,所要求的润滑强度也不同,因而要采取不同的润滑方式。常用的润滑方式有:

(1)压力润滑:通过机油泵,将一定压力和流量的润滑油连续不断地输送到各摩擦表面进行润滑。压力润滑是发动机中最重要的一种润滑方式,适用于工作荷载大、相对速度高的运动件表面,如曲轴主轴承、连杆轴承、凸轮轴轴承等。

(2)飞溅润滑:利用运动零件旋转时飞溅起来的油滴或油雾润滑摩擦表面。此法适用于荷载较轻、相对速度较低的运动件表面,如活塞、汽缸壁、凸轮、正时齿轮、摇臂、气门等。

(3)脂润滑:采用定期加注润滑脂的方式进行润滑。如水泵轴承、发电机轴承、起动机轴承等。近年来在发动机上有采用含有耐磨润滑材料(如尼龙、二硫化钼等)的轴承来代替加注润滑脂的轴承的方法。

目前,发动机润滑系统多采用压力润滑与飞溅润滑相结合的润滑方式。

3. 润滑系统的组成

润滑系统由机油储存和供给装置、滤清装置、冷却装置、仪表装置组成(图8-1)。

(1)机油储存和供给装置:如油底壳、机油泵、油管、油道、限压阀等,用于储存机油,建立足够的油压使之在发动机内循环流动,并限制油路中的最高压力。

(2)滤清装置:如集滤器、机油滤清器等,用来清除机油中的杂质,保证润滑油清洁和润滑可靠。

(3)冷却装置:如机油散热器、机油冷却器等,用来冷却机油,保持油温正常,润滑可靠。有些发动机没有专门的机油冷却装置,靠空气流过油底壳冷却润滑油。

(4)仪表装置:如油温表、油压表等,用来检测润滑系统的工作情况。

4. 润滑系统主要零件

1)机油泵

(1)功用:建立足够的油压,使机油能够分配到整个发动机。

(2)分类。

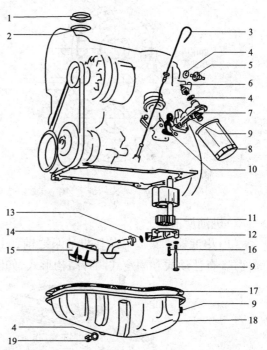

图8-1 发动机润滑系统零部件
1＿＿＿＿;2＿＿＿＿;3＿＿＿＿;4＿＿＿＿;
5＿＿＿＿;6＿＿＿＿;7＿＿＿＿;8＿＿＿＿;
9＿＿＿＿;10＿＿＿＿;11＿＿＿＿;12＿＿＿＿;
13＿＿＿＿;14＿＿＿＿;15＿＿＿＿;16＿＿＿＿;
17＿＿＿＿;18＿＿＿＿;19＿＿＿＿

①齿轮式机油泵。齿轮式机油泵的工作原理如图8-2所示。机油泵壳体上加工有进油口和出油口。在油泵壳体内装有一个主动齿轮和一个从动齿轮。齿轮与壳体内壁之间留有很小的间隙。发动机工作时,齿轮按图8-2中所示箭头方向旋转,进油腔的容积由于轮齿脱离啮合而增大,使腔内产生一定的真空度,机油便经进油口被吸入。齿轮旋转时把齿间所存的机油带到出油腔内。由于出油腔一侧轮齿进入啮合,使出油腔容积减小、油压升高,机油便经出油口被送到发动机油道中。只要发动机在工作,机油泵就不间断工作,从而保证机油在发动机润滑油路中不断地循环输送。在泵盖上铣出一条卸压槽,使轮齿啮合时挤出的机油通过卸压槽流向出油腔,以消除轮齿进入啮合时在齿轮间产生的较大推力。

②转子式机油泵。转子式机油泵的工作原理如图8-3所示,主动的内转子和从动的外转子都装在油泵壳体内。内转子固定在主动轴上,外转子在油泵壳体内可自由转动,二者之间有一定的偏心距。当内转子旋转时,带动外转子旋转。转子齿形齿廓设计得使转子转到任意角度时,内外转子每个齿的齿形齿廓线上总能互相接触。这样,内外转子间便形成四个工作腔。油孔转过时容积增大,产生真空度,机油便经进油孔吸入。转子继续旋转,当该工作腔与出油孔相通时,腔内容积减小,油压升高,机油经出油孔压出。

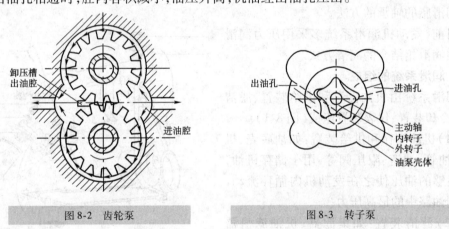

图8-2 齿轮泵　　　　　　　　图8-3 转子泵

2) 机油滤清器

(1) 集滤器。集滤器装在机油泵之前,用来防止粒度大的杂质进入机油泵。一般采用滤网式,有浮动式和固定式两种结构形式,如图8-4所示。

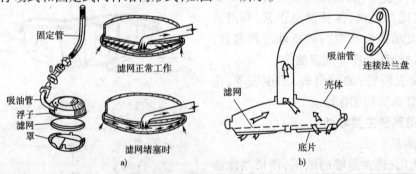

图8-4 集滤器
a) 浮动式集滤器;b) 固定式集滤器

浮动式集滤器由浮子、滤网、罩及焊在浮子上的吸油管组成。浮子是空心的,以便浮在油面上。固定管通往机油泵,安装后固定不动。吸油管活套在固定管中,使浮子能自由地随油面升降。

浮子下面装有金属丝制成的滤网。滤网有弹性,滤网内有环口,平时依靠滤网本身的弹性,使环紧压在罩上。罩的边缘有缺口,与浮子装合后形成缝隙。

当机油泵工作时,机油从罩与浮子之间的狭缝被吸入,经过滤网滤去粗大的杂质后,通过油管进入机油泵;滤网被淤塞时,滤网上方的真空度增大,克服滤网的弹力,滤网便上升而环口离开罩。此时机油不经滤网面直接从环口进入吸油管内,保证机油的供给不致中断。浮动式集滤器能吸入油面上较清洁机油,但油面上泡沫易被吸入,使机油压力降低,润滑欠可靠。

固定式集滤器装在油面下面,它的滤网相对油底壳位置不变,吸入中层或中下层润滑油,吸入的机油清洁度稍逊于浮动式,但可防止泡沫吸入、润滑可靠、结构简单,故基本取代了浮动式集滤器。

(2)粗滤器。粗滤器用以滤去机油中粒度较大(直径为 0.05~0.1mm)的杂质,它对机油的流动阻力较小,故可串联于机油泵与主油道之间,属于全流式滤清器。

粗滤器根据滤清元件(滤芯)的不同,可以有各种不同的结构形式。汽车发动机常用的有金属片缝隙式和纸质式粗滤器。金属片缝隙式粗滤器由于质量大、结构复杂、制造成本高等缺点已基本被淘汰,目前许多汽车发动机都采用纸质式粗滤器。机油粗滤器由纸质滤芯、安全阀(或旁通阀)等组成,如图8-5所示。

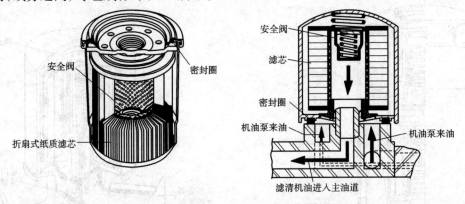

图8-5 粗滤器

(3)细滤器。细滤器用以滤除直径在 0.001mm 以上的细小杂质。由于这种滤清器对润滑油的流动阻力较大,故多做成分流式,与主油道并联,将经粗滤器过滤的润滑油的一小部分引入细滤器,使此部分润滑油得到充分过滤。经过一段时间运转后,所有润滑油都将通过一次细滤器,从而保证了润滑油的清洁度。

细滤器分为过滤式和离心式两种类型,现代发动机一般采用离心式细滤器,图8-6为离心式机油细滤器结构。

(4)复合式滤清器。复合式滤清器将粗(褶纸滤芯)、细(尼龙滤芯)机油滤清器合为一体,如图8-7所示,粗滤器能滤去直径为 0.05~0.1mm 的机械杂质,细滤器能滤去直径为 0.001mm 以上的机械杂质,两种滤芯串联连接。

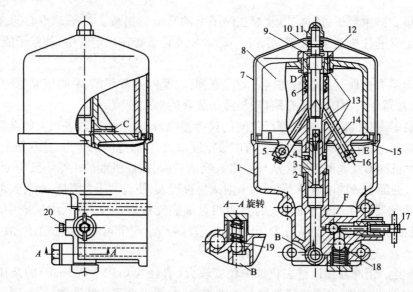

图 8-6　离心式机油细滤器

1-壳体；2-索片；3-转子轴；4-止推轴承；5-喷嘴；6-转子体端套；7-滤清器盖；8-转子盖；9-支承座；10-弹簧；11-压紧螺母；12-压紧套索；13-衬套；14-转子体；15-挡板；16-螺栓；17-机油散热器开关；18-机油散热器安全阀；19-进油限压阀；20-管接头；B-滤清器进油口；C-出油口；D-进油孔；E-通喷嘴油道；F-滤清器出油孔

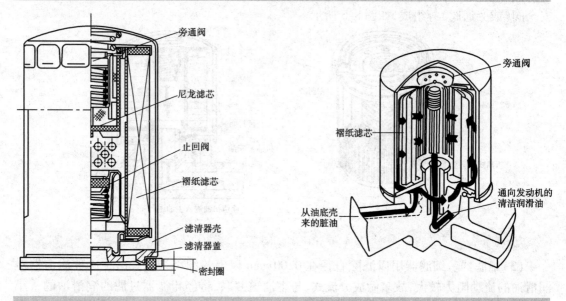

图 8-7　复合式滤清器

3）机油散热装置

（1）机油散热器。一些热负荷较大的发动机，如大功率柴油机等，除利用油底壳对机油进行散热外，还设有专门的机油散热装置。这些装置分为机油散热器和机油冷却器。

机油散热器和冷却液散热器结构基本相同，布置在冷却液散热器前面，利用风扇风力使机油冷却，如图 8-8 所示。机油散热器油路与主油道并联，在气温低的季节或润滑油压力低时不使用机油散热器，故在机油散热器前面常串联有手动开关和限压阀。

(2)机油冷却器。机油冷却器是利用发动机冷却液对机油进行冷却。冷却器油路与主油道串联,由于冷却液温度能自动控制,所以润滑油温度也能得到一定的控制。

机油冷却器的结构如图8-9所示,主要由芯子和壳体组成。芯子由铜制的圆形或椭圆形管与散热片组成,与两端的进出水腔相通。冷却液在芯子管内流动,润滑油在管外流动。冷却器上装有旁通阀,当机油温度过低、黏度过大时,旁通阀打开,机油不经冷却直接进入主油道内。

5. 曲轴箱通风装置

发动机工作中,汽缸内的可燃混合气和燃烧后的废气有一部分会经活塞、活塞环与缸壁之间的间隙漏入曲轴箱内。这些气体中含有的未燃烧燃油会将机油稀释。废气中的水蒸气凝结后,会使机油中的含水量和泡沫增加,从而影响润滑。废气中的酸性物质,使机油的酸质增加,导致发动机零件腐蚀。同时,进入曲轴箱的气体还会使曲轴箱内压力增大,造成接合面、油封等处漏油。

图8-8 机油散热器

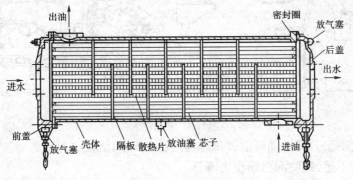

图8-9 机油冷却器

曲轴箱通风装置就是将外界空气经过滤后送入曲轴箱内,再将曲轴箱内的气体排出,以保证润滑系统工作正常,延长机油使用寿命,保证发动机机件不腐蚀,防止泄漏发生。

1)自然通风

将曲轴箱内抽出的气体直接导入到大气中,称为自然通风。图8-10所示为自然通风方式。这种通风方式对大气有污染,低速时通风效果差,已很少采用。

2)强制通风

将曲轴箱内抽出的气体导入进气管内,这种方式称为强制通风。这样可将窜入曲轴箱内的混合气回收使用,有利于提高经济性、减轻污染,现代汽车发动机普遍采用,如图8-11所示。

发动机工作时,进气歧管真空将新鲜空气通过与空气滤清器相连的管子吸入气门室和

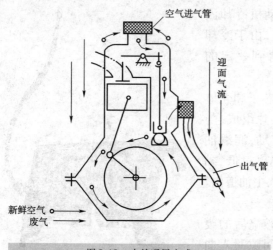

图 8-10 自然通风方式

曲轴箱,然后带动窜气经由曲轴箱强制通风(PCV)阀进入进气歧管。

PCV 阀的作用是根据进气歧管内的真空度,控制进入进气歧管的空气流量。当歧管真空度较高时,PCV 阀开度较小,从而使再循环的气流量减少,以保持怠速稳定。当节气门开度增大,进气管真空度降低时,PCV 阀开度逐渐增大,通风量逐渐加大。

6. 润滑系统故障诊断

1) 润滑油压力过低

在发动机正常运转的情况下,润滑油压力表指针指示值低于规定值。

(1) 故障原因。

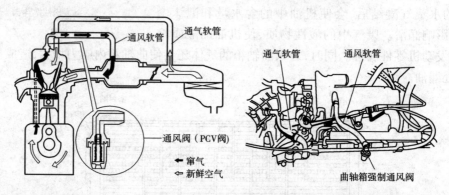

图 8-11 强制通风

①润滑油量不足。润滑油泵通过集滤器时而吸入润滑油,时而吸入空气,因此,进入管道内的润滑油量不足,致使润滑油压力降低。

②润滑油黏度过低。润滑油黏度的高低与润滑油的牌号、发动机温度以及润滑油是否进入汽油、柴油或水有关,润滑油黏度过低则容易使润滑系统中的泄漏增大,润滑油泵的出油压力也小。

③润滑油集滤器的滤网被污物堵塞,油管接头、管路或摇臂轴端盖脱落等,使润滑油泄漏,油的沿途阻力小,油压过低。

④润滑油泵损坏。如润滑油泵(齿轮式)的端面间隙、齿顶间隙或齿轮啮合间隙等增大,引起密封性能变差,使泵油压力低。

⑤润滑油限压阀弹簧折断或被污物卡住不能关闭,或其开启压力调整过低。

⑥曲轴的主轴承、连杆轴承或凸轮轴轴承磨损,配合间隙增大,润滑油将从间隙处泄漏到下曲轴箱(油底壳),使油压降低。

⑦润滑油压力表不准确。润滑油压力传感器型号不对或有故障。

(2) 故障检查程序。润滑油压力过低故障检查程序如图 8-12 所示。

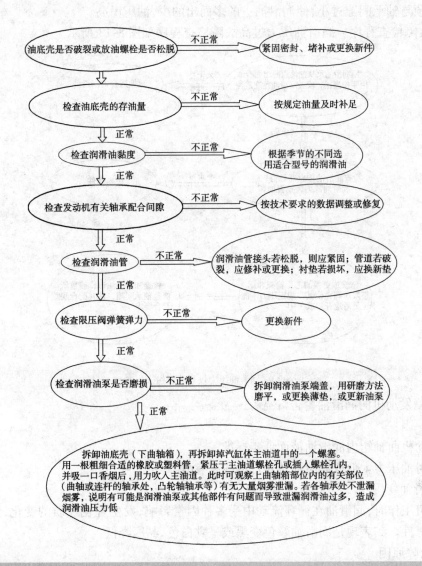

图 8-12 润滑油压力过低故障检查程序

2）润滑油压力过高

润滑油压力表指示的压力超过规定的最高压力值，即是润滑油压力过高的表现。

（1）故障原因。

①润滑油内含有的机械杂质、沥青或胶质等黏附在管壁和滤清器芯上，日久后积聚量增多，影响润滑油流动，甚至会将油道和滤清器芯完全堵塞，使润滑油循环阻力大，引起润滑油压力增高。

②润滑油压力表、传感器失灵，造成润滑油压力表指示错误，或润滑油过稠、机油因黏度高、流动性差，致使润滑油压力过高。

③润滑油限压阀卡滞或黏咬在关闭位置，或限压阀弹簧的预紧力调整过高，使其处在关闭或难以打开状态，起不到卸油压作用，引起润滑油压力过高。

④轴颈与轴承间隙过小,使润滑油进的多而出的少,油压增高。

(2)故障检查程序。润滑油压力过高故障检查程序如图8-13所示。

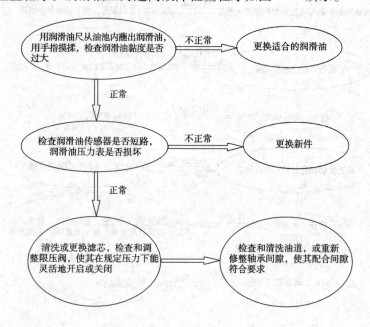

图8-13 润滑油压力过高故障检查程序

3)电喷发动机的润滑油警告灯亮

故障原因:

①发动机曲轴箱内润滑油液面低于标准。

②润滑油压力太低或润滑油警告灯的线路有故障。

4)润滑油变质

发动机工作时,润滑油在循环流动中受多种因素影响,发生理化性质的变化,使润滑油丧失了润滑性。其表现是润滑油颜色变黑或呈乳白色,黏度降低。

(1)故障原因。

①机件磨损。发动机工作时,相对运动的配合机件,磨损下来的金属屑混入润滑油中,使润滑油的杂质含量增多,润滑油质量变坏。

②未完全燃烧的物质进入润滑油中。如汽油发动机混合气过浓、个别汽缸不工作,发动机冷起动时,进入汽缸的多余燃油窜入曲轴箱的润滑油中;柴油发动机燃油雾化不良、喷油嘴滴油、活塞与汽缸配合间隙过大,未完全燃烧的物质窜入曲轴箱,混入润滑油内,引起润滑油变质。另外,膜片式汽油泵膜片破裂,使汽油进入曲轴箱,造成润滑油变质。

③润滑油粗滤芯堵塞或旁通阀弹簧过软而使润滑油未经过滤便进入主油道;离心式润滑油细滤器安装质量不高,转子体不旋转或其转速不够,或因润滑油压力低而使润滑油不能进入细滤器,失去对润滑油的进一步过滤。

④曲轴箱通风不良。曲轴箱通风装置的功用:就是将通过活塞与汽缸的间隙窜入曲轴箱的可燃性混合气、废气或蒸气等排出到曲轴箱外。若曲轴箱的通风不良,或强制通风装置

吸气管断开,使进入曲轴箱的有害气体不能及时排出,或含铅汽油燃烧后,废气中含的氧化铝混入润滑油,均会引起润滑油变质。

⑤空气滤清器的过滤效果变差,灰尘就会随空气进入曲轴箱,混入润滑油内而使润滑油含杂质增多,即润滑油变质。

⑥润滑油在受燃烧气体高温和机件摩擦产生的高温影响下,遇到空气会发生氧化。其后产生的产物,如胶质、酸质和沥青等有害杂质进入机油,引起润滑油老化变质;另外,有的驾驶员在冬季用火烤油底壳使润滑油升温便于起动,然而却造成润滑油的变质。

⑦发动机冷却液漏入曲轴箱后,与润滑油混合而使润滑油变质。

(2)故障检查程序。润滑油变质故障检查程序如图8-14所示。

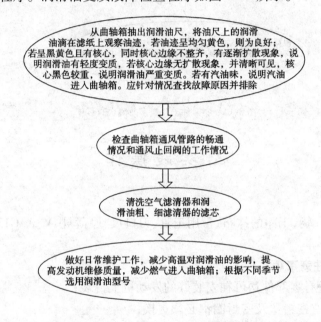

图8-14 润滑油变质故障检查程序

5)润滑油消耗过多

(1)故障原因。

①曲轴的前后端、气门室盖、正时齿轮盖或润滑油管接头等处漏油。

②油环积炭、磨损、弹力减弱或折断,活塞上的泄油孔堵塞,使排油不畅,刮油能力下降,造成润滑油进入燃烧室烧掉。

③活塞环的边隙、背隙或开口间隙过大,活塞环抱死或对口。

④活塞与汽缸壁间隙过大,或汽缸磨损拉缸、进气门杆与导管磨损过度,造成润滑油进入燃烧室。

⑤活塞环装反,开口没交错好。

⑥润滑油量多、黏度低、油压大或温度高,使润滑油的泄漏量相对多。

⑦曲轴通风系统堵塞,或进气门防油装置失效,或空气压缩机活塞沾上机油等。

(2)故障检查程序。润滑油消耗过多故障检查程序如图8-15所示。

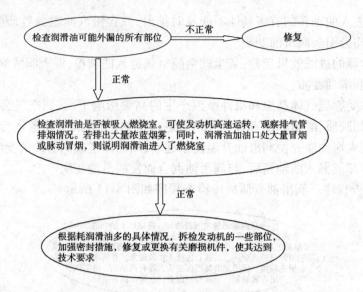

图 8-15 润滑油消耗过多故障检查程序

二、实 践 操 作

1. 实践准备

大众捷达整车一辆、干净的抹布、常用工具、刀口尺、厚薄规、V.A.G1342 润滑油开关测试仪、相关维修手册等。

2. 技术要求与注意事项

(1)润滑系统所有零部件均可在安装好的发动机上拆装;

(2)拆装时,所有密封垫及密封圈都必须更换;

(3)机油对人皮肤有害,可能导致皮肤癌;熟练注意事项,减少接触机油的时间和次数,使用时戴防护手套和穿防护服,用肥皂水清洗旧机油,勿用汽油、稀释溶剂清洁;

(4)为保护环境,旧机油和旧机油滤清器在指定地点弃置;

(5)机油应根据季节与温度的变化随时更换,选择适当黏度的机油。

3. 实践操作

一辆捷达车车主反应:该车在发动机正常运转的情况下,润滑油压力表指针指示值低于规定值。机油指示灯亮。

1)填写待修车辆基本情况表(表 8-1)

待修车辆基本情况表　　　　　　　　　表 8-1

项　　目	内　　容
车辆型号(VIN 码)	(查后填写)
发动机型号	(查后填写)
客户反映	润滑油压力表指针指示值低于规定值,机油指示灯亮
维修接待意见	检查润滑系统

2)故障再现

发动机起动后,观察机油压力表和机油指示灯。指示灯是否熄灭?

□是　　　　　　　　□否

3)车上检查

(1)检查机油油位。起动发动机至暖机,然后停车5min,再检查油位应在"L"和"F"之间。如果过低,检查泄漏情况,并加机油至"F"标记。注意:切勿加机油超出"F"标记。

(2)检查机油质量。

①检查机油是否变质、进水、变色、变稀。

②如果质量明显较差,更换机油。机油等级:API标准"SJ"级和"SL"级,或ILSAC多级机油。根据当地气温选择推荐机油黏度。

(3)机油压力检查。

①用专用工具拆下机油压力开关,如图8-16所示。

②安装机油压力表,如图8-17所示。

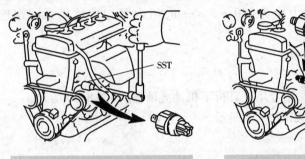

图8-16　拆卸机油压力开关　　　图8-17　安装机油压力表

③起动发动机至暖机。注意:让发动机暖机至正常的工作温度。

④检查机油压力,怠速时油压:高于49kPa;转速在3000r/min时油压:294~539kPa。

⑤重新安装机油压力开关。

⑥拆下机油压力表。

⑦在机油压力开关的第2道或第3道螺纹上涂胶黏剂,如图8-18所示。

⑧用专用工具安装机油压力开关,拧紧力矩:15N·m。

⑨起动发动机检查泄漏情况。

图8-18　机油压力开关上涂胶黏剂

4)润滑系统的拆装

(1)机油泵的拆装。

①拆下分电器总成。用专用工具松开紧固螺栓9(图8-1),拆下机油泵及吸油部件。

②旋松并拆下吸油管的紧固螺栓,拆下吸油管组。

③旋松并取下机油泵盖螺栓,取下机油泵盖。检查机油泵盖上的限压阀,检查机油泵盖的磨损情况。

④分解机油泵主动齿轮与从动齿轮,分解机油泵齿轮与轴,并更换垫片。装配顺序与拆卸顺序相反。

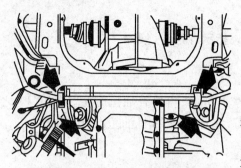

图8-19 旋下副梁螺栓和发动机橡胶支承

(2)油底壳的拆卸。

①使发动机前端位于维修工作台上。

②放出发动机润滑油。

③拆卸离合器防尘罩板。

④如图8-19箭头所示,旋下副梁螺栓和发动机橡胶支承,缓缓放下副梁。

⑤旋下油底壳上的所有螺栓,拆卸油底壳,必要时用橡胶锤轻轻敲击。

(3)油底壳的安装。

①更换油底壳衬垫。

②交替对角拧紧油底壳与汽缸体的紧固螺栓。

③安装好副梁,拧紧发动机橡胶支承。

④主要部件螺栓拧紧力矩:发动机支承与副梁紧固螺栓拧紧力矩为(40±5)N·m,发动机支承与支架紧固螺栓拧紧力矩为(40±5)N·m,扭力臂与发动机紧固螺栓拧紧力矩为(23±3)N·m。

(4)机油滤清器总成的更换。

①排空机油。

②拆下机油滤清器总成。用专用工具拆下机油滤清器,如图8-20所示。

③安装机油滤清器总成,如图8-21所示。

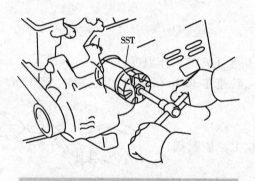

图8-20 拆卸机油滤清器

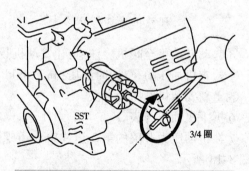

图8-21 安装机油滤清器总成

④检查并清理机油滤清器的安装表面。

⑤在新的机油滤清器胶圈上涂新的机油。

⑥轻轻地旋入机油滤清器,直至胶圈接触到机油滤清器座。

⑦用专用工具再拧3/4圈。

⑧安装排油塞。清洁并用新的垫片安装排油塞,拧紧力矩:54N·m。

⑨加注机油。

⑩检查机油泄漏情况。

5)润滑系统的检查

(1)油面高度的检查。发动机走热后停机3min,然后拔出机油尺,擦净后再插进油底壳机油面,机油尺上的最大与最小标记间的油量差为 0.75L。夏季若长时间在高速公路上运行,机油油面应保持在最大标记处。若发现机油量不足,应及时加注。

(2)机油泵磨损的检查。

①机油泵齿侧间隙的检查。拆下机油泵盖后,用厚薄规测量机油泵的主、被动齿轮的啮合间隙——齿侧间隙(图 8-22)。新装配时齿侧间隙为 0.05mm;磨损极限值为 < 0.20mm。

②机油泵轴向间隙的检查。用刃口尺横在壳体端面上,再用厚薄规多次多部位地塞进齿轮端面与刃口尺的缝隙(图 8-23),看其间隙,取其最大值。该间隙磨损极限值为 0.15mm。

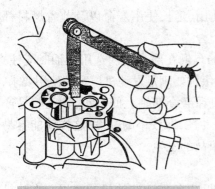
图 8-22 机油泵齿侧间隙的检查

图 8-23 机油泵轴向间隙的检查

(3)润滑油压力开关的检查。

检查条件:

①润滑油液面高度正常。

②当点火开关接通时,润滑油报警灯应闪亮。

③润滑油温度约为 80℃。

检查过程:

①拔下低压开关(0.025MPa,棕色绝缘层),将其拧到 V.A.G1342 润滑油开关测试仪上,如图 8-24 所示。

②将测试仪拧到润滑油滤清器支架,机油压力开关的位置上。

③将测试仪的棕色导线搭铁。

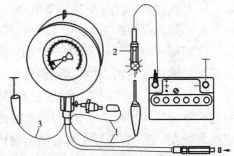
图 8-24 检查润滑油压力开关
1-棕色导线;2-润滑油压力开关;3-搭铁线

④将发光二极管 V.A.G1527 连接到润滑油压力开关和蓄电池正极上,发光二极管必须发亮。

⑤起动发动机,并缓慢提高发动机转速。

⑥当机油压力为 0.015 ~ 0.045MPa 时,发光二极管必须熄灭,否则更换润滑油压力开关。

⑦将发光二极管拧在高压油压开关上(0.18MPa,白色绝缘层)。

⑧当润滑油压力为 0.16 ~ 0.2MPa 时,发光二极管必须发亮。否则更换润滑油压力

开关。

⑨继续提高发动机转速。在2000r/min和80℃的机油温度下,润滑油压力应至少维持在0.2MPa。

三、学 习 拓 展

(1)请查阅丰田汽车维修手册,书中关于润滑系统各部件的检修与现实中的检修有何不同?拆装和检修步骤有何不同?

(2)机油在使用中应注意哪些事项?

合理使用发动机润滑油,对发动机的正常使用、延长使用寿命以及节省燃料都极为重要。机油在使用中应注意以下事项:

①注意新车机油选用。新车或发动机大修的车辆在磨合期内选用机油时应注意:质量级别不应过低,黏度级别不应过高。机油的质量级别要满足发动机厂家的使用要求,黏度一般选用10W/30或15W/40的为佳。因为发动机在磨合期轴瓦间隙小,轴瓦间易产生金属磨屑和大量的热,这就要求润滑油要有更好的流动性,即较小的黏度,这样就能容易带走金属屑并起到更好的冷却作用,避免了烧瓦、抱轴事故的发生。

②注意不同种类的机油不能混用。

a.不能用专用的汽油机机油代替柴油机机油,以免加速柴油机的磨损。汽油机机油和柴油机机油原则上应区别使用,只有在汽车制造厂有代用说明或标明汽油机和柴油机可以通用润滑油时,才可代用或在标明的级别范围内通用。

b.单级机油和多级机油不要混用。

c.不同牌号的机油,必要时可临时混用,但不要长期混用。

d.不同规格、不同厂家生产的机油不要混用。因为不同的机油添加剂成分不同,混在一起时易形成沉淀物,对发动机润滑不利。

③注意经常检查油量。曲轴箱足够的油量是发动机正常润滑的保证。若油量过少,会引起机件烧坏并加速机油变质;若油面过高,机油会从汽缸活塞的间隙中窜进燃烧室使燃烧室积炭增多。为此,应经常对曲轴箱内机油的数量进行检查,不足时应及时添加。

④注意定期换机油。有条件时,可实行按质换油;没有条件时可按使用说明书的推荐或车型规定的换油里程换油。如捷达轿车用SF级机油,在一般地区换油里程为12000~15000km(或一年)。越是高级的机油,更换的间隔就越长。

(3)如何鉴别机油质量?

①看颜色。国产正牌散装机油多为浅蓝色,具有明亮的光泽、流动均匀。凡是颜色不均、流动时带有异色线条者均为伪劣或变质机油,若使用此类机油,将严重损害发动机。进口机油的颜色为金黄略带蓝色,晶莹透明,油桶制造精致,图案字码的边缘清晰、整齐,无漏色和重叠现象,否则为假货。

②闻气味。合格的机油应无特别的气味,只略带芳香。凡是对嗅觉刺激大且有异味的机油均为变质或劣质机油,绝对不可使用。

四、评价与反馈

1. 自我评价与反馈

(1)能否主动参与工作现场的清洁和整理工作?(　　)
　　A. 主动完成　　　　B. 被动完成　　　　C. 未完成
(2)你能否正确规范地完成润滑系统的检修?(　　)
　　A. 快速规范　　　　B. 规范但不熟练　　C. 不会操作
(3)写出检查润滑系统的步骤与检查工具。
_____
_____
_____

(4)你是否知道机油压力过低会导致发动机哪些故障?
_____
_____
_____

(5)下次遇到类似的学习任务应如何改善从而提高学习效果?
_____
_____
_____

(6)你在本学习任务中遇到的困难是什么?你是如何解决的?
_____
_____
_____

签名:_____　　_____年_____月_____日

2. 小组评价与反馈

(1)是否主动参与小组讨论?(　　)
　　A. 主动　　　　　　B. 被动　　　　　　C. 未参与
(2)是否完成本学习任务的学习目标?(　　)
　　A. 完成且效果好　　B. 完成但效果不好　C. 未完成
(3)是否积极学习,不懂的是否积极向别人请教,是否积极帮助他人学习?(　　)
　　A. 积极学习　　　　　　　　　　B. 积极请教
　　C. 积极帮助他人　　　　　　　　D. 三者都不积极
(4)零件、工具与油污有没有落地,有无保持作业现场的整洁?(　　)
　　A. 无掉地且场地整洁　　　　　　B. 有零件、工具掉地
　　C. 有油污掉地　　　　　　　　　D. 未保持作业现场的清洁
(5)操作过程中是否注意维修质量且有责任心?(　　)
　　A. 注意质量,有责任心　　　　　B. 不注意质量,有责任心

C. 注意质量,无责任心　　　　　　　　D. 全无

(6) 在团队学习中的主动性与合作情况如何?(　　)

A. 好　　　　　　B. 较好　　　　　　C. 一般

参与评价的同学签名:_____　　_____年_____月_____日

3. 教师评价及答复

_____

_____

_____

教师签名:_____　　_____年_____月_____日

五、技能考核标准

序号	项目	操作内容	规定分	评分标准	得分
1	准备	清点工量具、清理工位; 打开并支撑发动机罩; 安装汽车保护罩; 外观检查	5分 2分 3分 5分	酌情扣分; 酌情扣分; 酌情扣分; 酌情扣分	
2	拆卸	拆卸机油泵; 拆卸油底壳	5分 3分	操作不当扣1~5分; 操作不当扣1~3分	
3	更换	机油滤清器的更换	2分	操作不当扣1~2分	
4	检查	车上检查; 油面高度的检查; 机油泵齿侧间隙的检查; 机油轴向间隙的检查; 压力开关的检修	5分 5分 5分 5分 10分	操作不当扣1~5分; 操作不当扣1~5分; 操作不当扣1~5分; 操作不当扣1~5分; 操作不当扣1~10分	
5	安装	安装油底壳; 安装机油泵	5分 5分	操作不当扣1~5分; 操作不当扣1~5分	
6	故障诊断	润滑系统故障诊断	10分	操作不当扣1~10分	
7	完成时限	60min	10分	超时1~5min扣1~5分; 超时5min以上扣10分	
8	安全文明	无安全隐患,无不文明操作	5分	未达标扣1~5分	
9	结束	工具、量具清洁并归位; 工作场地清洁	5分 5分	漏一项扣1分,未做扣5分; 清洁不彻底扣1~5分,未做扣5分	
		总分	100分		

学习任务九　发动机总成的组装

任务要求
完成本学习任务后,你应:
1. 知道发动机总成组装的步骤;
2. 知道发动机总成组装的方法及注意事项;
3. 会按装配要求组装发动机。
建议学时:12学时

任务描述

一辆丰田威驰汽车的发动机因大修,维修人员将发动机总成已全部解体,大修之后,要将每个零部件进行清洗,并按装配步骤及要求组装发动机。

一、理论知识准备

1. 发动机结构
发动机的结构如图9-1所示。

2. 发动机零件的清洗
汽车修理企业中广泛应用清洗机在熔盐和熔碱中清洗汽车零部件,其实质是在温度为(400±10)℃的情况下,在65%氢氧化钠、30%硝酸和5%氯化钠的熔体中处理零件。在熔件中积炭的沉积物充分氧化,而水垢则由于它所含成分的体积和结构变化而破裂。腐蚀物和氧化铁的产物同时被清除。零件得到钝化处理。一般的清洗过程包括4个作业:在熔体中处理;在流动水中洗涤;在酸性溶液中浸蚀和热水中二次洗涤。

3. 发动机装配前的准备
发动机装配的准备工作,主要包括发动机各零部件和总成的装配(图9-2)、装配环境、装配台架、工卡量具等,只有做好了装配前的准备,才能顺利可靠地装配发动机。

(1)备齐所有零件和各大总成。汽缸体、汽缸盖总成、活塞连杆组、曲轴、机油泵、水泵、燃油泵、机油滤清器、正时齿轮和中间轴等,均应彻底清洗干净,按技术要求组装并调试合格。

(2)备齐所有紧固件、锁止件、各种垫片、垫圈、密封衬垫和所需的各种零件,均应除锈并清洗干净。

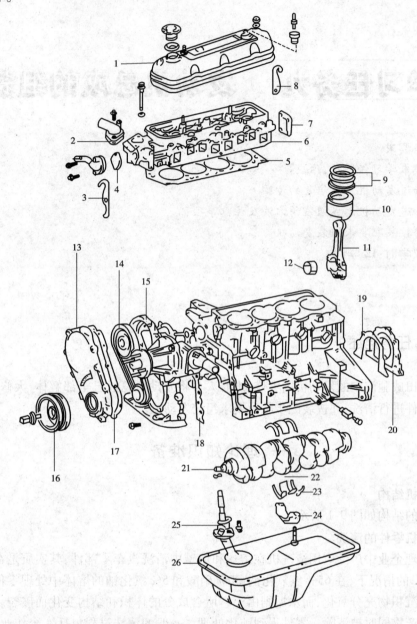

图9-1 发动机的结构图

1_____;2_____;3_____;4_____;5_____;6_____;7_____;8_____;9_____;
10_____;11_____;12_____;13_____;14_____;15_____;16_____;17_____;
18_____;19_____;20_____;21_____;22_____;23_____;24_____;25_____;26_____

（3）备齐装配用的工具、卡具、量具和专用工具，工具应清洁，整齐排列，并存放于固定位置，装配作业中和使用完毕后应随时放回原位。

（4）准备压缩空气和气动扳手。

图9-2 发动机装配零件图

(5) 备用机油。

(6) 洗手,更换干净的工作服、工作帽和手套,清洁地面和现场,环境应无灰尘。清洁发动机汽缸体,汽缸体和曲轴上的油道应再次清洁干净,并用压缩空气吹净。再次检查、清洁和润滑各摩擦表面。

4. 发动机装配的技术规范

(1) 测量汽缸筒直径,合理选配活塞和活塞环,活塞环不能装错顺序,方向不能装反。

(2) 测量曲轴主轴颈和连杆轴颈,选配合理的主轴承和连杆轴承。曲轴轴承、连杆轴承及其垫片不得装错和漏装。

(3) 检查同组活塞连杆总成质量是否超差,装配时轴瓦要按顺序编号,不得装错。

(4) 曲轴轴承盖、连杆轴承盖和飞轮上的螺栓和螺母按规定拧紧。

(5) 装配中各锁止装置必须装好,要保证锁止可靠。装配时汽缸盖螺栓、轴瓦上的螺母、油底壳螺母要按规定的顺序和力矩校正到标准力矩。

(6) 按规定安装好正时齿轮;按规定装好分电器,调整好点火正时。

二、实践操作

1. 实践准备

丰田威驰发动机一台、干净的抹布、机油、常用工具、活塞环压缩器、专用铰刀、气门导管安装器手柄、气门导管外伸限位器、油封安装器、起气门器、镊子、轴承安装器、相关维修手册等。

2. 技术要求与注意事项

发动机的组装顺序按与拆卸时的相反顺序进行,同时注意以下事项:

(1) 所有装配零部件必须清洗干净,无脏污、毛刺和不合格零件混入;

(2) 对发动机滑动和摩擦表面应涂以发动机润滑油;

（3）对发动机运转间隙部位，在装配时应按规定予以检查，不合格的应更换零件或加以调整，不允许超差间隙存在；

（4）装配时应注意零部件的方向标记和配合标记，不得错拿乱装、相互颠倒；

（5）对装入发动机的成套零件，如曲轴轴承、连杆、活塞等组合件，必须使它们装回原位，如果要更换时，必须成组更换，不得单个更换；

（6）对发动机各部位的衬垫和密封垫，装配时应全部予以更换；

（7）发动机各部位的O形密封圈和轴油封件，必须处于完好的技术状态，一般情况下，应更换使用新件；

（8）对于规定使用密封胶的部位，应严格遵照规定，涂以规定牌号的密封胶，不可以油代胶，以免造成泄漏而影响装配质量；

（9）对于发动机各部位紧固件的拧紧力矩，应严格按照规定要求，并使用扭矩扳手进行检查。绝不允许任意、凭感觉紧固，或扭得过紧、过松，造成不安全因素；

（10）装配发动机时，凡要求使用专用工具进行装配的部位和零部件，必须使用专用工具，绝不允许以通用工具代替专用工具，以免造成损坏零件，影响装配质量。

3. 实践操作

1）安装曲轴

（1）装入曲轴前，应将曲轴主轴颈轴承处加上规定牌号的发动机润滑油，如图9-3所示。

（2）在曲轴装入之前，应将推力轴承装到汽缸体曲轴第三支承的两侧上，在安装时应使推力轴承的油槽朝向曲柄臂方向，如图9-4所示。

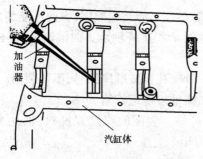
图9-3　加润滑油

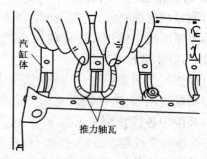
图9-4　装推力轴承

（3）在曲轴装在汽缸体上之后，应对曲轴主轴颈加入规定牌号的润滑油，如图9-5所示。

（4）曲轴主轴承盖安装时，应将其箭头标记朝向曲轴带轮侧，并从带轮侧开始，依次装入1、2、3、4主轴承盖，如图9-6所示。

（5）主轴承盖螺栓的扭紧力矩为43～48N·m，在扭紧时，应按规定的顺序逐渐而均匀地拧紧。初始拧紧力矩为20～32N·m，分几次最终拧到规定力矩。注意：在主轴承盖初次拧紧及每次进一步拧紧后，均应用手转动曲轴，确保曲轴能轻快地转动。

2）安装后端盖

（1）在与曲轴后油封的接触部位及后端盖油封的唇部，涂以规定牌号的发动机润滑油。

（2）在装入后端盖新衬垫后，如有凸出汽缸体下平面的飞边，应切去飞边，使接合处平整、光滑，如图9-7所示。

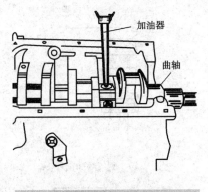
图9-5 对主轴颈加润滑油

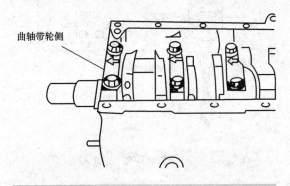
图9-6 装主轴承盖

3）安装机油泵

（1）将机油泵的两个定位销和新的机油泵衬垫装到汽缸体上。注意：在汽缸体接合平面和机油泵接合平面上，应涂上密封胶。

（2）在曲轴上装上乙烯树脂材料的油封导管，并在上面涂以规定牌号的发动机润滑油。

（3）将机油泵装到汽缸体上，并拧紧紧固螺栓，然后检查油封唇部是否有损伤或上卷，再把油封导管取下来，如图9-8所示。

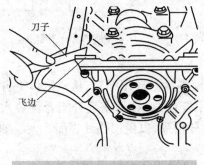
图9-7 去飞边

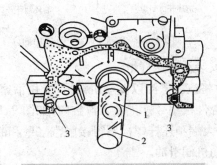
图9-8 装油泵
1-曲轴；2-油封导管；3-油泵销

（4）新的机油泵衬垫如凸出汽缸体接合平面，则应用刀切去飞边，使接合处平整、光滑。

4）活塞、活塞环与连杆的组装

（1）在活塞顶部箭头朝曲轴带轮侧，连杆大头油孔朝进气侧位置时，将活塞与连杆组合起来，如图9-9所示。

（2）在活塞销孔和连杆小头孔中涂以规定牌号的发动机润滑油，然后装入活塞销，并将活塞销卡环安装好。

（3）将带有标记的第一道气环（RN）和第二道气环（R）以及油环装在活塞上，其标记位置应向活塞顶部方向，如图9-10所示。

（4）活塞环装在活塞上后，应在环槽内加上规定牌号的发动机润滑油。活塞环开口在其环槽中的位置如图9-11所示。

（5）用软质护管将连杆大头的螺杆保护起来，如图9-12所示。

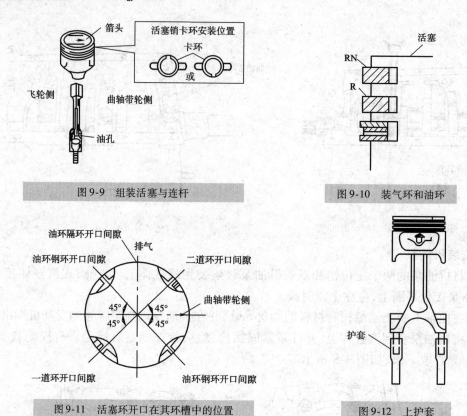

图9-9 组装活塞与连杆

图9-10 装气环和油环

图9-11 活塞环开口在其环槽中的位置

图9-12 上护套

5)安装活塞连杆组

(1)将汽缸壁涂以发动机润滑油,用活塞环抱箍将活塞环压缩后,从汽缸体上方将活塞连杆组合件按编号标记装入汽缸内,如图9-13所示。注意:在活塞连杆组合件装入汽缸内时,连杆大端和连杆螺栓不得接触汽缸壁和曲轴连杆轴颈,以免损伤其表面。大端轴承上应涂以发动机润滑油。

(2)将连杆盖依次装在连杆大端上,其上的两个定位应在连杆大头的同一边,但各在一侧,如图9-14所示。

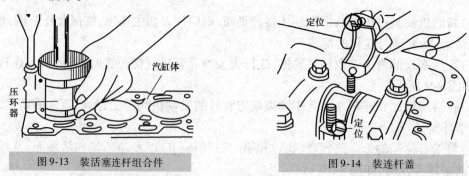

图9-13 装活塞连杆组合件

图9-14 装连杆盖

(3)连杆大端盖紧固螺母的拧紧力矩为28~32N·m。

6)安装机油集滤器

将机油集滤器安装在机油泵体下平面上时,一定要将O形密封圈装上去。机油集滤器固定螺栓的拧紧力矩为9~12N·m。

7）安装油底壳

（1）装配前应将油底壳与汽缸体的接合面清洗干净。

（2）将油底壳接合面涂上密封胶后，装在汽缸体上，装上螺栓和螺母，用套筒扳手将其拧紧，其拧紧力矩为9~12N·m。

（3）将放油螺塞及衬垫装在油底壳上；拧紧，其拧紧力矩为30~40N·m。

8）安装飞轮

（1）将飞轮安装在曲轴尾端的连接盘上，首先将飞轮套在连接盘的固定销上，如图9-15所示。

（2）将6个固定螺栓装在连接盘上，其拧紧力矩为40~45N·m，其拧紧顺序如图9-16所示。

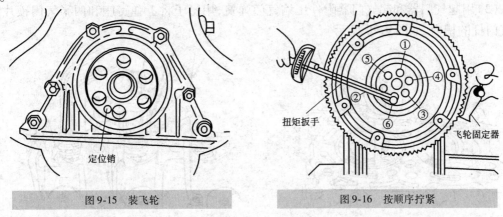

图9-15 装飞轮　　　　　图9-16 按顺序拧紧

9）安装气门导管

（1）用专用铰刀将汽缸盖上气门导管安装孔进行铰孔，以清除毛刺。铰孔后的气门导管安装孔尺寸应保持在2.030~2.048mm范围内。

（2）将汽缸盖均匀加热到80~100℃后，用气门导管安装器手柄和气门导管外伸限位器从凸轮轴安装孔侧将新气门导管（加大尺寸的）打入汽缸盖内。装入加大尺寸的新气门导管后，应检查气门导管的外伸高度是否保持在14mm，如图9-17所示。

（3）用专用铰刀（09916-34520）铰气门导管内孔，铰后应清理内孔，并测量内孔尺寸，应保证其符合原设计要求。

10）安装气门杆油封

（1）先把气门弹簧座装到汽缸盖上。

（2）把新换的气门杆油封涂上发动机润滑油，再将油封安装器轴也涂上发动机润滑油，然后把油封装在油封安装器轴上，用手推压油封安装器，把油封装在气门导管上，如图9-18所示。

11）安装进、排气门及气门弹簧

（1）在进气门（IN）和排气门（EX）装入气门之前，应将气门导管孔、气门杆上涂以发动机润滑油，然后从燃烧室中将气门杆装入气门导管孔中，如图9-19所示。

（2）将气门弹簧大节距一端向上，装到气门弹簧座上。

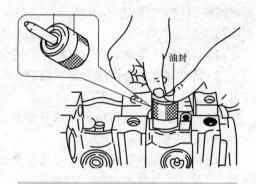

图9-17 装气门导管
1-气门导管外伸限位凸缘;2-气门导管

图9-18 装油封

(3)用起气门器和起气门器附件压缩气门弹簧,用镊子将上弹簧座和两半气门锁片装到气门杆的槽内,如图9-20所示。

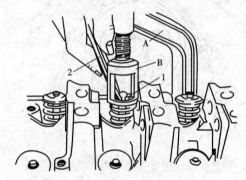

图9-19 装气门

图9-20 装气门和气门弹簧
1-气门锁片;2-镊子;A-起气门器;B-起气门器附件

12)安装汽缸盖、汽缸垫和汽缸体
(1)汽缸盖装到汽缸体上之前,先将汽缸盖定位销装到汽缸体上,如图9-21所示。
(2)将新的汽缸盖衬垫装到汽缸体上,安装状态如图9-22所示。

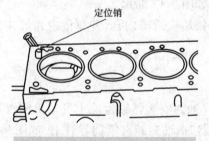
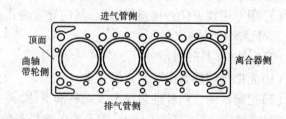

图9-21 装定位销

图9-22 装汽缸盖衬垫

(3)将汽缸盖装到汽缸体上,然后将汽缸盖连接螺栓拧入汽缸体,拧紧力矩为55~60N·M,其拧紧顺序如图9-23所示。

13)安装凸轮轴
(1)将凸轮轴轴颈上涂以发动机润滑油,然后从飞轮侧将凸轮轴装入汽缸盖的凸轮轴支承座孔内,如图 9-24 所示。

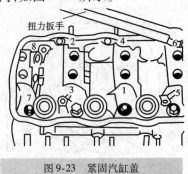

图 9-23　紧固汽缸盖

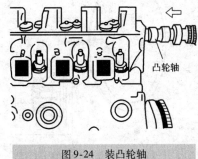

图 9-24　装凸轮轴

(2)将止推板装到凸轮轴尾端,如图 9-25 所示。此时,用手转动凸轮轴应灵活、无卡滞现象。

14)安装摇臂轴

(1)在装摇臂轴、摇臂前,应将轴上和孔中涂上发动机润滑油。

(2)安装进气门侧摇臂轴时,应将进气门摇臂弹簧一并装上,其摇臂轴上的台阶朝凸轮轴带轮一侧,安装排气门侧摇臂轴时,应将排气门摇臂弹簧一并装入,其摇臂轴上的台阶朝向飞轮一侧,如图 9-26 所示。

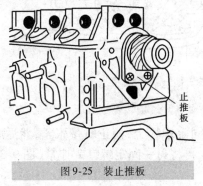

图 9-25　装止推板

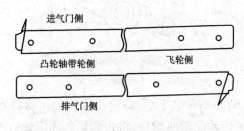

图 9-26　台阶朝向

15)安装曲轴正时带轮及导向板

(1)在曲轴正时带轮装入之前,应先将导向板装入,导向板弧面弯向汽缸体一侧,如图 9-27 所示。

(2)将曲轴上、曲轴正时带轮轴孔中涂以发动机润滑油,在半圆键安装好后,将曲轴正时带轮装到曲轴上,标记向外。

16)安装凸轮轴正时带轮。

安装凸轮轴正时带轮时,应使其上面的冲印标记朝向正时带外罩一侧,如图 9-28 所示。

17)安装正时带

(1)将正时带张紧轮和扭簧组装成一体后,装到正时带内罩上,螺钉先不要拧紧。

(2)松开各气门间隙的调整螺钉和锁紧螺母,使凸轮轴和带轮能自由转动。

(3)将凸轮轴正时带轮转到其标记①与正时带内罩上方的压印标记③对准,如图 9-29 所示。

(4)将曲轴正时带轮的冲印标记②与正时带内罩下方的压印标记①对准,如图 9-30 所示。

(5)在上述状态下,使正时带上的箭头按顺时针方向装到凸轮轴正时带轮和曲轴正时带轮上,如图 9-31 所示。

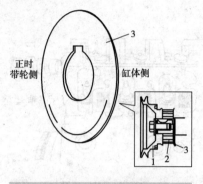

图9-27 装导向板
1-带轮；2-曲轴；3-导向板

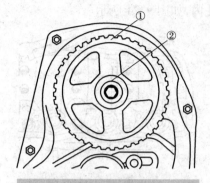

图9-28 装凸轮轴
①、②-冲压标记

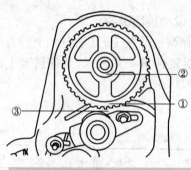

图9-29 对准压印标记
①、②、③-压印标记

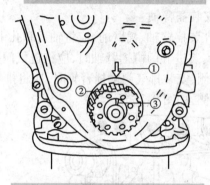

图9-30 对准压印标记
①-压印标记；②-冲印标记；③-压印标记

(6) 正时带装上后，应将张紧轮的扭簧挂在水泵固定螺栓上，使正时带张紧，然后顺时针方向转动曲轴两圈后，将张紧轮的固定螺钉1拧紧，再将另一固定螺钉2拧紧（图9-31）。拧紧力矩为15～23N·m。

18) 安装交流发电机

(1) 将交流发电机装到发电机支架和传动带调节臂上，不要拧紧电枢轴螺钉和调节螺钉。

(2) 装上水泵传动带并检查传动带的张力，在传动带中部加98N的力时，其挠度应在6～9mm范围内，如图9-32所示。

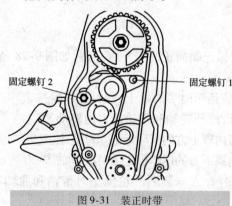

图9-31 装正时带

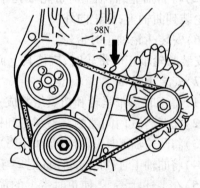

图9-32 检查传动带张力

(3)水泵传动带张力调整好后,将发电机的紧固螺钉拧紧。

19)安装分电器座

用3个固定螺钉将分电器座固定在汽缸盖的尾端,如图9-33所示。但在安装分电器上边两个螺钉时,应先将其螺纹部分涂上密封胶。拧紧力矩为18~28N·m。

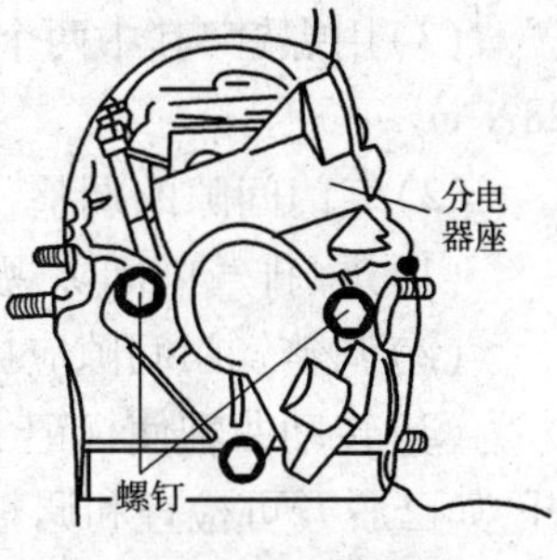

20)安装分电器

(1)按顺时针方向转动曲轴(从曲轴带侧观看),使设置在飞轮上的标记①对准正时配合标记②,如图9-34所示。

(2)在对准正时标记①和②后,应拆下汽缸盖罩,观察第一缸处的摇臂是否接触凸轮轴的凸轮。如摇臂靠在凸轮上,则应将曲轴再转360°,以使两个标记再重新对准。

(3)拆下分电器盖,转动分火头,使它的中心线①与在分电器壳体上压印标记②对准,如图9-35所示。

图9-33 拧紧固定螺钉

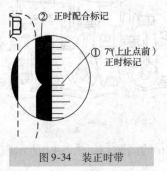

图9-34 装正时带 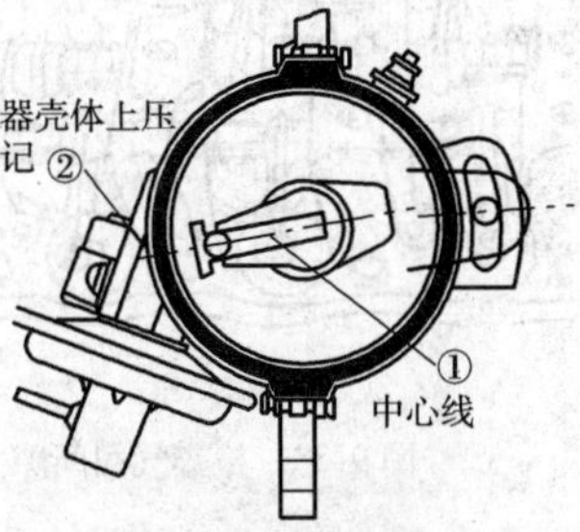　　　　图9-35 检查传动带张力

(4)将分电器凸缘的中心线与分电器座上的分电器安装螺孔对准,然后将分电器装入分电器座孔内。在将分电器完全装入时,分电器分火头的位置必须处于与第一缸的侧电极相接触的位置。

(5)在核对分电器分火头位置的正确性后,用手将分电器的安装螺钉拧入分电器座的螺孔内,将分电器暂时固定到位,并调整点火正时。最后拧紧安装螺钉。

21)安装离合器摩擦片总成和压盘总成

(1)用变速器输入轴轴承安装器将输入轴轴承装到飞轮中心孔中,如图9-36所示。

(2)用离合器对中导管将离合器摩擦片总成和压盘总成装到飞轮上,如图9-37所示。

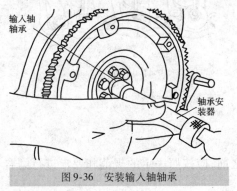
图9-36 安装输入轴轴承

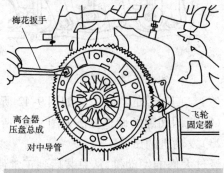
图9-37 安装离合器摩擦片总成和压盘总成

(3) 用螺钉(其中两个密配螺钉)将离合器压盘总成固定在飞轮上,其拧紧力矩为 18～28N·m。

22) 气门间隙的调整

(1) 进、排气门间隙规定值为 0.13～0.18mm。

(2) 调整气门间隙应拆下汽缸盖罩。

(3) 转动曲轴使标记Ⅰ和标记Ⅱ对准时,检查 1 缸摇臂是否与凸轮轴凸轮工作部位脱开,如已脱开可检查和调整气门①和②的间隙,如图 9-38 所示。如未脱开,应将曲轴再转 360°,并使标记Ⅰ和Ⅱ对准后,才能进行检查和调整。

(4) 从标记"T"开始将曲轴转 240°,检查气门⑦和⑧的间隙。如图 9-39 所示。注意:摇臂与凸轮轴工作部位应脱开。

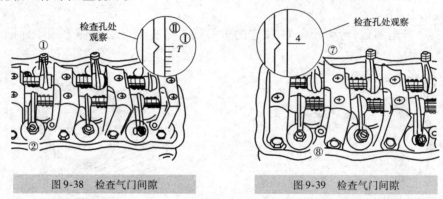

图 9-38 检查气门间隙　　图 9-39 检查气门间隙

(5) 从标记"2"开始将曲轴转 180°,检查气门⑤和⑥的间隙,如图 9-40 所示。注意:摇臂与凸轮轴凸轮工作部位应脱开。

(6) 从标记"4"开始将曲轴转 240°,检查气门③和④的间隙,如图 9-41 所示。注意:摇臂与凸轮轴凸轮工作部位应脱开。

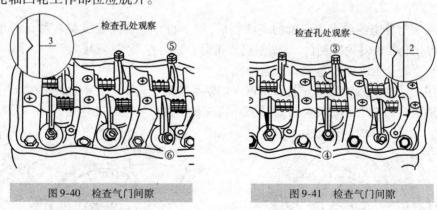

图 9-40 检查气门间隙　　图 9-41 检查气门间隙

(7) 气门间隙的测量方法如图 9-42 所示。

(8) 气门间隙的调整方法如图 9-43 所示。

23) 发动机的试验

经过大修的发动机,从总装后到正常使用之前,应按照一定的规范和要求进行磨合与测功试验,以保证修理质量。

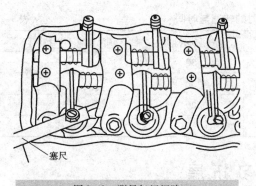
图9-42 测量气门间隙

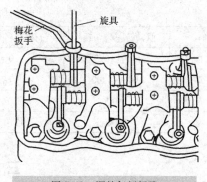
图9-43 调整气门间隙

（1）发动机的冷磨。发动机的冷磨是依靠外来的动力驱动发动机，以一定转速运转，对重要的摩擦副（汽缸—活塞环、轴颈—轴承等）进行磨合，使零件表面基本定型，从而延长发动机使用寿命。

冷磨时，发动机不装火花塞，将其置于磨合架上，与可改变转速的动力装置连接；合理地选择发动机的转速。一般开始冷磨时，转速不应过高或过低。高速磨合的时间不宜过长，以防发动机温度过高。

应加足润滑油，且使用黏度较小的润滑油，如2号或3号锭子油、6号汽油机油或在10号汽油机油中加入20%的柴油。

冷磨时间应根据零件的加工质量和装配精度而定。发动机冷磨时间及转速，应符合表9-1中的规定。

发动机冷磨的转速与时间　　　　　　表9-1

阶　　段	曲轴转速（r/min）	时间（min）
1	250～300	50
2	400～500	40
3	700	30

在冷磨过程中，要注意观察各部件的工作情况，如发现有不正常现象或异常响声时，应立即停止冷磨，待排除故障后再进行。

冷磨后，可将发动机再行分解，检查、清洗各零件，排除所发现的故障，再装复进行热试。

（2）发动机的热试。发动机冷磨后，装上全部附件进行热磨合，通常称为热试。其目的是：全面观察各部件的工作情况，进一步发现因修理中的缺陷而引起的故障，以便及时排除。

热试时，发动机的温度应保持在80～90℃的范围内。热试时的转速和时间规定见表9-2。

在发动机热试过程中，应认真观察、检查各部件的工作情况，以及仪表所反映出的工作数据是否正常，必要时应进行调整。

发动机在冷磨、热试后，有条件时，还应进行发动机测功试验。其最大功率和最大转矩不应低于原厂规定的95%。

发动机热试时的转速与时间 表9-2

阶段	曲轴转速(r/min)	负荷(kW)	工作时间(min)	相当于发动机转矩(N·m)
1	800~1000	0	30	—
2	1000~1200	3.67	30	44.1
3	1400	3.76	20	58.8
4	1600	11.03	15	73.5

三、学习拓展

(1)请查阅丰田威驰汽车维修手册,书中关于发动机各部件的组装与现实中的组装有何不同?

(2)请写出捷达发动机的组装步骤并标明注意事项。

四、评价与反馈

1. 自我评价与反馈

(1)能否主动参与工作现场的清洁和整理工作?(　　)
　　A. 主动完成　　　B. 被动完成　　　C. 未完成
(2)你能否正确规范地完成发动机总成的组装?(　　)
　　A. 快速规范　　　B. 规范但不熟练　　C. 不会操作
(3)写出组装发动机的顺序及常用工具。
_____
_____

(4)下次遇到类似的学习任务应如何改善从而提高学习效果?
_____
_____

(5)你在本学习任务中遇到的困难是什么?你是如何解决的?
_____
_____

签名:_____　_____年_____月_____日

2. 小组评价与反馈

(1)是否主动参与小组讨论?(　　)
　　A. 主动　　　　　B. 被动　　　　　C. 未参与
(2)是否完成本学习任务的学习目标?(　　)
　　A. 完成且效果好　B. 完成但效果不好　C. 未完成

（3）是否积极学习，不懂的是否积极向别人请教，是否积极帮助他人学习？（　　）
　　A. 积极学习　　　　　　　　　　B. 积极请教
　　C. 积极帮助他人　　　　　　　　D. 三者都不积极

（4）零件、工具与油污有没有落地，有无保持作业现场的整洁？（　　）
　　A. 无掉地且场地整洁　　　　　　B. 有零件、工具掉地
　　C. 有油污掉地　　　　　　　　　D. 未保持作业现场的清洁

（5）操作过程中是否注意维修质量且有责任心？（　　）
　　A. 注意质量，有责任心　　　　　B. 不注意质量，有责任心
　　C. 注意质量，无责任心　　　　　D. 全无

（6）在团队学习中的主动性与合作情况如何？（　　）
　　A. 好　　　　B. 较好　　　　C. 一般

　　参与评价的同学签名：_____　_____年_____月_____日

3. 教师评价及答复

_____
_____
_____

　　教师签名：_____　_____年_____月_____日

五、技能考核标准

序号	项目	操作内容	规定分	评分标准	得分
1	准备	清点工量具、清理工位	5分	酌情扣分	
2	安装	安装曲轴；	4分	操作不当扣1~4分；	
		安装后端盖；	3分	操作不当扣1~3分；	
		安装机油泵；	3分	操作不当扣1~3分；	
		活塞、活塞环与连杆的组装；	4分	操作不当扣1~4分；	
		安装活塞连杆组；	4分	操作不当扣1~4分；	
		安装机油集滤器；	3分	操作不当扣1~3分；	
		安装飞轮；	3分	操作不当扣1~3分；	
		安装气门导管；	3分	操作不当扣1~3分；	
		安装气门杆油封；	3分	操作不当扣1~3分；	
		安装进、排气门及气门弹簧；	3分	操作不当扣1~3分；	
		安装汽缸盖、汽缸垫和汽缸体；	4分	操作不当扣1~4分；	
		安装凸轮轴；	3分	操作不当扣1~3分；	
		安装摇臂轴；	3分	操作不当扣1~3分；	
		安装曲轴正时带轮及导向板；	3分	操作不当扣1~3分；	
		安装凸轮轴正时带轮；	3分	操作不当扣1~3分；	
		安装正时带；	3分	操作不当扣1~3分；	
		安装交流发电机；	3分	操作不当扣1~3分；	
		安装分电器座；	3分	操作不当扣1~3分；	
		安装分电器；	3分	操作不当扣1~3分；	
		安装离合器摩擦片总成和压盘总成；	3分	操作不当扣1~3分；	
		气门间隙的调整	3分	操作不当扣1~3分	

续上表

序号	项目	操作内容	规定分	评分标准	得分
3	试验	发动机试验	5分	操作不当扣1~5分	
4	完成时限	160min	10分	超时1~5min 扣1~5分； 超时5min以上扣10分	
5	安全文明	无安全隐患,无不文明操作	5分	未达标扣1~5分	
6	结束	工具、量具清洁并归位； 工作场地清洁	5分 3分	漏一项扣1分,未做扣5分； 清洁不彻底扣1~3分,未做扣3分	
		总分	100分		

学习任务十　发动机总成的安装与检查

任务要求

完成本学习任务后,你应:

1. 知道发动机与汽车间的装配关系;
2. 明确发动机安装的步骤及检查项目;
3. 会对发动机总成进行安装与常规检查。

建议学时:12 学时

任务描述

一辆丰田威驰汽车的发动机,经过大修之后,发动机各个部件已组装完毕,现要把发动机安装到汽车上,并且检查发动机是否存在故障。

一、理论知识准备

1. 汽车总体构造

汽车总体构造如图10-1所示。

2. 维修企业竣工检验制度

(1)汽车维修竣工检验由专职检验人员负责实施。

(2)汽车维修竣工检验内容为整车检查、检测、路试、检测路试后的再检测及车辆验收。

(3)修竣车辆竣工检验严格依据《营运车辆综合性能要求和检验方法》(GB/T 18565—2001)要求进行。首先进行整车外观和底盘检查,检查合格后进行路试,对于路试中所发生的不正常现象,要认真复查。路试合格后重新进行底盘检查,确保各项技术性能合格后由总检开具出厂合格证。

(4)对于进行二级维护及以上维修作业的车辆,除上述检验内容外,还必须经计量认证的汽车综合性能检测站检测合格。

(5)严禁为检验不合格的车辆开具竣工出厂合格证。

(6)竣工检验合格的车辆实行规定的质量保证期制度。

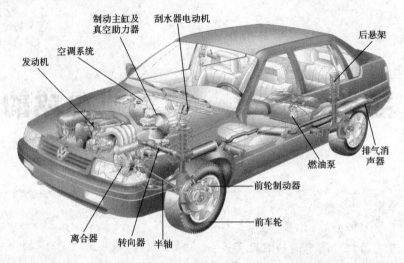

图 10-1 汽车总体构造图

3. 发动机故障诊断

1) 发动机基本诊断

以下诊断(表 10-1)涉及常见的问题及其可能的原因。

进行正确诊断后,可根据需要,通过调整、维修或更换,将故障排除。

 小提示

　　本故障诊断表可帮助诊断因凸轮轴故障、轴承磨损或损坏、推杆弯曲等机械问题所导致的发动机缺火;本表未单独列出喷油器乱线、喷油器故障或其他可能导致发动机缺火的驱动元件故障;诊断前先检查动力系统内置诊断系统;使用该表从事发动机缺火基本诊断时,先对照初步信息,然后对照特定的类别。

发动机基本故障诊断表　　　　　　　　　表 10-1

检　查	操　作
初步检查	1. 目视检查如下状态: ①发动机或曲轴飞轮松动、安装不当; ②附件驱动系统部件有磨损、损坏或错位。 2. 听发动机内部有无异常噪声。 3. 检查发动机机油压力是否合适。 4. 检查发动机机油耗量是否太高。 5. 检查发动机冷却液耗量是否太大。 6. 对发动机做压缩试验
进气歧管泄漏	产生真空泄漏的进气歧管,可能会导致发动机缺火。检查下列情况: ①真空软管安装不当或损坏; ②进气歧管或衬垫有缺陷、安装不当; ③进气歧管有裂缝或损坏; ④节气门体或衬垫安装不当或损坏; ⑤进气歧管翘曲; ⑥汽缸盖密封面翘曲或损坏

续上表

检查	操作
冷却液消耗	冷却液消耗过高(但不一定导致发动机过热)。检查下列情况： ①冷却液外漏； ②汽缸盖衬垫的缺陷； ③汽缸盖翘曲； ④汽缸盖有裂缝； ⑤发动机机体损坏； ⑥汽缸盖螺栓长度不正确
机油消耗	机油消耗过高(但不一定导致发动机缺火)。检查下列情况： 1. 拆卸火花塞并检查火花塞是否有油污。 2. 进行汽缸压力测试或汽缸泄漏测试。 (1)如果汽缸压力测试显示气门或气门导管磨损，则检查如下状况： ①气门杆油封磨损、碎裂或安装不当； ②气门导管磨损； ③气门杆磨损； ④气门或气门座磨损或烧损。 (2)如果测试表明活塞环磨损或损坏，则检查如下状况： ①活塞环断裂或装配不当； ②活塞环端隙过大； ③缸径磨损或锥度太大； ④汽缸损坏； ⑤活塞损坏
发动机内部有异常噪声	当发动机运转时,确定噪声是否与凸轮轴转速或曲轴转速相符。 用正时灯,每闪1次,2次爆震为曲轴转速;每闪1次,1次爆震为凸轮轴转速。 (1)如果噪声与凸轮轴转速频率相同,则检查如下状况： ①气门装置部件遗失或松动； ②气门摇臂磨损或太松； ③推杆磨损或弯曲； ④气门弹簧故障； ⑤气门弯曲或烧损； ⑥凸轮轴凸起部分磨损； ⑦正时链条或链轮磨损或损坏。 (2)如果爆震与曲轴转速频率相同,则检查如下状况： ①曲轴主轴承或连杆轴承磨损； ②活塞或汽缸损坏； ③活塞或活塞销磨损； ④连杆故障； ⑤活塞顶部积炭多
发动机内部无异常噪声	1. 检查正时链条或链轮是否磨损或安装不当。 2. 拆卸汽缸发生缺火的发动机侧气门摇臂盖。 3. 检查下列情况： ①气门摇臂螺栓过松； ②推杆弯曲； ③气门弹簧故障； ④气门挺杆泄漏故障； ⑤气门磨损或装配不正； ⑥凸轮轴凸起磨损

2)发动机压缩测试

对发动机汽缸进行的压缩压力测试,可以确定活塞环、气门和汽缸盖衬垫的状况。

(1)运行发动机,使其达到正常操作温度,并且蓄电池必须达到或接近满充。
(2)关闭发动机。

 **小提示**

从仪表板熔断丝盒中拆卸发动机控制模块(ECM)和点火熔断丝。

(3)中止点火。
(4)中止燃油系统。
(5)拆卸所有汽缸火花塞。
(6)拆卸节气门体上的空气导管。
(7)用挡块将节气门挡板锁止在打开位置。
(8)按如下程序测量发动机的压力:
①将压力表牢固安装到火花塞孔中;
②手摇发动机,至少使正在测试的汽缸经过4个压缩冲程;
③检查并记录各冲程压力表上的读数;
④断开压力表;
⑤对于其他各缸,重复上述压力测试步骤。
(9)记录所有汽缸的压力读数:
①最低读数不得低于最高读数的70%;
②各缸读数均不应低于689kPa。
(10)如下为可能的测量结果:
①当压力测量正常时,各缸压力迅速均匀地提高,接近规定压力;
②如果第一个冲程压力太低,在以后几个冲程中有升高的趋势,但未达到正常压力,或当3次喷射机油后,压力明显升高,原因可能在活塞环;
③如果第一个冲程压力太低,在以后几个冲程中仍不能升高,或注入机油后对压力没有影响,原因可能在气门;
④如果两个相邻汽缸压力太低,或发现曲轴箱中有冷却液,则原因可能在汽缸盖衬垫。
(11)从节气门板上拆卸挡块。
(12)将空气导管安装到节气门体上。
(13)安装火花塞。
(14)安装发动机控制模块ECM。
(15)将点火装置熔断丝安装到I/P(仪表盘)熔断丝盒中。
3)汽缸泄漏测试
所需工具:J 35667-A 汽缸泄漏检测仪。
汽缸泄漏检测仪利用空气压力辅助诊断。汽缸泄漏测试可与发动机压缩测试配合使用,以找出汽缸泄漏的原因。
(1)断开蓄电池搭铁(负极)电缆。

(2)拆卸火花塞。

(3)安装 J 35667-A。

(4)在气门均处于关闭状态时,测量各汽缸的压缩冲程。

必须防止活塞运动。

(5)用 J 35667-A 施加空气压力。

(6)记录各缸泄漏读数。

汽缸正常泄露范围是 12%~18%;记下任何泄漏量比其他大的汽缸;当汽缸泄漏量达到 30% 以上时,需要进行维修。

(7)检查四个主要部位,以便正确诊断泄漏的汽缸。

(8)如果能听到进、排气系统有漏气声,则进行如下程序。

①拆卸可疑汽缸盖上的气门摇臂盖;

②确保进、排气门均处于关闭状态;

③检查汽缸盖,确定气门弹簧是否折断;

④拆卸可疑的汽缸盖并检查。

(9)如果在曲轴箱(机油加注口管)处听到曲轴箱系统发出空气声,则执行如下程序:

①拆卸可疑汽缸中的活塞;

②检查活塞和连杆总成;

③检查发动机缸体。

(10)如果发现散热器中有气泡,执行如下程序:

①拆卸汽缸盖并检查;

②检查发动机缸体。

(11)拆卸 J 35667-A。

(12)安装火花塞。

(13)连接蓄电池搭铁(负极)电缆。

4)发动机噪声的诊断

有些发动机噪声为设计特有的声音。与其他发动机的声音进行比较,确定属正常情况。

(1)诊断发动机噪声时,考虑如下4个因素:
①噪声的类型;
②噪声出现的条件;
③噪声出现的频率;
④噪声在发动机上出现的位置。
(2)与其他发动机的声音进行比较,确定该噪声属不正常状况。
(3)发动机噪声通常与发动机转速(因曲轴、连杆或活塞所致)或发动机转速的一半(气门装置噪声)同步。试确定噪声的频率。

5)主轴承噪声的诊断
(1)主轴承损坏或磨损产生的噪声,如闷闷的砰击声或敲击声,发动机每转一圈出现一次,当发动机在重负荷下运转时,噪声达到最大。
(2)间歇敲击声或比主轴承磨损声音更尖的爆震,表明曲轴端隙太大。
(3)如下状况可导致主轴承噪声:
①机油泵压力过低;
②机油太稀,机油和/或滤清器太脏;
③主轴承间隙太大;
④曲轴端隙太大;
⑤曲轴轴颈失圆;
⑥传动带张力太大;
⑦曲轴皮带轮太松;
⑧飞轮、转矩转换器或离合板太松;
⑨主轴承盖太松;
⑩传动带起球。

6)连杆轴承噪声的诊断
连杆轴承损坏或磨损后,在所有速度下都会产生敲击声。在早期磨损阶段,连杆噪声容易与活塞敲缸声或活塞销松动混淆。连杆敲击声随发动机转速提高而增大,该噪声减速时最大。

如下状况可导致连杆轴承产生噪声:
(1)轴承间隙过大;
(2)曲轴连杆轴颈磨损;
(3)机油太稀,机油或滤清器太脏;
(4)机油压力太低;
(5)曲轴连杆轴颈失圆;
(6)连杆错位;
(7)连杆螺母紧固扭矩不正确;
(8)轴瓦不对或轴瓦错位。

7)正时链和链轮噪声的诊断
装备正时链和链轮的发动机可能会产生噪声。最常见的噪声是一种高频、轻敲击噪声。

无论发动机怠速、高速或负载运行,噪声强度通常不变。

如下状况可导致正时链条和链轮产生噪声:
(1)正时链条磨损;
(2)链轮损坏;
(3)凸轮轴或曲轴上的链轮太松;
(4)凸轮轴或曲轴端隙太大。

8)活塞噪声的诊断

活塞销、活塞和连杆噪声难以区分。活塞销松动会导致尖锐的双敲击声,通常在发动机怠速运行或突然加速再减速时能听到。装配不当的活塞销会产生轻的滴嗒噪声,在发动机没有负荷时更加明显,活塞与缸套之间的间隙过大会导致活塞敲缸声。这种噪声类似于金属敲击声,如同活塞在行程中正在拍击缸壁。

对于大多数发动机噪声,了解噪声的原因,有助于想象噪声听起来像什么。活塞敲缸声的一个标志是在发动机预热后噪声下降。发动机冷车时,活塞与缸套之间的间隙大且活塞敲缸声高。如下状况可导致活塞噪声:
(1)活塞销磨损或太松;
(2)活塞销装配不当;
(3)活塞与缸套之间的间隙过大;
(4)润滑不足;
(5)活塞顶部的积炭撞击汽缸盖;
(6)活塞环槽岸磨损或折断;
(7)活塞断裂;
(8)连杆错位;
(9)活塞环磨损或损坏;
(10)活塞槽岸间隙过大;
(11)活塞环端隙不足;
(12)活塞错位180°;
(13)活塞裙部形状不正确。

9)飞轮噪声的诊断

 小提示

如果变矩器螺栓太长,会使变矩器离合器作用面产生波纹,导致抖动。

飞轮松动或断裂会产生不规则砰击或滴嗒声。按如下步骤测试飞轮是否松动或断裂:
(1)以约30km/h的速度操纵车辆;
(2)关闭发动机。如果听到砰击声,飞轮就可能松动或损坏。这类砰击声在减速时最高。

变矩器至飞轮或飞轮至曲轴螺栓松动将导致轴承敲击声。这种状况在发动机无负荷运行、快速加速时产生多个拍击声。视怠速平稳性而定,当变速器驱动机构挂挡时,噪声可能出现,也可能不出现。

在确定爆震是否与轴承有关之前,首先检查变矩器与飞轮和飞轮与曲轴之间的连接螺栓。

10)气门装置噪声的诊断

频率为发动机转速一半或任何频率的轻拍击声,可能表明气门装置故障。拍击噪声随发动机速度增加而提高。

在判断气门装置噪声前,首先预热发动机。从而让发动机部件膨胀到正常状态。让发动机在不同转速下运行,在发动机罩关闭状态下听发动机噪声。

如果气门机构噪声异常,拆卸气门摇臂盖(注意:不要在带不锈钢排气歧管的发动机上使用如下方法,因为歧管温度将超过机油的闪点,导致失火和伤人)。用听诊器确定导致噪声的气门装置部件。气门噪声的产生原因包括:

(1)气门弹簧折断或弹性不足;
(2)气门卡滞或翘曲;
(3)推杆弯曲;
(4)气门挺杆太脏、卡滞或磨损;
(5)凸轮轴凸起损坏或加工不良;
(6)气门装置润滑不良(机油压力太低);
(7)气门杆与气门导管之间的间隙过大;
(8)气门导管磨损;
(9)推杆磨损;
(10)气门摇臂磨损;
(11)气门摇臂螺栓折断;
(12)气门摇臂附件太松或磨损;
(13)气门挺杆导管(滚子式挺杆发动机)丢失或错位。

11)发动机噪声的诊断

(1)排气系统噪声诊断。排气系统噪声诊断见表10-2。

排气系统噪声诊断表　　　　　　　　　　　　　　　　　　　　　表10-2

症　状	故障原因	排除方法
排气系统振动或发出嘎嘎响声	排气部件松动或错位	执行如下检查步骤: ①对准接头; ②紧固接头; ③检查排气管吊钩、安装托架、卡箍是否损坏
废气泄漏噪声	①排气部件的接头和连接处的泄漏; ②排气系统安装不正确或错位; ③有裂纹的排气歧管; ④排气歧管之间或汽缸盖之间的泄漏; ⑤排气伸缩连接件损坏或磨损; ⑥灼伤或锈蚀的排气管; ⑦灼伤或损坏的消声器; ⑧排气夹具或支架损坏或松动	①拧紧夹具或联结部件至规定的扭矩; ②将夹具对准并上紧; ③更换排气歧管; ④按规定将排气歧管固定在汽缸盖上的螺母拧紧或更换排气歧管垫圈; ⑤必要时,更换部件; ⑥必要时,更换排气管; ⑦更换消声器总成; ⑧必要时,更换部件

学习任务十 发动机总成的安装与检查

(2) 气门装置噪声诊断。气门装置噪声诊断见表10-3。

气门装置噪声诊断表   表10-3

症　状	故障原因	排除方法
怠速时出现间歇声，当发动机转速增加时噪声消失	①气门挺杆中有灰尘； ②气门挺杆定位钢球点蚀或损坏	①必要时，更换气门挺杆； ②必要时，更换气门挺杆
在怠速或机油温度较高时产生噪声； 在发动机转速较高或机油温度较低时消失	如气门挺杆大量泄漏，在低怠速或机油温度较高时，会产生噪声	更换气门挺杆
怠速时有噪声，转速越高，噪声越大	该噪声与气门挺杆功能失效无关。这种噪声在低速挡下明显。噪声如滴嗒声。如下状况可导致该噪声： ①气门端或气门摇臂垫磨损； ②气门杆与气门导管之间的间隙太大； ③阀座径向跳动太大； ④气门工作面径向跳动太大； ⑤气门弹簧错位	①摇动发动机，直到有噪声的气门离开气门座； ②旋转气门弹簧和气门； ③如果噪声得到校正，检查气门弹簧是否错位。如果气门弹簧错位超过限度，应更换气门弹簧
车速高时有噪声，车速低时噪声消失	①机油液面过高 机油液面高于FULL(满)标记，曲轴配重就会将机油搅成泡沫。当泡沫泵入气门挺杆时，气门挺杆就会产生噪声。 ②机油液面过低 机油液面低于ADD(添加)标记，机油泵就会将空气泵入。从而导致气门挺杆噪声。 ③机油泵吸油滤网弯曲或太松	①将机油放至正确的液面高度； ②必要时，添加机油； ③更换机油集滤器
与发动机转速无关的噪声	检查下列情况： ①供油至推杆的润滑系统； ②推杆球端磨损； ③推杆弯曲或损坏； ④气门摇臂太松或损坏	如果推杆和气门摇臂完好，则是气门挺杆的故障。更换气门挺杆

12) 发动机异响基本诊断

发动机异响基本诊断见表10-4。

发动机异响基本诊断表   表10-4

症　状	故障原因	排除方法
起动时有敲击声，但仅持续几秒钟	机油黏度不合适	根据预计的温度，使用合适黏度的机油
冷车时有敲击声，并持续2~3min	当汽缸次级点火电路搭铁时，发动机冷车敲缸通常消失。检查发动机是否处于如下状况： ①发动机飞轮接触挡泥板； ②曲轴配重或驱动皮带轮松动或断裂； ③活塞与缸套之间的间隙太大； ④连杆弯曲	①重新放置挡泥板； ②必要时紧固或更换部件； ③必要时，检查和更换活塞部件； ④必要时，检查和更换连杆

续上表

症　状	故障原因	排除方法
急速热车时的敲击声	检查发动机是否处于如下状况： ①传动带磨损； ②空调系统压缩机或发电机轴承出现故障； ③气门装置出现故障； ④机油黏度不合适； ⑤活塞销间隙过大； ⑥校正连杆定位； ⑦活塞至缸套间隙不足； ⑧调整曲轴配重的松动现象或不当转矩； ⑨活塞销偏置方向不正确，旋转气门弹簧和气门，如果噪声得到校正，检查气门弹簧是否错位	①必要时更换传动带； ②必要时，维修或更换部件； ③必要时，更换部件； ④根据预计的温度，使用合适黏度的机油； ⑤必要时，更换活塞和活塞销； ⑥必要时，检查和更换连杆； ⑦镗缸并装配新活塞； ⑧更换磨损的部件； ⑨正确安装活塞，如果气门弹簧错位超过限度，应更换气门弹簧
热车时的轻敲缸声	检查发动机是否处于如下状况： ①爆震； ②变矩器螺栓太松； ③排气歧管漏气； ④连杆轴承间隙过大	①调整点火提前角或清除积炭； ②紧固螺栓； ③紧固螺栓或更换衬垫； ④必要时，更换连杆轴承
加转矩时敲击严重	检查发动机是否处于如下状况： ①曲轴配重或皮带轮毂断裂； ②变矩器螺栓太松； ③附件传动带太紧或有划痕； ④飞轮断裂； ⑤曲轴主轴承间隙过大	①必要时，更换部件； ②紧固变矩器螺栓； ③必要时，更换传动带； ④更换飞轮； ⑤必要时，更换部件

13）传动带"嚓嚓"噪声诊断

传动带"嚓嚓"噪声诊断见表10-5。如下状况表明有"嚓嚓"噪声：

（1）传动或皮带轮每转一圈听到一次高音节噪声；

（2）通常在寒冷、潮湿的早晨出现；

（3）向传动带喷水以确认情况。噪声应立即停止。

传动带"嚓嚓"噪声诊断表　　　　表10-5

步　骤	操　作	是	否
1	检查皮带轮是否错位	至步骤2	至步骤3
2	重新定位错位的皮带轮。是否还有"嚓嚓"声	至步骤3	系统完好
3	检查托架是否弯曲或断裂	至步骤4	至步骤5
4	更换弯曲或断裂的托架。是否还有"嚓嚓"声	至步骤5	系统完好
5	检查紧固件是否松动或遗失	至步骤6	至步骤7
6	紧固任何松动的紧固件。是否还有"嚓嚓"声	至步骤7	系统完好
7	检查皮带轮凸缘是否弯曲	至步骤8	至步骤9
8	更换皮带轮。是否还有"嚓嚓"声	至步骤9	系统完好
9	检查有无严重凹陷，是否超过皮带槽深的1/3	至步骤10	—
10	更换传动带	—	系统完好

14）传动带尖叫噪声诊断

传动带尖叫噪声诊断见表10-6。如下状况表明有尖叫噪声：

(1)因传动带打滑而导致的尖锐噪声(通常出现在多筋传动带上);

(2)当传动带负荷加重时,如空调系统压缩机接合节气门时发生卡死现象,或在卡死的皮带轮上打滑时出现噪声。

传动带尖叫噪声诊断表　　　　　　　　　　　表10-6

步骤	操　作	是	否
1	检查皮带轮是否错位	至步骤3	至步骤2
2	检查传动带长度是否正确	至步骤4	至步骤5
3	按需要维修或更换新部件	系统完好	—
4	测试传动带张紧器的工作是否正常	至步骤3	至步骤5
5	检查皮带轮的尺寸是否正确	至步骤6	至步骤3
6	检查轴承是否卡死,有无卡死的轴承	至步骤3	系统完好

15)传动带"呜呜"噪声诊断

传动带"呜呜"噪声诊断见表10-7。

定义:因轴承故障可导致连续高音的噪声。

传动带"呜呜"噪声诊断表　　　　　　　　　　表10-7

步骤	操　作	是	否
1	检查附件的轴承有无磨损,有无轴承制造噪声	至步骤2	系统完好
2	按需要安装新部件	系统完好	—

16)传动带"隆隆"噪声诊断

传动带"隆隆"噪声诊断见表10-8。

定义:传动带的错位可导致低沉的拍打噪声。

(1)此噪声在息速冷车时出现;

(2)传动带每转一圈听到一声低频噪声。

传动带"隆隆"噪声诊断表　　　　　　　　　　表10-8

步骤	操　作	是	否
1	检查有无严重凹陷。是否超过带筋深度的1/3	至步骤2	系统完好
2	清洁传动带皮带轮	系统完好	至步骤3
3	安装新传动带	系统完好	—

17)传动带振动的诊断

传动带振动的诊断见表10-9。

定义:振动与发动机转速有关。振动可能对附件负载敏感。

传动带振动的诊断表　　　　　　　　　　　　表10-9

步骤	操　作	是	否
1	检查传动带是否磨损、损坏、积屑或遗失传动带加强筋	至步骤2	至步骤3
2	按需要更换	至步骤3	—
3	检查紧固件是否松动或遗失	至步骤4	至步骤5

续上表

步骤	操作	是	否
4	按实际需要紧固或更换	系统完好	—
5	检查皮带轮是否损坏或弯曲	至步骤6	至步骤7
6	按需要维修或更换	系统完好	—
7	检查张力器的运行是否正常	至步骤9	至步骤8
8	按需要更换	系统完好	—
9	检查托架是否松动、弯曲或断裂	至步骤10	系统完好
10	必要时,维修或更换托架	系统完好	—

二、实 践 操 作

1. 实践准备

整车一辆、干净的抹布、常用工具、相关维修手册等。

2. 技术要求与注意事项

发动机安装程序按拆卸时的相反程序进行,同时应注意下列事项:

(1)在发动机的安装件和安装托架紧固之前,不要完全松脱起吊装置,以免发生安全事故;

(2)按规定程序和规定的牌号、数量,将发动机机油变速器、润滑油和冷却液加至标准要求;

(3)按规定的方法,将加速踏板和离合器拉索调整到标准要求;

(4)按规定的拧紧力矩,将发动机安装到位,转向球节螺栓、稳定杆安装托架螺钉等紧固;

(5)各导线的插接件要插接到位,接线要正确无误;

(6)在发动机安装后和起动之前要全面检查安装部位的正确性;

(7)起动发动机后,应检查点火正时是否正确,如不正确,则按规定要求调整;

(8)发动机起动后,要检查冷却系统、润滑系统和发动机运转部分是否有漏水、漏油、漏气部位及不正常的异响和噪声;

(9)在发动机起动检查之后,应行驶1~3km,检查各拉索调整的正确性和各部零部件的工作状况是否正常。

3. 实践操作

1)发动机总成的安装

(1)组合发动机与变速器。如果发动机和变速器都从橡胶垫上拆下,在装配时要重新对中装配,操作步骤如下:

①松开带有橡胶套的发动机悬架的中心螺栓,如图10-2所示;

②松开变速器和发动机支架处的黏结橡胶座(变速器悬架);

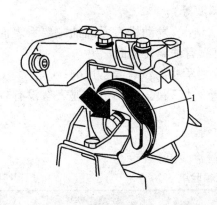 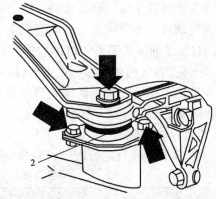

图 10-2 松开发动机固定螺栓
1-发动机悬架螺栓；2-变速器悬架螺栓

③松开发动机支座前端支架和黏结胶套，如图 10-3 所示；

④来回摆动总成，对中调整。

（2）将发动机与变速器的组合体吊到汽车发动机室里，并旋紧所有发动机与车身的连接螺栓。

（3）安装车身上的搭铁线。

（4）安装起动机，并插上起动机导线。

（5）安装排气歧管和前排气管。

（6）安装动力转向泵。

（7）拧紧空调压缩机与支架的连接螺栓，固定空调压缩机。

（8）将 V 带对好标记装上。

（9）装上张紧轮并扳动张紧轮使 V 带张紧。

（10）插上变速器上的车速传感器电线插头、倒车灯开关。

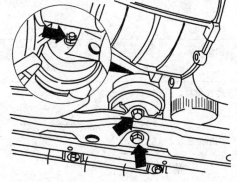

图 10-3 松开橡胶套

（11）插上汽缸盖通向暖风热交换器的冷却液管。

（12）插上位于发动机底部通向暖风热交换器的冷却液管。

（13）插上通向活性炭罐电磁阀的真空管和通向制动系统真空助力器的真空管。

（14）拔下燃油分配管上的供油管和回油管。

（15）装上空气滤清器罩壳并连接空气滤清器至节气门控制器之间的空气管路。

（16）装上风扇和散热器并拧紧 4 个紧固螺钉。

（17）装上散热器的上水管并夹紧散热器上水管的夹箍。

（18）插上散热器左侧的热敏开关导线插头。

（19）插上电动散热风扇的导线插头。

（20）装上蓄电池支架，安装蓄电池。

（21）装上蓄电池正极线，再装负极线。

2)检查发动机

(1)检查发动机各油位、液位(如:机油、冷却液等);

(2)检查发动机表面及底盘有无明显的漏油情况,发动机表面漏油主要看表面有无明显的油泥残留,底盘漏油主要看停过车的位置有没有油滴在地面;

(3)起动车辆,看发动机能否一次点火,点火过程中有没有异常声响;

(4)待发动机走稳后观察车辆仪表有没有警示灯亮起,发动机转速表有没有较大的起伏,手放在转向盘上感觉有没有发麻的情况。

3)发动机大修竣工检验

按照表10-10所示项目进行竣工检验并填写检验单。

发动机竣工检验单　　　　　　　　表10-10

进厂编号		厂牌车型			车牌照号码		
发动机编号		竣工日期			主修人		
发动机外观、装备及性能							
检验内容及结果:			检验内容及结果:				
发动机外观:			急速转速(r/min)				
喷(涂)漆:			运转状况:				
			急速:　中速:　高速:　加速及过度:				
四漏检查:			发动机异响:				
油:　水:　电:　气:							
螺栓螺母:			机油压力:　　　　MPa				
			急速:　　　　高速:				
润滑油:			汽缸压力,MPa				
			1	2	3	4	5	6	7	8
			汽缸压力差(MPa)				
空滤器:			真空度(kPa)				
			急速:　　波动范围:				
限速装置:			排放污染物				
			急速____r/min		高急速____r/min	
			CO	HC	CO	HC
			%	10^{-6}	%	10^{-6}
起动性能:			额定功率(kW)		最大转矩(N·m)	
			发动机燃油消耗率[g(kW·h)]:				
电控系统有无故障码显示:			发动机噪声:				
备注:							

三、学习拓展

(1)请查阅丰田汽车维修手册,书中关于发动机总成的安装与检验同现实中的安装与检验有何不同?

(2)请写一份关于发动机安装的学习报告。

四、评价与反馈

1. 自我评价与反馈

(1)能否主动参与工作现场的清洁和整理工作?(　　)
　　A. 主动完成　　　　B. 被动完成　　　　C. 未完成

(2)你能否正确规范地完成发动机总成的安装?(　　)
　　A. 快速规范　　　　B. 规范但不熟练　　C. 不会操作

(3)写出发动机总成安装的顺序。
_____
_____

(4)下次遇到类似的学习任务应如何改善从而提高学习效果?
_____
_____

(5)你在本学习任务中遇到的困难是什么?你是如何解决的?
_____
_____

签名:_____　_____年_____月_____日

2. 小组评价与反馈

(1)是否主动参与小组讨论?(　　)
　　A. 主动　　　　　　B. 被动　　　　　　C. 未参与

(2)是否完成本学习任务的学习目标?(　　)
　　A. 完成且效果好　　B. 完成但效果不好　C. 未完成

(3)是否积极学习,不懂的是否积极向别人请教,是否积极帮助他人学习?(　　)
　　A. 积极学习　　　　　　　　　　　B. 积极请教
　　C. 积极帮助他人　　　　　　　　　D. 三者都不积极

(4)零件、工具与油污有没有落地,有无保持作业现场的整洁?(　　)
　　A. 无掉地且场地整洁　　　　　　　B. 有零件、工具掉地
　　C. 有油污掉地　　　　　　　　　　D. 未保持作业现场的清洁

(5)操作过程中是否注意维修质量且有责任心?(　　)

A. 注意质量,有责任心　　　　　　　　B. 不注意质量,有责任心
C. 注意质量,无责任心　　　　　　　　D. 全无

(6) 在团队学习中的主动性与合作情况如何?(　　)

A. 好　　　　　　B. 较好　　　　　　C. 一般

参与评价的同学签名:_____　_____年_____月_____日

3. 教师评价及答复

_____

_____

_____

教师签名:_____　_____年_____月_____日

五、技能考核标准

序号	项目	操作内容	规定分	评分标准	得分
1	准备	清点工量具、清理工位; 打开并支撑发动机罩; 安装汽车保护罩	3分 2分 2分	酌情扣分; 酌情扣分; 酌情扣分	
2	安装	组合发动机与变速器; 吊发动机; 安装起动机; 安装排气歧管和前排气管; 安装动力转向泵; 安装V带; 插上相关的插头与管道; 安装空气滤清器罩壳; 安装风扇和散热器; 安装散热器的上水管; 安装蓄电池	4分 4分 3分 3分 3分 4分 3分 3分 4分 3分 4分	操作不当扣1~4分; 操作不当扣1~4分; 操作不当扣1~3分; 操作不当扣1~3分; 操作不当扣1~3分; 操作不当扣1~4分; 操作不当扣1~3分; 操作不当扣1~3分; 操作不当扣1~4分; 操作不当扣1~3分; 操作不当扣1~4分	
3	检验	发动机外观; 急速转速; 运转状况; 四漏检查; 发动机异响; 机油压力; 润滑油; 真空度; 电控系统有无故障码显示; 发动机噪声	2分 2分 2分 4分 2分 2分 2分 6分 2分 2分	操作不当扣1~2分; 操作不当扣1~2分; 操作不当扣1~2分; 操作不当扣1~4分; 操作不当扣1~2分; 操作不当扣1~2分; 操作不当扣1~2分; 操作不当扣1~6分; 操作不当扣1~2分; 操作不当扣1~2分	
4	故障诊断	发动机故障诊断	6分	操作不当扣1~6分	
5	完成时限	160min	10分	超时1~5min扣1~5分; 超时5min以上扣10分	
6	安全文明	无安全隐患,无不文明操作	5分	未达标扣1~5分	
7	结束	工具、量具清洁并归位; 工作场地清洁	5分 3分	漏一项扣1分,未做扣5分; 清洁不彻底扣1~3分,未做扣3分	
		总分	100分		

学习任务十一　发动机故障码的读取

任务要求

完成本学习任务后,你应:
1. 知道自诊断系统的作用及重要性;
2. 能人工读取、清除故障码;
3. 能正确连接和使用手持式汽车诊断电脑读取、清除故障码;
4. 能借助维修资料,正确完成发动机故障的排除。

建议学时:8 学时

任务描述

一台装备自诊断系统的发动机故障指示灯点亮,维修人员需读取故障码及进行故障分析,进一步确定故障部位,以便维修或更换部件,排除发动机故障。

一、理论知识准备

汽车发动机自诊断系统是发动机控制系统的主要功能之一,它不但有效地控制了在用车辆的排放污染,也是维修技术人员诊断和维修车辆的重要辅助工具。发动机控制模块(ECM 或 PCM)不断地检测各个传感器的信号,一旦发现有任何不正常的信号(如传感器信号中断、信号值超出正常范围等),无论是由机械故障,还是由传感器、执行器、线路、发动机控制模块故障引起的,系统都将设置故障码(DTC),并可能点亮仪表板上的故障指示灯以提示驾驶员车辆需要立即进行维修。

目前,电喷发动机主要应用在轿车、皮卡、小型客货车上。一般情况下电喷发动机很少发生故障,一旦出现故障必须借助故障码才能排除。

1. 利用发动机自诊断系统进行发动机故障诊断的基本步骤

利用发动机自诊断系统进行发动机故障诊断的流程图如图 11-1 所示。

2. 故障诊断的思路

准确找出故障的症状,根据症状推测故障原因,按照推测、验证、再推测、再验证的方法,找出真正的故障原因。

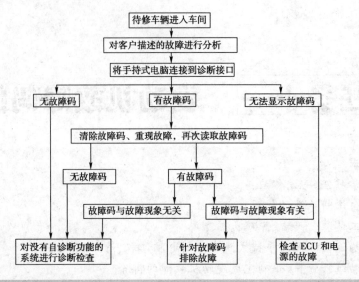

图 11-1　发动机故障诊断流程图

3. 发动机自诊断方式

(1) 静态诊断。即发动机不运转，只闭合点火开关，不起动发动机，读出 ECU 的故障码。

(2) 动态诊断。即发动机在运转中，读取故障码并测取其他参数。

4. 进入故障自诊断状态的方法

1) 跨接导线读取法

例如，丰田海狮轻型客车，要进入故障自诊断状态，只需把装在蓄电池侧的诊断输入插座的护罩打开，将一根跨接导线两端分别插入诊断输入插座的 TE_1 和 E_1 插孔中，即进入故障自诊断状态。

2) 专用诊断开关法

一般车上或在发动机的电子控制器上设有旋钮式诊断开关。例如，日本尼桑轿车上多数装有旋钮式诊断开关，在发动机电子控制器上装有单个发光二极管或双发光二极管。

(1) 装单个发光二极管。

①在闭合点火开关情况下，不起动发动机，用螺丝刀插入装单个发光二极管的发动机电子控制器模式选择旋钮中。

②按顺时针方向把旋钮拧到底，等待 2s 后，再用螺丝刀按逆时针方向拧到底，此时发光二极管开始闪烁，显示故障码。

(2) 双发光二极管。

①在闭合点火开关的情况下，不起动发动机，用螺丝刀插入发动机电子控制器模式选择旋钮中，按顺时针方向拧到底。

②等到发光二极管闪亮时(发光二极管闪烁表示模式选择号，即第 1 种模式发光二极管闪烁 1 次；第 2 种模式发光二极管闪烁 2 次)，并且当闪烁的模式号是所需模式号时(即前面介绍的静态诊断为第 1 种模式，动态诊断为第 2 种模式)，立刻把旋钮按逆时针方向拧到底，即开始显示故障码。

3)共同开关法

在有些车系电控系统中,空调控制面板上的控制开关可兼作诊断开关。一般是把 OFF 键和 Warmer 键同时按下,数字显示仪表板上便显示出来。当屏上出现……后出现 88 代码时,即进入自诊断状态。例如,通用汽车公司的凯迪拉克、福特汽车公司的林肯、大陆等轿车。

4)用点火开关约定操作法

约定操作法是汽车制造厂家已规定的方法。一般情况下点火开关在 5s 内通、断 3 次即进入自诊断状态。例如,美国克莱斯勒汽车公司的多种车型及北京切诺基汽车均使用此种方法。

5)用加速踏板约定操作法

用加速踏板的约定操作法是首先闭合点火开关,不起动发动机,在 5s 内踩加速踏板 5 次,即进入故障自诊断状态。例如,德国的宝马轿车等。

6)用专用解码仪法

所有车型的故障码读取均可采用解码仪进行。但是,有些车型只能用专用解码仪读取故障码。例如:奥迪 100(V6)、桑塔纳 2000 轿车等。

5. 故障码的显示与读法

汽车进入自诊断状态后,用以下方法可以读取故障码。

1)用仪表板上检查发动机指示灯闪烁显示故障码

进入自诊断状态时,ECU 控制检查发动机指示灯的闪烁次数和点亮时间的长短表示故障码。例如:丰田、大宇、切诺基等汽车。一般有三种表示法。

(1)指示灯点亮时间较长的闪烁信号,其闪烁的次数代表故障码的十位数。指示灯点亮时间较短的闪烁信号,其闪烁次数代表故障码的个位数。一个故障码的 2 位数字显示完后,指示灯闭合稍长时间,再显示下一个故障码,一般是以数字小的故障码开始显示到数字较大的故障码。如图 11-2 所示。

图 11-2 指示灯显示故障码图

(2)检查发动机指示灯点亮时间不变,由指示灯的间歇时间长短来区分一个代码的个位与十位以及不同的故障码。位与位之间有一个较短的间歇时间。代码与代码之间有一个较长的间歇时间。如图 11-3 所示。

图 11-3 指示灯显示故障码图

(3)检查发动机指示灯点亮时间不变,在位与位之间间歇一下,在代码与代码之间有一个较长的点亮时间。如图 11-4 所示。

2)用指针式电压表显示故障码

此法与前面介绍的读码基本相似,用指针摆动代替指示灯显示(例如:韩国的现代、日

图 11-4　指示灯显示故障码图

本的三菱汽车)。进入故障自诊断状态后,用万用表的直流电压挡,检测故障诊断插座输出端上的电压。这种方式有一位数故障码和二位数故障码显示两种。

(1) 一位数故障码显示。

电压表指针在 0～5V 间摆动,连续摆动的次数为故障码数。若有 2 个以上故障码,则显示完第 1 个代码后,间隔 3s 后显示第 2 个代码。正常码表示无故障。正常码是在指针摆动 1/3s 后间隔 3s,指针再摆动 1/3s,这样周而复始地进行,如图 11-5 所示。

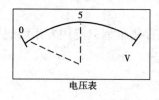

图 11-5　指针式电压表显示 1 位数故障码

(2) 二位数故障码有两种表示形式。

① 电压表指针在 0～5V 间摆动,第 1 次连续摆动次数为故障码的十位数,间隔 2s 后,第 2 次摆动次数为故障码的个位数。下一个故障码显示要间隔较长的时间。如图 11-6 所示。

② 电压表指针在 0～2.5V、2.5～5V 两个区域摆动。指针在 2.5～5V 间摆动的次数为故障码的十位数,指针在 0～2.5V 间摆动的次数为故障码的个位数。如图 11-7 所示。

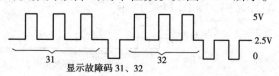

图 11-6　指针式电压表显示 2 位数故障码　　图 11-7　指针式电压表显示 2 位数故障码

3) 用发光二极管显示故障码

一般情况,发光二极管装在 ECU 上。有的装在故障诊断插座上(如奥迪轿车)。有以下三种显示方法。

(1) 用 1 个发光二极管显示。用 1 个发光二极管显示与用检查发动机指示灯显示故障码读取代码方法相同。

(2) 用 2 个不同颜色发光二极管显示。一般用红色和绿色发光二极管。红色发光二极管显示十位数码,绿色发光二极管显示个位数码。

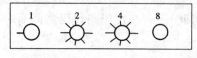

图 11-8　4 个发光二极管显示图

(3) 用 4 个发光二极管显示。4 个发光二极管分别代表 8、4、2、1,如图 11-8 所示。显示故障码时,把发光的二极管所代表的数字相加,其和为所显示的故障码。故障码 2 + 4 = 6。

4)用车上数字式仪表显示

凯迪拉克4.6L轿车用车上数字式仪表显示故障码。当操作读码时,故障码以数字形式出现在组合仪表显示器的某一部位上(一般是显示在数字式温度显示屏或燃油数据中心信息屏上)。

5)用专用仪器显示

电喷车配有专用的故障码阅读接口。专用的解码器用专用接续器与阅读接口连接,通过操作解码仪,故障码便显示在专用仪器的屏上。

6. 如何清除故障码

对电喷车维修和处理故障后,一定要把存在ECU的故障码清除,以便今后运转中记录、存储新的故障码。

如果不及时清除原有的故障码,当发动机再出现故障时,ECU会把新、旧故障码一起输出,造成不必要的诊断错误。

切断发动机电子控制器ECU的电源是清除原有故障码的基本方法。另外还有以下六种清除方法。

1)用跨接导线清除故障码

以丰田海狮轻型汽车为例,首先断开点火开关,然后拆下EFI15A熔断丝30s或更长时间。

2)用专用诊断开关清除故障码

以日本尼桑1994年3.0L、300ZX型轿车为例,把小孔内的旋钮开关拧到关闭位置,然后断开点火开关。

3)用共用开关清除故障码

以凯迪拉克4.6L轿车为例,选择"清除代码"键时,将显示的被显示系统名称、显示信息清除,3s后所有存储的故障码被清除。

4)用点火开关清除故障码

以切诺基汽车为例,一般拆下蓄电池负极线30s左右。

5)用加速踏板法清除故障码

以宝马汽车为例,使用手持式Scan诊断仪和诊断软件,选择模拟诊断模式键,即可清除故障码。

6)用专用仪器清除故障码

用专用故障诊断仪中的故障码清除功能键,按下清除故障码键清除代码。

7. 常用诊断仪器

1)跨接导线

构造:是一段专用导线,不同形式的跨接线主要是其长短和两端接头不同。跨接线两端的接头一般是不同形式的插头或鳄鱼夹,以适应不同位置的跨接,如图11-9所示。

作用:主要用于电路故障诊断。

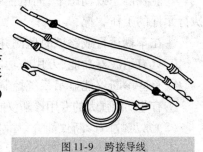

图11-9 跨接导线

2)数字式万用表

主要用来测量电阻、电压、电流等参数,以此判断电路的通断和电控元件的技术状况。可分为指针式万用表和数字式万用表。发动机电控系统检测必须使用高阻抗数字式万用表。

(1)常用数字式万用表。

构造:具有测量精度高、测量范围广、输入阻抗高、抗干扰能力强、容易读数等优点,在汽车故障诊断与检修中应用广泛,如图11-10所示。

作用:一般用来测量电阻、电压、电流。

使用数字式万用表时应注意:

①按被测量的性质和数值大小选择合适的"挡位"和"量程",并将测量导线插接到相应的"插孔"中。

②选择万用表的量程时最好从低级到高级进行选择,以便获得较准确的测量数据。

③严禁电控元件或电路处于通路状态时测量其电阻,以免万用表损坏。

(2)汽车万用表。

除具有数字万用表的功能外,还具有一些汽车专用测试功能。除可用来测量电控元件和电路的电阻、电压、电流外,一般还能测量转速、频率、温度、电容、闭合角、占空比等项目,并具有自动断电、自动变换量程、数据锁定、波形显示等功能,如图11-11所示。

图11-10 数字式万用表

图11-11 汽车万用表

3)故障诊断仪(俗称解码器)

(1)功能。

①快速、方便地读取或清除故障码;

②对发动机控制系统进行动态测试,显示瞬时信息,为诊断故障提供依据;

③能在静态或动态下,向电控系统各执行元件发出检修作业需要的动作指令,以便检查执行元件的工作状况;

④在车辆运行或路试时监测并记录数据流;

⑤具有示波器功能、万用表功能和打印功能;

⑥有些诊断仪能显示系统控制电路图和维修指导,以供故障诊断和检修时参考;

⑦有些功能强大的专用诊断仪能对发动机控制单元ECU进行某些数据的重新输入和更改。

(2)常见故障诊断仪简介。故障诊断仪可分为专用型和通用型两大类。

①专用型:是汽车制造公司为自己生产的汽车而专门设计制造的。一般只适合在特约

维修站配备,以便提供良好的售后服务,充分发挥故障诊断仪的功能,如图 11-12 所示。

②通用型:是汽车保修设备制造公司为适应诊断检测多种车型而设计制造的,一般都配有不同车系的测试卡和适合各种车型的检测连接电缆连接器,测试卡存储有几十种甚至上百种不同公司、不同车型汽车电控系统的检测程序、检测数据和故障码等资料,适合综合性维修企业使用,如图 11-13 所示。

11-12 大众专用:V. A. G1552

图 11-13 通用型:金德仪器

(3)故障诊断仪的操作方法及一般步骤:
①选择测试卡和合适的连接电缆连接器(专用故障诊断仪不需此项);
②连接故障诊断仪;
③选择测试地址和功能;
④进行测试。

二、实践操作

1. 实践准备

干净的抹布、常用工具、汽车专用万用表、丰田卡罗拉发动机台架、专用跨接线、丰田卡罗拉汽车一辆、相关维修手册等。

2. 技术要求与注意事项

(1)禁止使用大功率仪器,避免对电控单元产生无线电干扰;
(2)在拆除蓄电池的搭铁线前,先读取 ECU 中的故障码;
(3)在拆卸和插接线路或元件连接器之前,点火开关一定要置于"ON"位。

3. 实践操作

(1)尝试人工读取和清除故障码。
①尝试通过人工读码读取丰田发动机台架的控制系统故障码,并记录在下面空格中。

②查找维修手册找出故障码所代表的故障部位,并记录在下面空格中。

③尝试用人工的方式清除故障码,并记录清除步骤。
_____
_____

④如何判断故障码已被清除?
_____
_____

(2)请查阅丰田卡罗拉维修手册,并找到该车的自诊断插座,看它的诊断插座有多少个端子?
_____
_____

(3)用手持式汽车诊断电脑 KT600 或元征 X-431 读取和清除丰田卡罗拉轿车的故障,将读取和清除故障码的步骤写在下面。
_____
_____

相关链接

丰田车系的故障诊断座有三种类型,如图 11-14 所示。

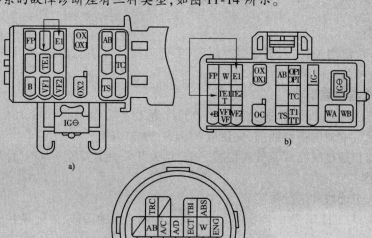

图 11-14 丰田车系的故障诊断座
a)形式Ⅰ(17 针诊断座);b)形式Ⅱ(23 针诊断座);c)形式Ⅲ(17 针诊断座)

1. 故障码的调取方式可分为普通方式、试验方式和解码器读取。

(1) 普通方式调取故障码:打开点火开关,不起动发动机,用专用跨接线短接故障诊断座上的"TE1"与"E1"端子,仪表盘上的故障指示灯"CHECK ENGINE"即闪烁输出故障码。

(2) 试验方式调取故障码:首先关闭点火开关,用专用跨接线短接诊断座上的"TE2"与"E1"端子;然后再打开点火开关,起动发动机,并以不低于10km/h的车速进行路试;路试后,再短接诊断座上的"TE1"与"E1"端子,仪表盘上"CHECK ENGINE"灯即闪烁输出故障码。

1994~1995年生产的部分丰田轿车装有16端子OBD-Ⅱ诊断座,用跨接线短接诊断座上的"5#"和"6#"端子,即可由仪表盘上"CHECK ENGINE"灯读取故障码。

丰田车系故障码为两位数,"CHECK ENGINE"灯闪亮与熄灭的时间间隔均为0.5s,闪亮的次数代表故障码数值,一个故障码的十位与个位之间有1.5s熄灭的间隔,两个代码之间有2.5s熄灭的间隔,每一循环重复显示之间有4.0s的间隔,如图11-15所示。

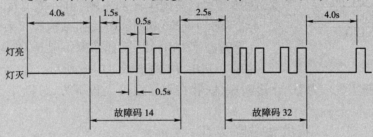

图11-15 丰田车系故障码输出波形

(3) 用解码器读取故障码(略)。

2. 丰田车系故障码

丰田车系故障码见表11-1。

丰田车系故障码表 表11-1

故障码	含 义	故障码	含 义
11	ECU电源电路故障	32	空气流量计或电路故障
12	凸轮轴/曲轴位置传感器或电路故障	35	进气绝对压力传感器或电路故障
13	凸轮轴/曲轴位置传感器或电路故障	41	节气门位置传感器或电路故障
14	点火控制器或电路故障	42	车速传感器或电路故障
15	点火控制器或电路故障	43	点火开关或起动电路故障
16	自动变速器ECU故障	47	辅助节气门位置传感器或电路故障
21	左主氧传感器或电路故障	51	A/C、P/N开关或电路故障
22	冷却液温度传感器或电路故障	52	1号爆震传感器或电路故障
24	进气温度传感器或电路故障	53	ECU爆震控制系统故障
25	混合气过稀故障	55	2号爆震传感器或电路故障
26	混合气过浓故障	71	EGR控制电磁阀或电路故障
27	左辅助氧传感器或电路故障	72	燃油切断电磁阀或电路故障
28	右主氧传感器或电路故障	78	燃油泵或电路故障
29	右辅助氧传感器或电路故障		

3. 清除故障码

故障排除后,将ECU中存储的故障码清除,方法有两种:一是关闭点火开关,从熔丝盒中拔下EFI熔丝(20A)10s以上;二是将蓄电池负极电缆拆开10s以上,但此种方法同时使时钟、音响等有用的存储信息丢失。

三、学 习 拓 展

1. OBD-Ⅱ系统

1994年美国汽车工程师协会提出第二代随车故障自诊断系统,即OBD-Ⅱ,OBD-Ⅱ将故障检测插座的形式、故障码的位数和含义、故障码的读取方法等均作了统一,并增加了较强的数据流检测功能,但是,故障码和数据流只能用微机故障检测仪获得,人工无法读取故障码,到目前为止,只有1996年以后美国生产的车辆、引进美国技术生产的车辆(如上海别克等)和销往美国的车辆等只采用OBD-Ⅱ,而完全抛弃了OBD-Ⅰ,其他车辆一般是OBD-Ⅰ和OBD-Ⅱ并存。OBD-Ⅱ端子如图11-16所示。

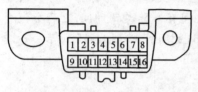

图11-16　OBD-Ⅱ16针诊断座

OBD-Ⅱ诊断座统一为16针诊断座,安装在驾驶室仪表板下方,诊断座子代号及内容如下:

1#	提供给制造厂应用
2#	SAE—J1850 资料传输
3#	提供给制造厂应用
4#	车身搭铁
5#	信号回路搭铁
6#	提供给制造厂应用
7#	ISO—9141 资料传输
8#	提供给制造厂应用
9#	提供给制造厂应用
10#	SAE—J1850 资料传输
11#	提供给制造厂应用
12#	提供给制造厂应用
13#	提供给制造厂应用
14#	提供给制造厂应用
15#	ISO—9141 资料传输
16#	ISO—9141 资料传输

OBD-Ⅱ故障码由5位数字组成,如P1352,其中:

第一位是英文字母代码,代表测试系统:

P代表发动机变速器电脑(POWERRAIN);

B 代表车身电脑(BODY);
C 代表底盘电脑(CHADDIS)。
第二位代表制造厂码。
第三位为 SAE 定义的故障范围代码:
(1)燃油-空气系统;
(2)燃油-空气系统;
(3)点火系统;
(4)排放控制系统;
(5)汽车怠速控制系统;
(6)电脑和输入/输出电路;
(7)变速器。
第四、五位数字规定了故障所在区域。

2. OBD-Ⅲ 系统

从 1999 年,汽车界又采用了第三代随车故障自诊断系统,即 OBD-Ⅲ,其实质是 OBD-Ⅱ+I/M,增强了汽车尾气排放检测功能,OBD-Ⅲ也只能用微机故障检测仪进行检测诊断。该系统可以减小故障出现与实际维修之间的时间间隔,进一步控制在用车辆的排放污染,在 OBD-Ⅱ的基础上增加电子通信和遥感检测功能,形成 OBD-Ⅲ。装备有 OBD-Ⅲ系统的汽车,一旦发现故障,自诊断系统随即将车辆 VIN 码、故障码等信息通过 GPS 导航系统或无线通信方式发送给管理中心,并告知车主立即进行检修。

四、评价与反馈

1. 自我评价与反馈

(1)能否主动参与故障码的读取与清除?(　　)
　　A. 主动完成　　　　B. 被动完成　　　　C. 没有完成
(2)完成本学习任务后,你对维修手册等资料的使用是否快速和规范?(　　)
　　A. 快速规范　　　　B. 规范但不熟练　　　C. 不会使用
(3)你能否正确规范地完成故障码的读取与清除?(　　)
　　A. 独立完成　　　　B. 小组合作完成　　　C. 在老师指导下完成
(4)当发动机出现故障码时,如不及时清除对发动机有什么影响?
_____
_____

(5)下次遇到类似的学习任务应如何改善从而提高学习效果?
_____
_____

(6)你在本学习任务中遇到的困难是什么?你是如何解决的?

_____

_____

　　　　　　　　　签名：_____　　_____年_____月_____日

2. 小组评价与反馈

（1）是否主动参与小组讨论？（　　　）

　　A. 主动　　　　　　　B. 被动　　　　　　　C. 未参与

（2）是否完成本学习任务的学习目标？（　　　）

　　A. 完成且效果好　　　B. 完成但效果不好　　C. 未完成

（3）是否积极学习，不懂的是否积极向别人请教，是否积极帮助他人学习？（　　　）

　　A. 积极学习　　　　　　　　　　　　　B. 积极请教

　　C. 积极帮助他人　　　　　　　　　　　D. 三者都不积极

（4）零件、工具与油污是否有落地，是否保持作业现场的整洁？（　　　）

　　A. 无掉地且场地整洁　　　　　　　　　B. 有零件、工具掉地

　　C. 有油污掉地　　　　　　　　　　　　D. 未保持作业现场的整洁

（5）操作过程中是否注意维修质量且有责任心？（　　　）

　　A. 注意质量，有责任心　　　　　　　　B. 不注意质量，有责任心

　　C. 注意质量，没有责任心　　　　　　　D. 全无

（6）在团队学习中的主动性与合作情况如何？（　　　）

　　A. 好　　　　　　　　B. 较好　　　　　　　C. 一般

　　　　　　参与评价的同学签名：_____　_____年_____月_____日

3. 教师评价及答复

_____

_____

　　　　　　　　　教师签名：_____　　_____年_____月_____日

五、技能考核标准

序号	项目	操作内容	规定分	评分标准	得分
1	准备	清点工量具、清理工位； 打开并支撑发动机罩； 安装汽车保护罩； 找到故障诊断插座	5分 5分 5分 5分	酌情扣分； 酌情扣分； 酌情扣分； 酌情扣分	
2	故障码的读取	人工读取故障码； 解码器调取故障码； 分析故障码	10分 10分 10分	操作方法不当，扣1～10分； 操作方法不当，扣1～10分； 分析方法不当，扣1～10分	

续上表

序号	项目	操作内容	规定分	评分标准	得分
3	故障码的清除	人工清除故障码； 解码器清除故障码	10 分 10 分	操作方法不当，扣 1～10 分； 操作方法不当，扣 1～10 分	
4	完成时限	45min	10 分	超时 1～5min 扣 1～5 分；超时 5min 以上扣 10 分	
5	安全文明	无安全隐患，无不文明操作	10 分	未达标扣 1～10 分	
6	结束	工具、量具清洁并归位； 工作场地清洁	5 分 5 分	漏一项扣 1 分，未做扣 5 分； 清洁不彻底扣 1～5 分，未做扣 5 分	
	总分		100 分		

学习任务十二　空气流量传感器的检测与更换

任务要求

完成本学习任务后,你应:
1. 知道空气流量传感器的种类及用途;
2. 明白各种空气流量传感器的工作原理;
3. 知道各种空气流量传感器的优缺点;
4. 能规范地进行空气流量传感器的检查,并对检查结果进行处理;
5. 知道可燃混合气浓度与进气量和喷油量之间的关系。

建议学时:8 学时

任务描述

　　一台奥迪 A6 发动机故障灯点亮,起动困难、急速不稳、动力性能下降、加速时有回火和放炮、油耗增加且偶尔伴有爆震,通过用汽车诊断电脑进行检测,检测出与空气流量传感器相关的故障码,需对空气流量传感器及电路进行检查,确定故障部位,以便维修或更换。

一、理论知识准备

1. 空气流量传感器的基本知识

想一想

空气流量传感器常见的安装位置一般在哪里?

将图 12-1 中空气流量传感器的位置用红笔标出来。

学习任务十二　空气流量传感器的检测与更换

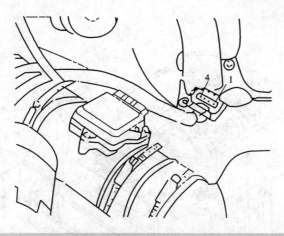

图 12-1　空气流量传感器安装位置

 **小提示**

空气流量传感器一般安装在空气滤清器的后面,节气门体前面。

1)空气流量传感器的作用

空气流量传感器的作用是测量发动机吸入汽缸的空气量,并将吸入的空气量转变成电信号输送给 ECU,作为决定喷油器的基本喷油量和基本点火提前角的主控信号之一。如果空气流量传感器或线路出现故障,ECU 得不到正确的进气量信号,就不能正常地进行喷油量的控制,将造成混合气过浓或过稀,使发动机运转不正常。如:发动机起动困难、发动机性能失常、怠速不稳、加速时有回火、放炮、油耗增大和易爆震等。

2)电子控制汽油喷射系统中测量进入汽缸空气量的主要方式

电子控制汽油喷射系统中测量进入汽缸的空气量的主要方式有两种,一种是采用空气流量传感器直接测量进气的体积流量或质量流量;另一种是采用进气歧管压力传感器测量进气歧管的绝对压力,然后由 ECU 根据测量的进气歧管压力、发动机转速和节气门开度信号,换算出相应的空气流量。

2. 空气流量传感器的工作原理及检测

电子控制汽油喷射系统的空气流量传感器有多种形式,目前常见的空气流量传感器按其结构形式可分为叶片(翼板)式、量芯式、热线式、热膜式、卡门涡旋式等几种。

1)叶片式空气流量传感器的结构、工作原理及检测

(1)叶片式空气流量传感器结构及工作原理。传统的波许 L 形汽油喷射系统及一些中档车型采用这种叶片式空气流量传感器,如丰田 CAMRY(佳美)轿车、丰田 PREVIA(大霸王)小客车、马自达 MPV 多用途汽车等。其结构如图 12-2 所示,由空气流量计和电位计两部分组成。

空气流量计在进气通道内有一个可绕轴摆动的旋转翼片(测量片),如图 12-3 所示,作用在轴上的卷簧可使测量片关闭进气通路。发动机工作时,进气气流经过空气流量计推动测量片偏转,使其开启。测量片开启角度的大小取决于进气气流对测量片的推力与测量片

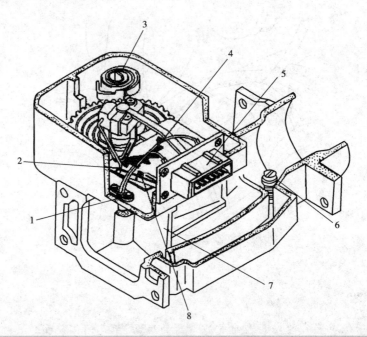

图 12-2　叶片式空气流量传感器结构

1-进气温度传感器;2-电动汽油泵触点;3-卷簧(复位弹簧);4-电位计;5-导线连接器;6-CO 调节螺钉;7-旋转翼片(测量片);8-电动汽油泵静触点

轴上卷簧弹力的平衡状况。进气量的大小由驾驶员操纵节气门来改变。进气量愈大,气流对测量片的推力愈大,测量片的开启角度也就愈大。在测量片轴上连着一个电位计,如图 12-4 所示。

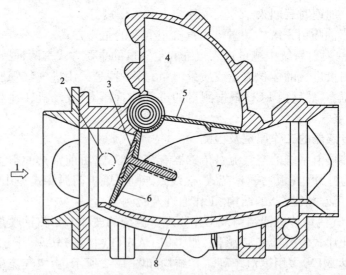

图 12-3　叶片式空气流量传感器结构

1-空气进口;2-进气温度传感器;3-阀门;4-阻尼室;5-缓冲片;6-旋转翼片(测量片);7-主气路;8-支气路

电位计的滑动臂与测量片同轴同步转动,把测量片开启角度的变化(即进气量的变化)

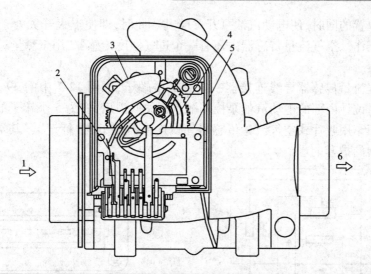

图 12-4　与测量片同轴的电位计
1-空气进口；2-电动汽油泵触点；3-平衡块；4-卷簧(复位弹簧)；5-电位计；6-空气出口

转换为电阻值的变化。电位计通过导线、连接器与 ECU 连接。ECU 根据电位计电阻的变化量或作用在其上的电压的变化量，测得发动机的进气量，如图 12-5 所示。

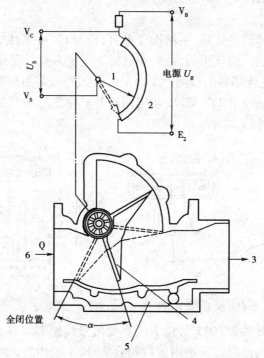

图 12-5　叶片式空气流量传感器工作原理
1-滑动臂；2-镀膜电阻；3-空气出口；4-旋转翼片(测量片)；5-旁通气道；6-空气进口

在叶片式空气流量传感器内，通常还有一个电动汽油泵开关，如图 12-6 所示。当发动机起动运转时，测量片偏转，该开关触点闭合，电动汽油泵通电运转；发动机熄火后，测量片在回转至关闭位置的同时,使电动汽油泵开关断开。此时,即使点火开关处于开启位置,电动汽油泵也不工作。空气流量传感器内还有一个进气温度传感器,用于测量进气温度,为进气量作温度补偿。

叶片式空气流量传感器导线连接器一般有7个端子,如图12-7中的39、36、6、9、8、7、27。但也有将电位计内部的电动汽油泵控制触点开关取消后,变为5个端子的。图12-7标出了日产和丰田车用叶片式空气流量传感器导线连接器端子的"标记"。其端子"标记"一般标注在连接器的护套上。

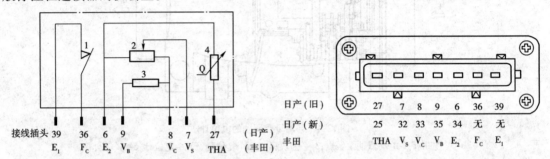

图12-6　叶片式空气流量传感器工作原理
1-电动汽油泵开关;2-可变电阻;3-固定电阻;4-热敏电阻（进气温度传感器）

图12-7　叶片式空气流量传感器导线连接器端子

叶片式空气流量传感器的优缺点:结构简单、价格便宜、可靠性好;但体积大、不便于安装、急加速时响应滞后较长、进气阻力大、必须进行大气压力和温度补偿等。

（2）叶片式空气流量传感器的检测。丰田车叶片式空气流量传感器的检测,图12-8所示为丰田PREVIA(大霸王)车2TZ-FE发动机用叶片式空气流量传感器电路原理图。其检测方法有就车检测和单件检测两种。

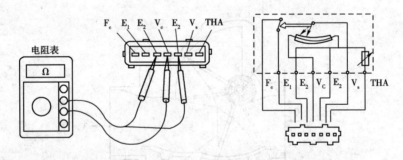

图12-8　丰田PREVIA(大霸王)车2TZ-FE发动机用叶片式空气流量传感器电路原理图

①就车检测。点火开关置"OFF",拔下该空气流量传感器导线连接器,用万用表Ω挡测量连接器内各端子间的电阻。其电阻值应符合表12-1的内容,如不符,则应更换空气流量传感器。

②单件检测。点火开关置"OFF",拔下空气流量传感器的导线连接器,拆下与空气流量传感器进气口连接的空气滤清器,拆开空气流量传感器出口处空气软管卡箍,拆除固定螺栓,取下空气流量传感器。

叶片式空气流量传感器各端子间的电阻（丰田 PREVIA 车）　　　　表 12-1

端　子	标准电阻(kΩ)	温度(℃)
$V_S - E_2$	0.2 ~ 0.60	—
$V_C - E_2$	0.20 ~ 0.60	—
	10.00 ~ 20.00	-20
	4.00 ~ 7.00	0
THA - E_2	2.00 ~ 3.00	20
	0.90 ~ 1.30	20
	0.40 ~ 0.70	60
$F_C - E_1$	不定	—

首先检查电动汽油泵开关，用万用表 Ω 挡测量 $E_1 - F_C$ 端子：在测量片全关闭时，$E_1 - F_C$ 间不应导通，电阻为∞；在测量片开启后的任一开度上，$E_1 - F_C$ 端子间均应导通，电阻为 0。然后用起子推动测量片，同时用万用表 Ω 挡测量电位计滑动触点 V_s 与 E_2 端子间的电阻（图 12-8）：在测量片由全闭至全开的过程中，电阻值应逐渐变小，且符合表 12-2 所示内容，如不符，则须更换空气流量传感器。丰田 CROWN 2.8L 轿车 5M - E 发动机的叶片式空气流量传感器各端子间电阻标准值见表 12-3。

叶片式空气流量传感器各端子间的电阻（丰田 PREVIA 车）　　　　表 12-2

端子	标准电阻(Ω)	测量片位置
$F_C - E_1$	∞	测量片全关闭
	0	测量片开启
$V_S - E_2$	20 ~ 600	全关闭
	20 ~ 1200	从全关到全开

叶片式空气流量传感器各端子间的电阻（丰田 CROWN2.8L 轿车 5M-E 发动机）　　表 12-3

端子	温度(℃)	测量片位置	标准电阻(kΩ)
$E_2 - V_S$	—	完全关闭	0.02
	—	从关闭到全开	0.02 ~ 1.00
$E_1 - F_C$	—	完全关闭	∞
	—	任何开度	0
$E_2 - THA$	0	—	4.00 ~ 7.00
	20	—	2.00 ~ 3.00
	40	—	0.90 ~ 1.30
	60	—	0.40 ~ 0.70
$E_2 - V_C$	—	—	0.10 ~ 0.30
$E_2 - V_B$	—	—	0.20 ~ 0.40
$E_2 - F_C$	—	—	∞

2)卡门涡旋式空气流量传感器的检查

(1)卡门涡旋式空气流量传感器的结构和工作原理,如图12-9所示。在进气管道正中间设有一个流线形或三角形的涡流发生器,当空气流经该涡流发生器时,在其后部的气流中会不断产生一列不对称却十分规则的被称为卡门涡流的空气涡流。根据卡门涡流理论,这个旋涡行列是紊乱地依次沿气流流动方向移动,其移动的速度与空气流速成正比,即在单位时间内通过涡流发生器后方某点的旋涡数量与空气流速成正比。因此,通过测量单位时间内涡流的数量就可计算出空气流速和流量。

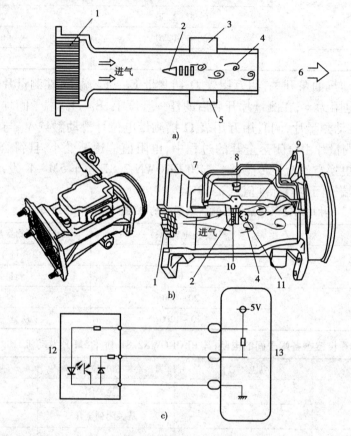

图12-9 卡门涡旋式空气流量传感器结构和工作原理

1-整流栅;2-涡流发生器;3-超声波发生器;4-卡门旋涡;5-至进气管;6-超声波接收器;7-反光镜;8-发光二极管;9-簧片;10-压力传递孔;11-光敏三极管;12-流量计内部电路;13-ECU

测量单位时间内旋涡数量的方法有反光镜检出式和超声波检出式两种。图12-10所示是反光镜检出式卡门涡旋式空气流量传感器,其内有一只发光二极管和一只光敏三极管。发光二极管发出的光束被一片反光镜反射到光敏三极管上,使光敏三极管导通。反光镜安装在一个很薄的金属簧片上。金属簧片在进气气流旋涡的压力作用下产生振动,其振动频率与单位时间内产生旋涡数量相同。由于反光镜随簧片一同振动,因此被反射的光束也以相同的频率变化,致使光敏三极管也随光束以同样的频率导通、截止。ECU根据光敏三极管导通、截止的频率即可计算出进气量。凌志LS400轿车即用了这种形式的卡门涡旋式空气流量传感器。

图 12-11 所示为超声波检出式卡门涡旋式空气流量传感器。在其后半部的两侧有一个超声波发射器和一个超声波接收器。在发动机运转时，超声波发射器不断地向超声波接收器发出一定频率的超声波。当超声波通过进气气流到达接收器时，由于受气流中旋涡的影响，使超声波的相位发生变化。ECU 根据接收器测出的相应变化的频率，计算出单位时间内产生旋涡的数量，从而求得空气流速和流量，然后根据该信号确定基准空气量和基准点火提前角。

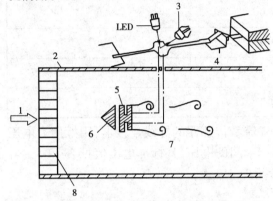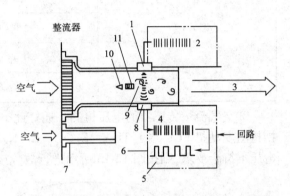

图 12-10 反光镜检出式卡门涡旋式空气流量传感器工作原理
1-空气进口；2-进气歧管；3-光敏三极管；4-簧片；5-压力基准孔；6-涡旋发生器；7-卡门旋涡；8-整流栅

图 12-11 超声波检出式卡门涡旋式空气流量传感器
1-超声波发射器；2-超声波发生器；3-通往发动机；4-与涡流对应的疏密声波；5-整形后的矩形波(脉冲)；6-接ECU；7-旁通气道；8-超声波接收器；9-卡门旋涡；10-涡流发生器；11-涡流稳定板

卡门涡旋式空气流量传感器的优点：响应速度快、进气阻力小、无磨损、结构紧凑、输出信号为脉冲信号且脉冲频率与流速成正比、容易检测和处理等；缺点：制造成本高、需要进行大气压力修正和温度修正。

（2）卡门涡旋式空气流量传感器的检测。以丰田凌志 LS400 轿车 1UZ-FE 发动机用反光镜检出式空气流量传感器为例。该传感器与 ECU 的连接电路如图 12-12 所示。

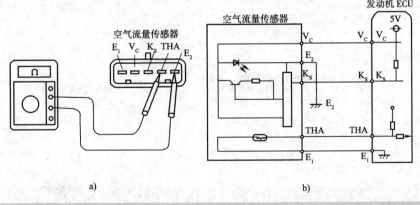

图 12-12 丰田凌志 LS400 轿车卡门涡旋式空气流量传感器与 ECU 的连接电路

①电阻检测。点火开关置"OFF",拔下空气流量传感器的导线连接器,用万用表电阻挡(图12-12)测量传感器上"THA"与"E_1"端子之间的电阻,其标准值见表12-4。如果电阻值不符合标准值,则更换空气流量传感器。

卡门涡旋式空气流量传感器 THA–E_1 端子间的电阻(丰田凌志 LS400 轿车)　　表12-4

端子	标准电阻(kΩ)	温度(℃)
THA–E_1	10.0	-20
	4.0~7.0	0
	2.0~3.0	20
	0.9~1.3	40
	0.4~0.7	60

②空气流量传感器的电压检测。插好此空气流量传感器的导线连接器,用万用表电压挡检测发动机 ECU 端子 THA–E_2、V_c–E_1、K_S–E_1 间的电压,其标准电压值见表12-5。若电压不符合要求,则按图12-13所示进行故障诊断。

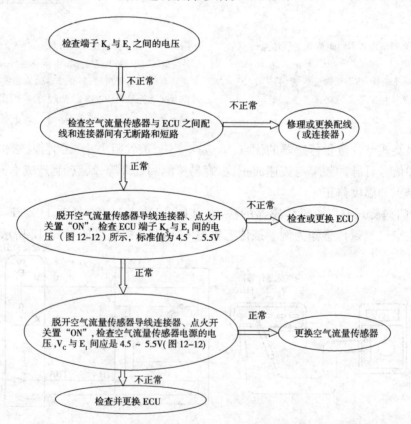

图12-13　丰田凌志 LS400 轿车卡门涡旋式空气流量传感器故障诊断

丰田凌志 LS400 轿车 1UZ–FE 发动机 ECU THA-E_2、V_C-E_1、K_S-E_1 端子电压　表 12-5

端　　子	电　　压(V)	条　　件
THA–E_2	0.5~3.4	怠速、进气温度20℃
	4.5~5.5	点火开关 ON
K_S–E_1	2.0~4.0(脉冲发生)	怠速
V_C–E_1	4.5~5.5	点火开关 ON

3) 热线式空气流量传感器的检查

(1) 热线式空气流量传感器的结构和工作原理。热线式空气流量传感器的基本结构由感知空气流量的白金热线(铂金属线)、根据进气温度进行修正的温度补偿电阻(冷线)、控制热线电流并产生输出信号的控制线路板以及空气流量传感器的壳体等元件组成。根据白金热线在壳体内的安装部位不同,热线式空气流量传感器分为主流测量、旁通测量方式两种结构形式。图 12-14 所示是采用主流测量方式的热线式空气流量传感器的结构图。它两端有金属防护网,取样管置于主空气通道中央,取样管由两个塑料护套和一个热线支承环构成。热线线径为 70μm 的白金丝(R_H),布置在支承环内,其阻值随温度变化,是惠斯顿电桥电路的一个臂(图 12-15)。热线支承环前端的塑料护套内安装一个白金薄膜电阻器,其阻值随进气温度变化,称为温度补偿电阻(R_K),是惠斯顿电桥电路的另一个臂。热线支承环后端的塑料护套上黏结着一只精密电阻(R_A)。此电阻能用激光修整,也是惠斯顿电桥的一个臂。该电阻上的电压降即为热线式空气流量传感器的输出信号电压。惠斯顿电桥还有一个臂的电阻 R_B 安装在控制线路板上。

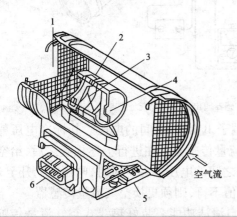

图 12-14　热线式空气流量传感器(主流测量方式)
1-防护网;2-取样管;3-白金热线;4-温度补偿电阻;
5-控制线路板;6-连接器

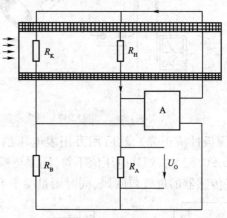

图 12-15　热线式空气流量传感器工作原理
A-混合集成电路;R_H-热线电阻;R_K-温度补偿电阻;
R_A-精密电阻;R_B-电桥电阻

热线式空气流量传感器的工作原理是:热线温度由混合集成电路 A 保持其温度与吸入空气温度相差一定值,当空气质量流量增大时,混合集成电路 A 使热线通过的电流加大,反之,则减小。这样,就使得通过热线 R_H 的电流是空气质量流量的单一函数,即热线电流 I_H 随空气质量流量增大而增大,或随其减小而减小,一般在 50~120mA 之间变化。波许 LH 形汽油喷射系统及一些高档轿车采用这种空气流量传感器,如别克、日产 MAXIMA(千里马)、沃尔沃、奥迪等。

热线式空气流量传感器优点是响应速度快、测量精度高、进气阻力小、无磨损、可以直接测量进气空气质量等;缺点是制造成本高、容易受到空气中灰尘玷污、影响精度、发动机回火时容易造成热线损坏等。

(2)热线式空气流量传感器的检测。

①日产 MAXIMA 车 VG30E 发动机热线式空气流量传感器的检测。图 12-16 所示为日产 VG30E 发动机热线式空气流量传感器的电路。

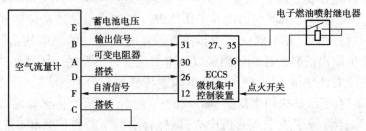

图 12-16　热线式空气流量传感器的电路

a. 检查空气流量传感器输出信号。拔下此空气流量传感器的导线连接器,拆下空气流量传感器。按图 12-17 所示,将蓄电池的电压施加于空气流量传感器的端子 D 和 E 之间

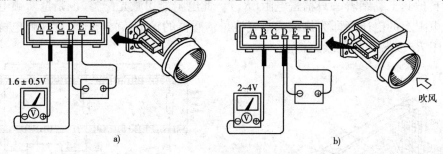

图 12-17　热线式空气流量传感器输出信号的检查

(电源极性应正确),然后用万用表电压挡测量端子 B 和 D 之间的电压。其标准电压值为 (1.6±0.5)V。如其电压值不符,则须更换空气流量传感器。在进行上述检查之后,给空气流量传感器的进气口吹风,同时测量端子 B 和 D 之间的电压。在吹风时,电压应上升至 2~4V。如电压值不符,则须更换空气流量传感器。

b. 检查自清洁功能。装好热线式空气流量传感器及其导线连接器,拆下此空气流量传感器的防尘网,起动发动机并加速到 2500r/min 以上。当发动机停转后 5s,从空气流量传感器进气口处,可以看到热线自动加热烧红(约 1000℃)约 1s。如无此现象发生,则须检查自清信号或更换空气流量传感器。

②日产 CA18E 型发动机热线式空气流量传感器的检查。

a. 就车检查。先拆下空气流量传感器的导线连接器(图 12-18),检查线束一侧 B 端子与搭铁间的电压,

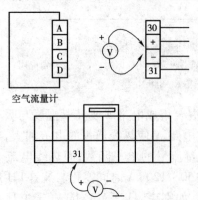

图 12-18　热线式空气流量传感器就车检查

其基准电压为12V。其次,则按单件检查方法检查端子31与搭铁端之间的电压。

b. 单件检查。如图12-19a)所示,在B、C两端子间加上12V电压,然后检查D、C两端子间的输出电压。这时应该注意,外加电压的端子不能接错(B端子与蓄电池的正接线柱相连,C端子与蓄电池的负接线柱相连)。如果接错就有可能损坏空气流量传感器。然后按图12-19b)所示,在吹入空气的情况下,测量空气流量传感器输出电压的变化,其标准为:当没有空气吹入时,电压约为0.8V;当有空气吹入时,电压约为2.0V。

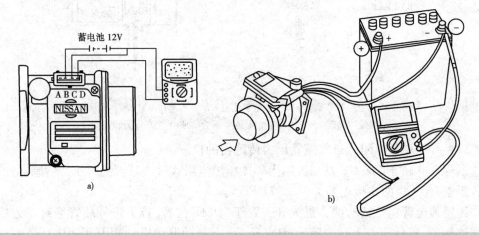

图12-19 热线式空气流量传感器单件检查

(1)在检查热线式空气流量传感器时,切不可将手指或工具伸入流量计进气通道内,以免损坏流量计的热线丝。

(2)清洁空气流量传感器时要用布将进气口堵住,以免灰尘进入发动机和空气流量传感器,损坏空气流量传感器。

3. 进气歧管压力传感器的工作原理及检测

进气歧管压力传感器是一种间接测量进入缸内空气量的传感器,应用于D形喷射系统中。它在汽油喷射系统中所起的作用和空气流量传感器相似。进气歧管绝对压力传感器根据发动机的负荷状态测出进气歧管内绝对压力(真空度)的变化,并转换成电压信号,与转速信号一起输送到电控单元(ECU),作为确定喷油器基本喷油量的依据。在当今发动机电子控制系统中,应用较为广泛的有半导体压敏电阻式、真空膜盒传动式两种。

1)半导体压敏电阻式进气歧管绝对压力传感器的检测

(1)结构原理。半导体压敏电阻式进气歧管绝对压力传感器(图12-20)由压力转换元件(硅膜片)和把转换元件输出信号进行放大的混合集成电路组成。压力转换元件是利用半导体的压阻效应制成的硅膜片。硅膜片的一侧是真空室,另一侧导入进气歧管压力,所以进气歧管内绝对压力越高,硅膜片的变形越大,其变形量与压力成正比。附着在薄膜上的应变电阻的阻值则产生与其变形量成正比的变化。利用这种原理,可把进气歧管内压力的变化变换成电信号。

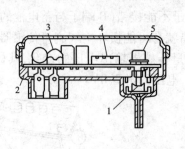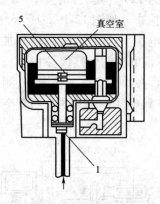

图12-20　半导体压敏电阻式进气歧管绝对压力传感器
1-滤清器;2-塑料外壳;3-MFI过滤器;4-混合集成电路;5-压力转换元件

(2)半导体压敏电阻式进气歧管压力传感器的检测。

①皇冠3.0轿车2JZ-GE发动机用半导体压敏电阻式进气歧管绝对压力传感器的检测。压力传感器与ECU的连接电路如图12-21所示。

a.传感器电源电压的检测。点火开关置于"OFF"位置,拔下进气歧管绝对压力传感器的导线连接器,然后将点火开关置于"ON"位置(不起动发动机),用万用表电压挡测量导线连接器中电源端V_C和搭铁端E_2之间的电压如图12-22所示,其电压值应为4.5~5.5V。如有异常,应检查进气歧管绝对压力传感器与ECU之间的线路是否导通。若断路,应更换或修理线束。

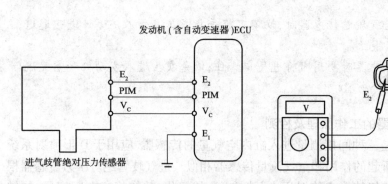

图12-21　半导体压敏电阻式进气歧管绝对压力传感器与ECU的连接电路(皇冠3.0)

图12-22　半导体压敏电阻式进气歧管绝对压力传感器电压检测

b.传感器输出电压的检测。将点火开关置于"ON"位置(不起动发动机),拆下连接进气歧管绝对压力传感器与进气歧管的真空软管(图12-23)。在ECU导线连接器侧用万用表电压挡测量进气歧管绝对压力传感器PIM-E_2端子间在大气压力状态下的输出电压(图12-24),并记下这一电压值;然后用真空泵向进气歧管绝对压力传感器内施加真空,从13.3kPa(100mmHg)起,每次递增13.3kPa(100mmHg),一直增加到66.7kPa(500mmHg)为止,然后测量在不同真空度下进气歧管压力传感器(PIM-E_2端子间)的输出电压。该电压应能随真空度的增大而不断下降。将不同真空度下的输出电压下降量与标准值相比较,如不符,应更换进气歧管压力传感器。皇冠 3.0 轿车 2JZ-GE 发动机和丰田 HIACE 小客车 2RZ-E 发动机进气歧管压力传感器的标准输出电压值见表 12-6。

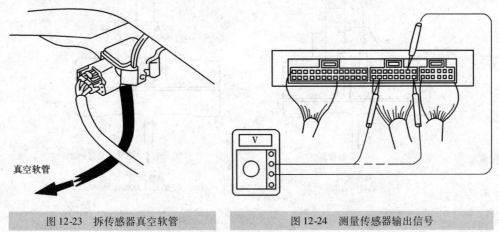

图 12-23 拆传感器真空软管　　图 12-24 测量传感器输出信号

进气歧管绝对压力传感器的真空度与输出电压的关系　　表 12-6

真空度 kPa(mmHg)	13.3(100)	26.7(200)	40.0(300)	53.5(400)	66.7(500)
电压值(V)	0.3~0.5	0.7~0.9	1.1~1.3	1.5~1.7	1.9~2.1

②北京切诺基轿车用半导体压敏电阻式进气歧管绝对压力传感器的检测。压力传感器与 ECU 的连接如图 12-25 所示。传感器与 ECU 有 3 根导线相连:ECU 向传感器供电的电源线(输入传感器的电压为 4.8~5.1V)、传感器的信号输出线和传感器的搭铁线。在发动机怠速运转时,进气歧管的真空度高(绝对压力低),传感器的电阻值大,如图 12-26 所示,传感器输出 1.5~2.1V 的低电压信号;当节气门全开时,进气歧管真空度低(绝对压力高),传感器电阻小,传感器输出 3.9~4.8V 的高电压信号。

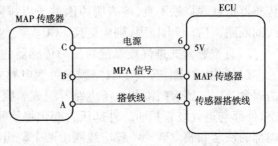

图 12-25 压力传感器与 ECU 的连接电路(北京切诺基)

　　a. 传感器电源电压的检测。用万用表电压挡测试 ECU 线束端子 6 的电压值。当点火开关接通(ON)时,该电压应为(5±0.5)V;再用万用表测试传感器端子 C 电压值,其电压值也应为(5±0.5)V。如不符,则为传感器电源线断路或连接器接触不良。

　　b. 传感器、输出电压信号值的检测。用万用表的电压挡测试传感器端子 B 的输出电压。当点火开关接通(ON)而发动机未起动时,传感器的输出电压值应为 4~5V;当发动机在热机空挡怠速运转时,输出电压应降到 1.5~2.1V。此时,如从 ECU 线束侧 1 端子处测试,其电压值也应是上述数值;如不符,则为传感器信号连线断路或连接器接触不良。

　　c. 测试传感器的搭铁情况。用万用表 Ω 挡,从传感器的端子 A 处,测试其搭铁电阻。如电阻值不为零或电阻值较大,多数为导线断线或 ECU 插接件连接不良,应予修理或更换线束。

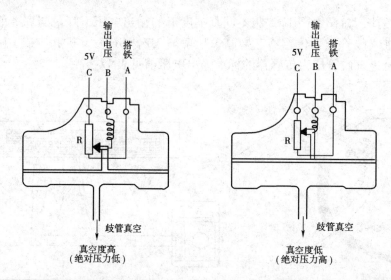

图 12-26 压力传感器的工作示意图

d. 测试 ECU 传感器搭铁线的搭铁情况。用万用表 Ω 挡测试 ECU 传感器搭铁线（端子 4）与 ECU 电源搭铁线（端子 11 或 12）间的电阻值及 ECU 电源搭铁线（端子 11 或 12）与发动机搭铁线接线柱（发动机搭铁线在汽缸体右侧机油尺管的安装螺栓上）之间的电阻值。若它们之间的电阻值均为 0Ω 或 <1Ω，传感器搭铁线搭铁良好；若电阻值 >1Ω 或更大，则传感器搭铁线搭铁不良，应查明原因并予以排除。若 ECU 传感器搭铁线与 ECU 电源搭铁线间断路，且查不出原因，则应更换 ECU。

2）真空膜盒式进气歧管绝对压力传感器的检测

（1）结构和工作原理。真空膜盒可变电感式进气歧管绝对压力传感器（图 12-27）主要由膜盒、铁芯、感应线圈和电子电路等组成。膜盒是由薄金属片焊接而成，其内部被抽成真空，外部与进气歧管相通。外部压力变化将使膜盒产生膨胀和收缩的变化。置于感应线圈内部的铁芯和膜盒联动。感应线圈由两个绕组构成（图 12-28），其中一个与振荡电路相连，产生交流电压，在线圈周围产生磁场，另一个为感应绕组，产生信号电压。当进气歧管压力变化时，膜盒带动铁芯在磁场中移动，使感应线圈产生的信号电压随之变化。该信号电压由电子电路检波、整形和放大后，作为传感器的输出信号送至 ECU。

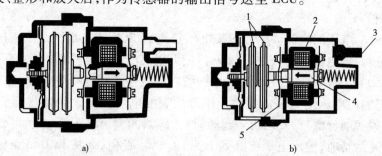

图 12-27 真空膜盒式进气歧管绝对压力传感器结构
1-膜盒；2-感应线圈；3-至进气歧管；4-铁芯；5-复位弹簧

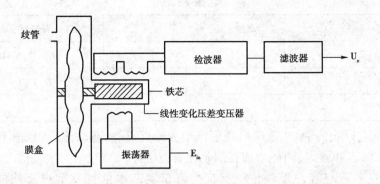

图 12-28　真空膜盒式进气歧管绝对压力传感器基本工作原理

（2）传感器输出信号电压值的检测。由于这种传感器（早期波许 D-Jetronic 系统用）是利用 12V 电源完成变压作用的,所以拔下插座就无法检查传感器的好坏。检测时,将万用表（电压挡）的表笔分别插入导线连接器与两端子接触（图 12-29）,测量其输出电压。测量方法如下：在不动插座的情况下闭合点火开关（ON）,将万用表表笔与 V_s、E 端子接触。在开放真空管道、加上大气压的情况下,电压值约为 1.5V,而在用嘴巴对真空管道吸气的情况下,电压值应从 1.5V 起向降低方向变化；发动机怠速运转时,电压值约为 0.4V,而当发动机转速升高时,此电压值也升高。

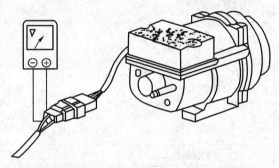

图 12-29　测量真空膜盒式进气歧管绝对压力传感器的输出电压

二、实 践 操 作

1. 实践准备

干净的抹布、常用工具、解码器、汽车专用万用表、丰田花冠发动机台架、丰田花冠汽车 2 辆、相关维修手册等。

2. 技术要求及注意事项

（1）先关闭点火开关,再拔下空气流量传感器连接器；

（2）连接传感器端子时,先关闭点火开关,再连接端子；

（3）严禁短路或试火；

（4）拆下空气流量传感器时,要轻拿轻放,且避免灰尘进入空气流量传感器内。

（5）空气流量传感器里有灰尘时,不能用螺丝刀、铁丝等硬东西伸入空气流量传感器里除尘。

3. 实践操作

（1）用万用表测量丰田花冠汽车的空气流量传感器的电阻。将所测电阻填入表 12-7 中。

电 阻 测 量 表 12-7

条 件	测量电阻	标准电阻值(kΩ)
-20℃		13.6~18.4
20℃		2.21~2.69
60℃		0.49~0.67

（2）某位车主反映一辆09款丰田花冠汽车故障灯点亮，起动困难、怠速不稳、动力性能下降、加速时有回火和放炮、油耗增加且偶尔伴有爆震。

①车辆信息登记与客户反映情况登记。将车辆基本信息及客户反映的情况填入表12-8。

车辆基本信息及客户反映情况登记表 表 12-8

项 目	内 容
车辆型号(VIN码)	（查后填写）
发动机型号	（查后填写）
车辆外观检查	□正常　□不正常
客户反映	故障灯点亮、起动困难、怠速不稳、动力性能下降、加速时有回火和放炮、油耗增加且偶尔伴有爆震
维修接待的维修意见	检查空气流量传感器及其电路、检查发动机ECU

②按以下步骤确认故障，并将观察到的现象记录下来。
起动发动机，观察发动机出现的现象，并打"√"
□发动机起动困难或无法起动；
□发动机排气管冒黑烟；
□发动机怠速过低；
□发动机怠速过高；
□加速时发动机运转无力；
□加速时听见进气管有回火声；
□偶尔有爆震。

③外观目测。打开发动机盖。空气流量计的外观目测：
a. 线束连接器是否连接良好？　　　　　　　　　　□是　□否
b. 拔出线束连接器，观察是否有锈蚀、松动。　　　□是　□否
c. 传感器外壳是否有裂纹或其他损坏？　　　　　　□是　□否
d. 流量计金属两端的金属网格是否损坏？　　　　　□是　□否

④该车使用何种空气流量计？
□叶片式流量计　　　□热线式或热膜式　　　□进气压力传感器

⑤用万用电表测试该车的空气流量计的信号电压。将所测的信号电压填入表12-9，并查维修手册，找出对应的标准电压。

学习任务十二 空气流量传感器的检测与更换

信号电压与真空度的对应关系　　　　　　　　　　　　　　　　　　　　　　表12-9

真空度 kPa(mmHg)	13.3(100)	26.7(200)	40.0(300)	53.5(400)	66.7(500)
测量电压值(V)					
标准电压值(V)					

⑥用万用电表测量空气流量计与ECU之间的线束电阻，并作出判断。

(3) 测试进气歧管压力传感器与喷油脉宽的关系，以天津丰田2NZ-FZ发动机为例，按照下列步骤进行：

①拔下进气歧管压力传感器真空软管，用真空枪连接真空软管，施加66.7kPa的真空；
②连接手持式汽车诊断电脑，进入数据流测试功能，选择喷油脉冲宽度、进气量等数据流；
③起动发动机、热车、使冷却液温度达到正常工作温度；
④节气门保持不变，利用真空枪改变真空管的真空度，观察喷油脉冲宽度的变化，并将数据填入表12-10。

测量进气量与喷油脉宽　　　　　　　　　　　　　　　　　　　　　　　　表12-10

真空管真空度(kPa)	进气量(g/s)	喷油脉宽(ms)
66.7		
50		
40		
30		
20		
10		

根据上述结果，你的结论是：随着真空度的减小，进气歧管压力将_____(增加/减小)，进气量将_____(增加/减小)，喷油脉宽将_____(增加/减小)，即喷油量_____(增加/减小)。

三、学习拓展

(1) 失效保护：在发动机运转过程中，空气流量传感器的信号电压应在0.5～4.5V之间，怠速时应在0.5～1.5V之间，节气门全开时应在2.5～4.5V之间。如果怠速时传感器电压突然变成零，发动机控制模块就命令控制程序不采纳空气流量传感器的信号，而是根据节气门开度信号和发动机转速信号计算出当时进气量的近似值，用近似值代替空气流量传感器的输入值，使发动机能维持运转。

(2) 某些空气流量传感器具有自洁电路，如奥迪A6轿车，在发动机熄火后，自动将热线加热至1000℃，持续1s时间，将灰尘烧掉；也有一些热线式空气流量传感器将保持温度提高至200℃,防止污染物沾污热线。

四、评价与反馈

1. 自我评价与反馈

(1)能否主动参与空气流量传感器的检测?(　　)
　　A. 主动完成　　　　B. 被动完成　　　　C. 没有完成
(2)完成本学习任务后,你对维修手册等资料的使用是否快速和规范?(　　)
　　A. 快速规范　　　　B. 规范但不熟练　　C. 不会使用
(3)你能否正确规范地完成对空气流量传感器的检测判断?(　　)
　　A. 独立完成　　　　B. 小组合作完成　　C. 在老师指导下完成
(4)空气流量传感器有哪些常见故障?对发动机性能有何影响?
　　_____
　　_____
　　_____

(5)下次遇到类似的学习任务应如何改善从而提高学习效果?
　　_____
　　_____
　　_____

(6)你在本学习任务中遇到的困难是什么?你是如何解决的?
　　_____
　　_____
　　_____

　　　　　　　　　　　　签名:_____　_____年_____月_____日

2. 小组评价与反馈

(1)是否主动参与小组讨论?(　　)
　　A. 主动　　　　　　B. 被动　　　　　　C. 未参与
(2)是否完成本学习任务的学习目标?(　　)
　　A. 完成且效果好　　B. 完成但效果不好　C. 未完成
(3)是否积极学习,不懂的是否积极向别人请教,是否积极帮助他人学习?(　　)
　　A. 积极学习　　　　B. 积极请教　　　　C. 积极帮助他人　　　D. 三者都不积极
(4)零件、工具与油污是否有落地,是否保持作业现场的整洁?(　　)
　　A. 无掉地且场地整洁　　　　　　B. 有零件、工具掉地
　　C. 有油污掉地　　　　　　　　　D. 未保持作业现场的整洁
(5)操作过程中是否注意维修质量且有责任心?(　　)
　　A. 注意质量,有责任心　　　　　B. 不注意质量,有责任心
　　C. 注意质量,没有责任心　　　　D. 全无
(6)在团队学习中的主动性与合作情况如何?(　　)

A. 好　　　　　B. 较好　　　　C. 一般

参与评价的同学签名：_____　_____年_____月_____日

3. 教师评价及答复

_____

_____

教师签名：_____　_____年_____月_____日

五、技能考核标准

序号	项目	操作内容	规定分	评分标准	得分
1	准备	清点工量具、清理工位； 打开并支撑发动机罩； 安装汽车保护罩	5分 5分 5分	酌情扣分； 酌情扣分； 酌情扣分	
2	检查	外观检查； 用解码器读故障码； 用万用表检测空气流量传感器的电阻、电压； 用万用表检测空气流量传感器的信号电压； 用万用表检测空气流量传感器与ECU之间的线束	5分 5分 10分 5分 10分	酌情扣分； 操作方法不正确、未读取故障码扣5分； 操作方法正确，读取数据不准确扣1~10分； 操作方法正确，读取数据不准确扣1~5分； 操作方法正确，读取数据不准确扣1~10分	
3	拆卸	拆空气流量传感器连接器； 拆空气流量传感器	5分 5分	操作不当扣1~5分； 操作不当扣1~5分	
4	安装	安装空气流量传感器； 安装空气流量传感器与线束连接器	5分 5分	安装方法不正确扣1~5分； 安装方法不正确扣1~5分	
5	完成时限	45min	10分	超时1~5min扣1~5分；超时5min以上扣10分	
6	安全文明	无安全隐患,无不文明操作	10分	未达标扣1~10分	
7	结束	工具、量具清洁并归位； 工作场地清洁	5分 5分	漏一项扣1分，未做扣5分； 清洁不彻底扣1~5分，未做扣5分	
		总分	100分		

学习任务十三　节气门位置传感器的检测与更换

任务要求

完成本学习任务后,你应:
1. 知道节气门位置传感器的种类、作用及工作原理;
2. 知道节气门位置传感器的检查方法和技术要求;
3. 能规范地检查节气门位置传感器;
4. 能分析节气门位置传感器对车辆性能的影响;
5. 能正确分析节气门位置传感器的波形。

建议学时:8 学时

任务描述

一辆丰田卡罗拉 1.8GLX-i 轿车,发动机故障灯点亮,同时发动机起动困难、性能不佳、怠速不稳、容易熄火,经维修人员提取故障码,检测出与节气门位置传感器相关的故障码,需对节气门位置传感器及电路进行检测,确定故障部位,以便维修或更换。

一、理论知识准备

节气门位置传感器是发动机控制系统中必不可少的传感器之一,主要用来检测节气门的开度和节气门开闭的速率。节气门位置信号是控制喷油量、点火正时、怠速转速和尾气排放的一个比较重要的参考信号。

1. 节气门位置传感器的作用

节气门位置传感器的作用是将节气门打开角度转变成电压信号传输到 ECU。ECU 根据此信号决定控制方式并对喷油时间进行修正;同时作为 AT 的换挡切换点的依据;当 MAF、MAP 有故障时,可由节气门位置传感器与发动机转速计算进气量(即备用控制喷油)。

节气门位置传感器安装在节气门轴上,随着节气门的转动,传感器上的滑动触点随之在电位计上滑动,将发动机的负荷及节气门开度信息以电压形式输入 ECU,作为发动机 ＿＿＿＿、＿＿＿＿、＿＿＿＿及尾气排放控制中重要的＿＿＿＿(主控/修正)信号。

2. 节气门位置传感器的种类

根据运用原理不同,节气门位置传感器主要有三种类型:开关式、线性电阻式、综合型(既有开关又有线性可变电阻),目前应用最广泛的是线性电阻式。

3. 节气门位置传感器的结构、原理、检测及调整

1)开关量输出型节气门位置传感器的结构、原理及检测

(1)结构和电路原理。开关量输出型节气门位置传感器又称为节气门开关。它有两副触点,分别为怠速触点(IDL)和全负荷触点(PSW)。如图 13-1 所示,由一个和节气门同轴

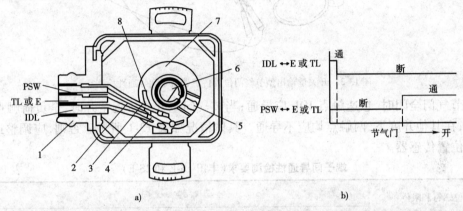

图 13-1 开关量输出型节气门位置传感器的结构与电压输出信号
1-连接器;2-动触点;3-全负荷触点;4-怠速触点;5-控制臂;6-节气门轴;7-凸轮;8-槽

的凸轮控制两开关触点的开启和闭合。当节气门处于全关闭的位置时,怠速触点 IDL 闭合,ECU 根据怠速开关的闭合信号判定发动机处于怠速工况,从而按怠速工况的要求控制喷油量;当节气门打开时,怠速触点打开,ECU 根据这一信号进行从怠速到小负荷的过渡工况的喷油控制;全负荷触点在节气门由全闭位置到中小开度范围内一直处于开启状态,当节气门打开至一定角度(丰田 1G-EU 车为 55°)的位置时,全负荷触点开始闭合,向 ECU 送出发动机处于全负荷运转工况的信号,ECU 根据此信号进行全负荷加浓控制。丰田 1G-EU 发动机电子控制系统用的开关量输出型节气门位置传感器与 ECU 的连接线路如图 13-2 所示。

(2)开关量输出型节气门位置传感器的检测(丰田 1S-E 和 2S-E)。

①就车检查端子间的导通性。点火开关置于"OFF"位置,拔下节气门位置传感器连接器,在节气门限位螺钉和限位杆之间插入适当厚度的厚薄规;如图 13-3 所示,用万用

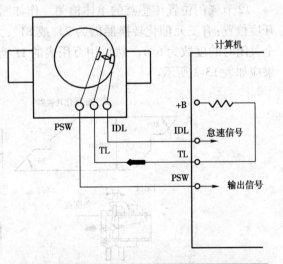

图 13-2 开关量输出型节气门位置传感器与 ECU 的连接线路图(丰田 1G-EU)

表 Ω 挡在节气门位置传感器连接器上测量怠速触点和全负荷触点的导通情况。

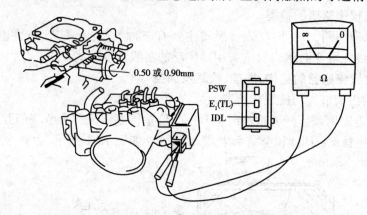

图 13-3 开关量输出型节气门位置传感器端子间导通性检测

当节气门全闭时,怠速触点 IDL 应导通;当节气门全开或接近全开时,全负荷触点 PSW 应导通;在其他开度下,两触点均应不导通。具体情况如表 13-1 所示。否则,应调整或更换节气门位置传感器。

端子间导通性检测要求(丰田 1S-E 和 2S-E)　　　　表 13-1

限位螺钉和限位杆之间的间隙	端　子		
	IDL-E(TL)	PSW-E(TL)	IDL-PSW
0.5mm	导通	不导通	不导通
0.9mm	不导通	不导通	不导通
节气门全开	不导通	导通	不导通

②节气门位置传感器的单体检测。作如图 13-4 所示的直角坐标图,使节气门处于下列开度位置:有三元催化转换器的为 71°或 81°,无三元催化转换器的为 41°或 51°(节气门完全关闭时的度数为 6°)。然后用万用表的 Ω 挡(图 13-5a),检查每个端子间的导通性,其结果应如表 13-2 所示。

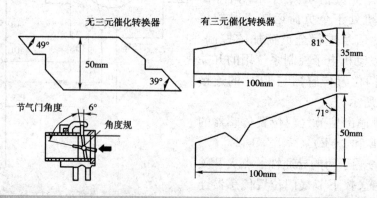

图 13-4　直角坐标图

学习任务十三 节气门位置传感器的检测与更换

端子间的导通性检查要求(丰田 1S-E 和 2S-E)　　表 13-2

节气门开度	有三元催化转换器			节气门开度	无三元催化转换器		
	IDL-E(TL)	PSW-E(TL)	IDL-PSW		IDL-E(TL)	PSW-E(TL)	DL-PSW
从垂直位置起7.5°	导通	不导通	不导通	从垂直位置起7.5°	导通	不导通	不导通
从垂直位置起71°	不导通	不导通	不导通	从垂直位置起41°	不导通	不导通	不导通
从垂直位置起81°	不导通	导通	不导通	从垂直位置起51°	不导通	导通	不导通

(3)开关量输出型节气门位置传感器的调整。如果检查结果不符合要求,可进行如下调整:松开节气门位置传感器的两个固定螺钉,在节气门限位螺钉和限位杆之间插入0.7mm(丰田1G-EU车为0.55mm)的厚薄规,并将万用表 Ω 挡的接头连接节气门位置传感器端子 IDL 和 E_1(TL)(图 13-5b),逆时针平稳地转动节气门位置传感器,直到万用表有读数显示,并用两只螺钉固定;然后再换用 0.50mm 或 0.90mm(丰田 1G-EU 车为 0.44mm 或 0.66mm)的厚薄规,检查端子 IDL-E_1(TL)之间的导通性:限位杆和限位螺钉之间的间隙为 0.5mm(丰田 16EU 车为 0.44mm)时导通(万用表读数为零);间隙为 0.9mm(丰田 1G-EU 车为 0.66mm)时不导通(万用表 Ω 挡读数为 ∞)。

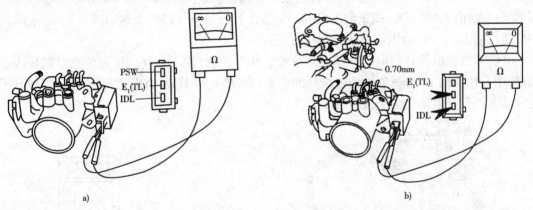

图 13-5　端子间导通性检查

2)线性可变电阻输出型节气门位置传感器的结构、原理、检测及调整

(1)结构和电路原理。线性可变电阻输出型节气门位置传感器是一种线性电位计,电位计的滑动触点由节气门轴带动。其结构和电压信号输出特性如图 13-6 所示。在不同的

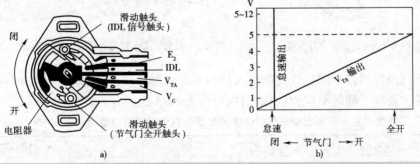

图 13-6　线性可变电阻输出型节气门位置传感器的结构与特性
a)结构;b)特性

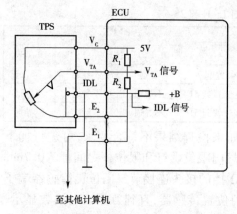

图13-7 线性可变电阻输出型节气门位置传感器与ECU的连接线路

节气门开度下,电位计的电阻也不同,从而将节气门开度转变为电压信号输送给ECU。ECU通过节气门位置传感器,可以获得表示节气门由全闭到全开所有开启角度的、连续变化的电压信号,以及节气门开度的变化速率,从而更精确地判定发动机的运行工况。一般在这种节气门位置传感器中,也设有一怠速触点IDL,以判定发动机的怠速工况。线性可变电阻输出型节气门位置传感器与ECU的连接线路如图13-7所示。

(2) 线性可变电阻输出型节气门位置传感器的检测(以皇冠3.0为例)。

① 怠速触点导通性检测。点火开关置于"OFF"位置,拔去节气门位置传感器的导线连接器,用万用表Ω挡在节气门位置传感器连接器上测量怠速触点IDL的导通情况(图13-8)。当节气门全闭时,IDL-E_2端子间应导通(电阻为零);当节气门打开时,IDL-E_2端子间应不导通(电阻为∞)。否则应更换节气门位置传感器。

② 测量线性电位计的电阻。点火开关置于OFF位置,拔下节气门位置传感器的导线连接器,用万用表的Ω挡测量线性电位计的电阻(图13-9中E_2和IDL之间的电阻),该电阻应能随节气门开度增大而呈线性增大。

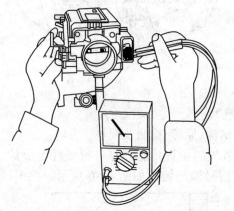

图13-8 检查怠速触点导通情况

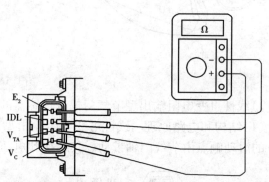

图13-9 线性可变电阻输出型节气门位置传感器的检测

在节气门限位螺钉和限位杆之间插入适当厚度的厚薄规,用万用表Ω挡测量此传感器导线连接器上各端子间的电阻,其电阻值应符合表13-3的内容。

线性可变电阻输出型节气门位置传感器各端子间的电阻值(皇冠3.0车)　　表13-3

限位螺钉与限位杆间隙(或节气门开度)	端子名称	电阻值
0	V_{TA}-E_2	0.34~6.30kΩ
0.45mm	IDL-E_2	0.50kΩ或更小

续上表

限位螺钉与限位杆间隙（或节气门开度）	端子名称	电阻值
0.55mm	IDL – E_2	∞
节气门全开	V_{TA} – E_2	2.40~11.20kΩ
—	V_C – E_2	3.10~7.20kΩ

③电压检查。插好节气门位置传感器的导线连接器，当点火开关置"ON"位置时，发动机ECU连接器上IDL、V_C、E_2 3个端子处应有电压；用万用表电压挡检测IDL – E_2、V_C – E_2、V_{TA} – E_2 间的电压值应符合表13-4的内容。

节气门位置传感器各端子电压值　　　　表13-4

端子	条件	标准电压
IDL – E_2	节气门全开	9~14V
V_C – E_2	—	4.0~5.5V
V_{TA} – E_2	节气门全闭	0.3~0.8V
	节气门全开	3.2~4.9V

（3）节气门位置传感器的调整。拧松节气门位置传感器的两个固定螺钉（图13-10a），在节气门限位螺钉和限位杆之间插入0.50mm的厚薄规，同时用万用表Ω挡测量IDL和E_2的导通情况（图13-10b）。逆时针转动节气门位置传感器，使怠速触点断开，然后按顺时针方向慢慢转动节气门位置传感器，直至怠速触点闭合为止（万用表有读数显示），拧紧节气门位置传感器的两个固定螺钉。再先后用0.45mm和0.55mm的厚薄规插入节气门限位螺钉和限位杆之间，测量怠速触点IDL和E_2之间的导通情况。当厚薄规为0.45mm时，IDL和E_2端子间应导通；当厚薄规为0.55mm时，IDL和E_2端子间应不导通。否则，应重新调整节气门位置传感器。

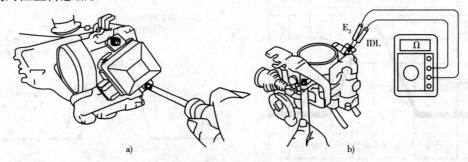

图13-10 节气门位置传感器的调整
a）拧松固定螺钉；b）测量端子IDL和E_2的导通情况

4. 节气门位置传感器对车辆性能的影响

节气门位置传感器出现故障，往往影响发动机的怠速和加速性能，造成发动机怠速不稳、无怠速、加速不良等现象。节气门位置传感器信号还是电控自动变速器中重要的换挡信号，当它出现故障时，将导致自动变速器产生换挡冲击等故障。

5. 节气门位置传感器波形分析

1)线性输出型节气门位置传感器信号波形分析

(1)波形检测方法。

①连接好波形测试设备,探针接传感器信号输出端子,鳄鱼夹搭铁;

②打开点火开关,发动机不运转,慢慢地让节气门从关闭位置到全开位置,并重新返回至节气门关闭位置。反复这个过程几次。这时波形应如图13-11所示铺开在显示屏上。

(2)线性输出型节气门位置传感器信号波形分析。

①查阅车型维修手册,以得到精确的电压范围,通常传感器的电压应从怠速时的低于1V到节气门全开时的低于5V。

②波形上不应有任何断裂、搭铁尖峰或大跌落。

③应特别注意在前1/4节气门开度中的波形,这是在驾驶中最常用到传感器炭膜的部分。传感器的前1/8至1/3的炭膜通常首先磨损。

④有些车辆有两个节气门位置传感器。一个用于发动机控制,另一个用于变速器控制。

⑤发动机节气门位置传感器传来的信号与变速器节气门位置传感器操作相对应。

⑥变速器节气门位置传感器在怠速运转时产生低于5V的电压,在节气门全开时变到低于1V。

⑦特别应注意达到2.8V处的波形,这是传感器的炭膜容易损坏或断裂的部分。

⑧在传感器中磨损或断裂的炭膜不能向发动机ECU提供正确的节气门位置信息,所以发动机ECU不能为发动机计算正确的混合气命令,从而引起汽车驾驶性能问题。

⑨如果波形异常,则更换线性输出型节气门位置传感器。

线性输出型节气门位置传感器正常波形如图13-12所示。

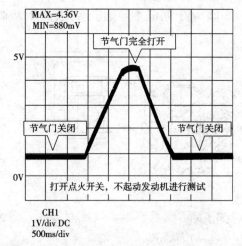

图13-11 线性输出型节气门位置传感器标准波形图

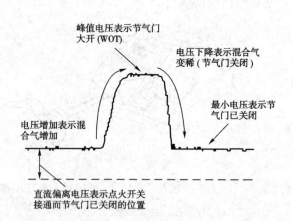

图13-12 线性输出型节气门位置传感器的正常波形

线性输出型节气门位置传感器信号的典型故障波形如图13-13所示。

2)开关量输出型节气门位置传感器信号波形分析

(1)开关量输出型节气门位置传感器的信号波形检测同线性输出型节气门位置传

感器。

(2)它是由两个开关触点构成的一个旋转开关,一个常闭触点构成怠速开关,节气门处在怠速位置时,它位于闭合状态,将发动机 ECU 的怠速输入信号端搭铁,发动机 ECU 接到这个信号后,即可使发动机进入怠速控制,或者控制发动机"倒拖"状态时停止喷射燃油;另一个常开触点构成全功率触点,节气门开度达到全负荷状态时,将发动机 ECU 的全负荷输入信号端搭铁,发动机 ECU 接到这个信号后,即可使发动机进入全负荷加浓控制状态。

开关量输出型节气门位置传感器的信号波形及其分析如图 13-14 所示。如果波形异常,则应更换开关量输出型节气门位置传感器。

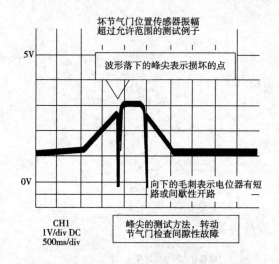

图 13-13　线性输出型节气门位置传感器信号的典型故障波形

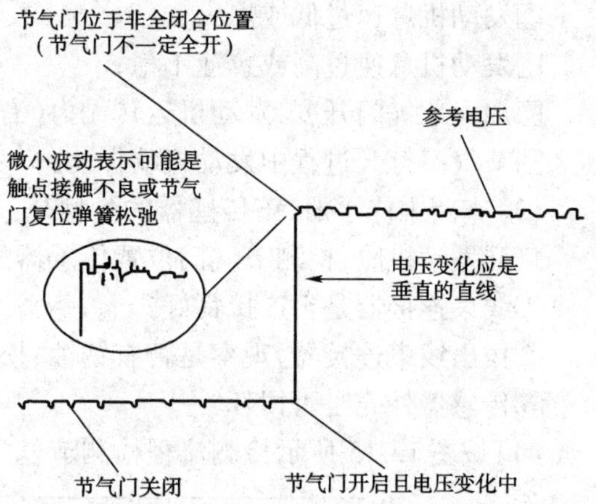

图 13-14　开关量输出型节气门位置传感器的信号波形及其分析

二、实 践 操 作

1. 实践准备

干净的抹布、常用工具、解码器、汽车专用万用表、丰田卡罗拉发动机台架、丰田卡罗拉轿车一辆、相关维修手册等。

2. 技术要求及注意事项

(1)先关闭点火开关,再拔下节气门位置传感器连接器;

(2)连接传感器端子时,先关闭点火开关,再连接端子;

(3)严禁短路或试火;

(4)拆下节气门位置传感器时,要轻拿轻放;

(5)不得随意更改节气门位置传感器基本参数的设置,以免损坏发动机。

3. 实践操作

一辆丰田卡罗拉 1.8GLX-i 轿车的故障灯点亮、发动机怠速不稳、有时无怠速、加速不良且容易熄火。

(1)记录车辆基本信息及客户反映的情况(表 13-5)。

车辆基本信息及客户反映的情况　　　　　　表13-5

项　目	内　容
车辆型号（VIN码）	（查后填写）
发动机型号	（查后填写）
车辆外观检查	□正常　　□不正常
客户反映	故障灯点亮，发动机起动困难、怠速不稳且容易熄火
维修接待的维修意见	检查节气门位置传感器，检查发动机ECU

（2）按以下步骤确认故障症状，并将观察到的现象记录下来。

起动发动机，观察发动机出现的现象，并打"√"

□发动机怠速过低或熄火；

□发动机怠速过高或怠速不稳；

□加大节气门开度，发动机运转无力（有负荷情况下）；

□节气门打开过程中发动机喘振。

（3）查阅维修手册，该传感器的类型是：＿＿＿＿＿＿＿＿

打开发动机舱，检测节气门位置传感器的外观：

①线束连接器是否连接良好？　　　　　　　□是　□否

②拔出线束连接器，观察是否有锈蚀、松动。　□是　□否

③传感器外壳是否损坏？　　　　　　　　　□是　□否

（4）按图13-15所示检测流程检测节气门位置传感器。

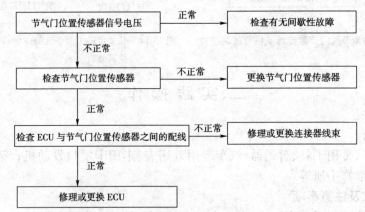

图13-15　节气门位置传感器检测流程图

（5）查阅维修手册，将节气门位置传感器电路图画在下列空白处，并对电路进行分析。

（6）关掉点火开关，检测节气门位置传感器各端子电阻，并与标准值对比，给出相应的维修建议。

①5V工作电压线与传感器搭铁端子之间：

电阻值：_____ 标准值：_____

②信号线与传感器搭铁端子之间：

电阻值：_____ 标准值：_____

③将节气门由全闭逐渐开启到最大，测量 TPS 与 E_2 端子之间的电阻：

电阻变化由_____变化至_____，标准值：_____

(7)打开点火开关，检测节气门位置传感器信号电压并查询维修手册找出标准电压，记录在表13-6中。

信号电压记录表　　　　　　　　　表13-6

条　件	测量电压(V)	标准电压(V)
节气门全开		
节气门全闭		

(8)用解码器读出节气门位置传感器信号波形，并进行分析判断。

(9)通过以上检测，节气门位置传感器能否继续使用？

□能继续使用　　　□更换

小提示

1. 万用表不能测带电零件的电阻；
2. 汽车在发动时，不能断开蓄电池，以免烧坏电脑；
3. 汽车电门锁开时，不能随意拔插汽车传感器插头；
4. 不能用试灯去测试任何和电脑相连接的电气装置；
5. 不能带电拔插解码器插头；
6. 开机前，确保各元件之间的连接良好，以免出现故障；
7. 在点火开关 ON 的情况下，不得随意拔下传感器插头或仪器测试线；
8. 对于需开机测试的项目，首先连接仪器及其他接线，然后再打开点火开关；
9. 不得在测试过程中随意起动或加速，应严格按照测试要求进行；
10. 不得随意更改基本参数的设置，以免损坏发动机。

三、学习拓展

1. 断油控制

(1)断油控制的作用：降低发动机转速和燃油消耗，改善尾气排放。

(2)断油控制分为：超速断油控制（当转速高于极限转速 6000~7000r/min）、减速断油控制、溢油消除功能（因此，电子控制汽油喷射式发动机在起动时，不必踩下加速踏板，否则有可能进入溢油消除状态而使发动机无法起动)、减转矩断油控制(自动变速器在升挡时,电脑会中断个别缸喷油,以降低发动机转速,从而减轻换挡冲击)。

(3)断油控制的工作原理:在发动机急减速过程中,节气门突然关闭,而此时发动机由于惯性还保持在较高的转速,发动机转速还没有下降到设定转速之前,发动机控制模块(ECU)判定此时为不需要供给燃油的减速状态,停止燃油供应。当发动机转速降到接近怠速转速时,重新开始喷油。

2. 节气门开度对喷油量的影响

(1)汽车在节气门全开情况下大负荷行驶时,为了确保车辆动力性,往往将空燃比设定在12.5∶1,缺点是不能利用氧传感器信号进行闭环控制。

(2)在发动机加速和减速过程中,发动机控制模块根据节气门位置传感器和空气流量传感器(进气歧管压力传感器)来识别发动机是否处于减速运行状态,以便对混合气的浓度进行修正。节气门开启的速度越快,进气量变化(增加)越大,喷油量就越大;节气门关闭的速度越快,进气量变化(减小)越大,喷油量就越小。

3. 失效保护

节气门位置传感器信号电路产生断路或短路时,发动机控制模块将采用正常运转值代替节气门位置传感器信号(通常按节气门开度为0~25°来控制发动机的工作),以确保车辆能行驶一定的距离。

想一想

节气门位置传感器失效后,发动机会有什么样的故障现象?

四、评价与反馈

1. 自我评价与反馈

(1)能否主动参与节气门位置传感器的检测?(　　)
  A. 主动完成　　　　B. 被动完成　　　　C. 没有完成
(2)完成本学习任务后,你对维修手册等资料的使用是否快速、规范?(　　)
  A. 快速规范　　　　B. 规范但不熟练　　C. 不会使用
(3)你能否正确规范地完成对节气门位置传感器的检测判断?(　　)
  A. 独立完成　　　　B. 小组合作完成　　C. 在老师指导下完成
(4)能否独立完成节气门位置传感器的检查?(　　)
  A. 能　　　　　　　B. 不能
(5)节气门位置传感器出故障,发动机会有哪些故障现象?

(6) 下次遇到类似的学习任务应如何改善从而提高学习效果？
_____
_____

(7) 你在本学习任务中遇到的困难是什么？你是如何解决的？
_____
_____

签名：_____　　_____年_____月_____日

2. 小组评价与反馈

(1) 是否主动参与小组讨论？（　　）
　　A. 主动　　　　　　B. 被动　　　　　　C. 未参与

(2) 是否完成本学习任务的学习目标？（　　）
　　A. 完成且效果好　　B. 完成但效果不好　　C. 未完成

(3) 是否积极学习，不懂的是否积极向别人请教，是否积极帮助他人学习？（　　）
　　A. 积极学习　　B. 积极请教　　C. 积极帮助他人　　D. 三者都不积极

(4) 零件、工具与油污是否有落地，是否保持作业现场的整洁？（　　）
　　A. 无掉地且场地整洁　　　　B. 有零件、工具掉地
　　C. 有油污掉地　　　　　　　D. 未保持作业现场的整洁

(5) 操作过程中是否注意维修质量且有责任心？（　　）
　　A. 注意质量，有责任心　　　B. 不注意质量，有责任心
　　C. 注意质量，没有责任心　　D. 全无

(6) 在团队学习中的主动性与合作情况如何？（　　）
　　A. 好　　　　　　　B. 较好　　　　　　C. 一般

参与评价的同学签名：_____　　_____年_____月_____日

3. 教师评价及答复

_____
_____

教师签名：_____　　_____年_____月_____日

五、技能考核标准

序号	项目	操作内容	规定分	评分标准	得分
1	准备	清点工量具、清理工位；	5分	酌情扣分；	
		打开并支撑发动机罩；	5分	酌情扣分；	
		安装汽车保护罩	5分	酌情扣分	

续上表

序号	项目	操作内容	规定分	评分标准	得分
2	检查	外观检查；	5 分	酌情扣分；	
		用解码器读故障码；	5 分	操作方法不正确、未读取故障码扣 5 分；	
		用万用表检测节气门位置传感器各端子间的电阻；	10 分	操作方法正确,读取数据不准确扣 1~10 分；	
		用万用表检测节气门位置传感器各端子间的电压信号；	10 分	操作方法正确,读取数据不准确扣 1~10 分；	
		用万用表检测节气门位置传感器与 ECU 之间的线束；	5 分	操作方法正确,读取数据不准确扣 1~5 分；	
		用解码器读节气门位置传感器信号波形	5 分	操作方法正确,读取数据不准确扣 1~5 分	
3	拆卸	拆节气门位置传感器连接器；	5 分	操作不当扣 1~5 分；	
		拆节气门位置传感器	5 分	操作不当扣 1~5 分	
4	安装	安装节气门位置传感器；	5 分	安装方法不正确扣 1~5 分；	
		安装节气门位置传感器与线束连接器	5 分	安装方法不正确扣 1~5 分	
5	完成时限	45min	5 分	超时 1~5min 扣 1~5 分；超时 5min 以上扣 5 分	
6	安全文明	无安全隐患,无不文明操作	10 分	未达标扣 1~5 分	
7	结束	工具、量具清洁并归位；	5 分	漏一项扣 1 分,未做扣 5 分；	
		工作场地清洁	5 分	清洁不彻底扣 1~5 分,未做扣 5 分	
		总分	100 分		

学习任务十四 温度传感器的检测与更换

任务要求

完成本学习任务后,你应:
1. 能叙述温度传感器的作用及种类;
2. 知道温度传感器的工作原理;
3. 能分析温度传感器对车辆性能的影响;
4. 能规范地进行冷却液温度传感器、进气温度传感器的检查;
5. 能分析冷却液温度传感器、进气温度传感器与喷油量之间的关系。

建议学时:8 学时

任务描述

一辆丰田卡罗拉1.8GLX-i轿车,发动机故障灯点亮,同时发动机起动困难、性能不佳、怠速不稳且容易熄火,经维修人员提取故障码,检测出与温度传感器相关的故障码,需对温度传感器及电路进行检测,确定故障部位,以便维修或更换。

一、理论知识准备

1. 温度传感器的基本知识

1) 温度传感器的种类

常用的温度传感器有绕线电阻式、热敏电阻式、扩散电阻式、半导体晶体管式等形式。如:冷却液温度传感器、空气温度传感器、变速器油温度传感器、排气温度传感器(催化剂温度传感器)、EGR监测温度传感器、车外温度传感器、车内温度传感器、日照温度传感器、蒸发器出口温度传感器、热敏开关等,本节主要讲解冷却液温度传感器和进气温度传感器。

汽车发动机上目前应用较多的是_____和绕线电阻式温度传感器。前一种温度传感器是利用半导体材料的电阻随温度变化而变化的特性制成的,按照电阻—温度特性的不同又可分为_____和_____两种。

汽车发动机上的温度传感器从用途上分为_____（ECT）（图 14-1）、_____（IAT）（图 14-2）和排气温度传感器（此种已不用）等。

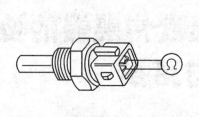

图 14-1 热敏电阻式冷却液温度传感器

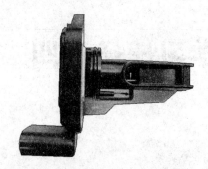

图 14-2 热敏电阻式进气温度传感器

2）温度传感器的作用

用于测量温度，并将信号送给 ECU，供修正喷油量使用。

2. 发动机冷却液温度传感器（ECT）

1）冷却液温度传感器的作用

用于测量发动机的冷却液温度，并将信号送给 ECU，供修正喷油量使用。

2）冷却液温度传感器的安装部位、特性及原理

冷却液温度传感器安装在发动机汽缸体或汽缸盖的水套上，与冷却液接触，用来检测发动机的冷却液温度。冷却液温度传感器的内部是一个半导体热敏电阻（图 14-3a），它具有负的温度电阻系数。水温越低，电阻越大；反之，水温越高，电阻越小，并以电信号的形式通过冷却液温度传感器线束连接器及导线将水温变化传递给发动机 ECU。电阻—温度特性如图 14-3b）所示。

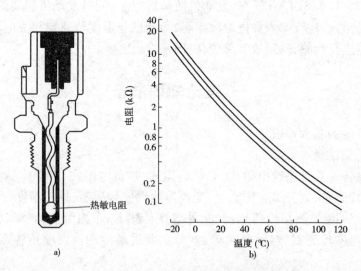

图 14-3 冷却液温度传感器
a）结构；b）电阻－温度特性

3)冷却液温度传感器电路

冷却液温度传感器的两根导线都和电控单元相连接。其中一根为搭铁线,另一根的搭铁电压随热敏电阻阻值的变化而变化。电控单元根据这一电压的变化测得发动机的冷却液温度,和其他传感器产生的信号一起,用来确定喷油脉冲宽度、点火时刻等。冷却液温度传感器与电控单元的连接如图14-4所示。

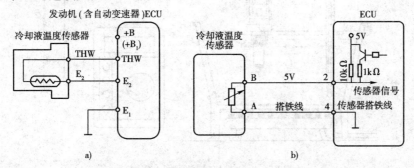

图14-4 冷却液温度传感器与电控单元的连接

4)冷却液温度传感器对车辆性能的影响

如冷却液温度传感器信号中断,发动机将起动困难、性能不佳、怠速不稳且容易熄火。

发动机冷却液温度传感器(ECT)又称_____,它用来检测_____温度并将温度信号转变成(光/电/磁)信号输送给发动机ECU,作为汽油喷射、点火正时、怠速和尾气排放控制的重要_____(主控/修正)信号。如信号中断,则导致:冷热起动困难、油耗升高、怠速自适应差而且排放升高。

发动机冷却液温度传感器安装在发动机冷却液管路上,常见的安装位置有_____、_____等处。

5)用万用表检测冷却液温度传感器

(1)在车检查。将点火开关关闭,拆下传感器的连接器,用汽车专用万用表的R×1挡,测试传感器两端子的阻值。以皇冠3.0的THW和E_2端子为例,在温度为0℃时,电阻为4~7kΩ;在温度为20℃时,电阻为2~3kΩ;在温度为40℃时,电阻为0.9~1.3kΩ;在60℃时为0.4~0.7kΩ,在80℃时,为0.2~0.4kΩ。冷却液温度传感器的电阻值与温度的高低成反比。

(2)单件检查。拆下冷却液温度传感器导线连接器,然后从发动机上拆下传感器。将传感器置于烧杯内的水中(图14-5),加热杯中的水。随着温度逐渐升高。用万用表电阻挡测量传感器的电阻值,将测得的值与标准值相比较,若不符合,应更换冷却液温度传感器。

(3)冷却液温度传感器输出信号电压的检查。安装好冷却液温度传感器,将传感器的连接器插好。当点火开关置于ON位置时,测量图14-4a)中连接器"THW"端子(丰田车)或ECU连接器"THW"端子与E_2间输出电压。所测得的电压应与冷却液温度成反比变化。

拆下冷却液温度传感器线束插头,打开点火开关,测量冷却液温度传感器的电源电压应为5V。

(4)冷却液温度传感器与ECU连接线束阻值的检查。用高阻抗万用表电阻挡,测量冷却液温度传感器与ECU两连接线束的阻值(传感器信号端、搭铁端分别与对应ECU的两

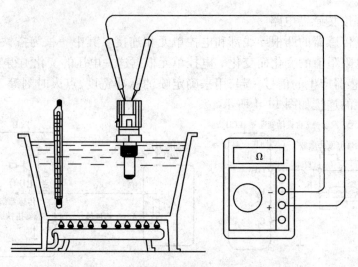

图14-5 冷却液温度传感器的电阻测量

端子间的电阻值),其线路应导通。若线路不导通或电阻值大于规定值,则说明传感器线束断路或连接器接头接触不良,应进一步检查或更换。

3. 进气温度传感器(IAT)

1)进气温度传感器的作用

用于测量发动机的进气温度,并将信号送给ECU,供修正喷油量、点火正时使用。

2)进气温度传感器的安装部位、特性及工作原理

进气温度传感器的安装位置有三种:在D形EFI系统中,它安装在空气滤清器之后的进气软管上;在L形EFI系统中,它安装在空气流量传感器上;有的进气温度传感器安装在进气压力传感器内。进气温度传感器内部,也是一个具有负温度电阻系数的热敏电阻,外部用环氧树脂密封。进气温度传感器的工作原理与冷却液温度传感器类同。

3)进气温度传感器的电路连接

进气温度传感器与ECU的连接电路如图14-6所示。

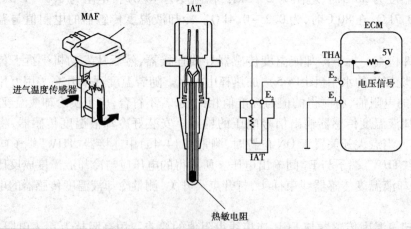

图14-6 进气温度传感器与ECU的连接电路

4)进气温度传感器对车辆性能的影响

如进气温度传感器信号中断不能确定进气的温度,则会导致发动机热起动困难、排放升高。

5)进气温度传感器的检测

(1)检测电阻。进气温度传感器的电阻检测方法及要求与冷却液温度传感器基本相同。

单件检查时,将点火开关置于 OFF 位置,拆下进气温度传感器导线连接器,并将传感器拆下。用电热吹风或热水加热进气温度传感器,并用万用表电阻挡,测量在不同温度下两端子间的电阻值。将测得的电阻值与标准数值进行比较,如果与标准值不符,则应更换进气温度传感器。

(2)检测电压。

①检测电源电压:拆下进气温度传感器线束插头,打开点火开关,测量进气温度传感器的电源电压,应为5V。

②测量输入信号电压:将点火开关置于 ON 位置,用万用表的电压挡测量图 14-6 中 ECU 的 THA 与 E_2 间的电压,该电压值应在 0.5~3.4V(20℃)范围内。若不在规定范围内,则应进一步检查进气温度传感器连接线路是否接触不良或存在断路、短路故障。

(3)检查进气温度传感器连接线束电阻。用数字式万用表的电阻挡测量传感器插头与 ECU 插接器端子间电阻,即传感器信号端、搭铁端分别与对应的 ECU 的两端子电阻。如果不导通或电阻值大于1Ω,说明传感器连接线路或插头接触不良,应进一步检查。

进气温度传感器(IAT)用来检测_____,并将进气温度信号转变成_____(光/电/磁)信号输送给发动机 ECU,作为汽油喷射、点火正时的_____(主控/修正)信号。如进气温度传感器信号中断不能确定进气的温度,则会导致:热起动困难、排放升高。

4. 冷却液温度传感器和进气温度传感器对喷油量的影响

电喷发动机的喷油量控制由基本喷油量和修正喷油量(g2)决定,冷却液温度传感器和进气温度传感器信号会影响修正喷油量,冷却液温度传感器和进气温度传感器信号对电喷发动机的修正喷油量的影响如下:

冷却液温度(tw):tw ↗→g2 ↘,tw ↘→g2 ↗(一般 tw 以 80℃为界);

进气温度(ta):ta ↗→g2 ↘,ta ↘→g2 ↗(一般 ta 以 40℃为界)。

相关链接

热敏铁氧式温度传感器,常用于控制散热器的冷却风扇,它安装在散热器冷却液的循环通路上。热敏铁氧式温度传感器的检修方法如下:

当发动机的冷却液温度高于规定值时,如果散热器冷却风扇不运转,则应检查散热器冷却风扇工作电路。首先检查线路连接情况,检查有无断路、短路,以及风扇继电器的工作和热敏铁氧体式温度传感器的工作情况。

检查热敏铁氧体式温度传感器。将热敏铁氧体式温度传感器置于容器中,连接万用表,在加热的同时检查传感器的工作情况。正常情况下,在冷却液温度为规定温度时,传感器处于导通状态,万用表指示零。在冷却液温度高于规定温度时,传感器应断开(传感器不导通),万用表指示电阻为∞,否则说明热敏铁氧体式温度传感器已损坏,应当更换。

想一想

1. 冷却液温度传感器常见的故障有哪些?
2. 如何在实际维修中,对温度传感器进行快速检测?

二、实 践 操 作

1. 实践准备

干净的抹布、常用工具、解码器、汽车专用万用表、丰田卡罗拉发动机台架、丰田卡罗拉轿车一辆、相关维修手册等。

2. 技术要求及注意事项

(1)先关闭点火开关,再拔下温度传感器连接器;
(2)连接传感器端子时,先关闭点火开关,再连接端子;
(3)严禁短路或试火;
(4)汽车在发动时不能断开蓄电池,以免烧坏电脑;
(5)不能用试灯去测试任何和电脑相连接的电气装置;
(6)不能带电拔插解码器插头;
(7)不得在测试过程中随意起动或加速,应严格按照测试要求进行。

3. 实践操作

(1)测量丰田卡罗拉轿车冷却液温度传感器的电压、电阻。将不同温度下测得的冷却液温度传感器的电压、电阻值填入表14-1。

冷却液温度传感器温度、电压、电阻之间的关系　　　　表14-1

温度(℃)	标准电压(V)	测量电压(V)	标准电阻(kΩ)	测量电阻(kΩ)
0				
20				
80				
正常工作温度				

(2)测量丰田卡罗拉轿车进气温度传感器的电压、电阻。将不同温度下测得的进气温度传感器的电压、电阻值填入表14-2。

进气温度传感器的电压、电阻之间的关系   表14-2

温度(℃)	标准电压(V)	测量电压(V)	标准电阻(kΩ)	测量电阻(kΩ)
0				
20				
40				
60				

(3) 一车主反映,一辆丰田卡罗拉轿车冷起动困难、油耗升高,发动机故障指示灯点亮。

①车辆信息与客户反映情况登记。将车辆基本信息与客户反映的情况填入表14-3。

车辆信息与客户反映情况登记表   表14-3

项 目	内 容
车辆型号(VIN码)	(查后填写)
发动机型号	(查后填写)
车辆外观检查	□正常 □不正常
客户反映	故障灯点亮、发动机起动困难、怠速不稳、容易熄火
维修接待的维修意见	检查温度传感器及电阻,检查发动机ECU

②按以下步骤确认故障,并将观察到的现象记录下来。

起动发动机,观察发动机出现的现象,并打"√"

□发动机冷起动困难或无法起动;

□发动机热起动困难或无法起动;

□发动机怠速过低;

□发动机怠速过高;

□发动机排气管有汽油味。

③用万用表按图14-7检测流程进行检测。

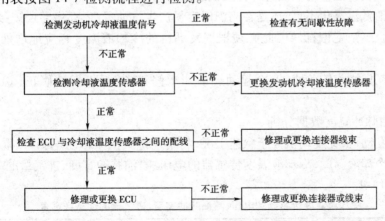

图14-7 利用万用表检测冷却液温度传感器检测流程图

④查阅维修手册,画出冷却液温度传感器电路图,并对电路进行分析。

⑤根据你的检查,写出诊断建议并排除故障。

 想一想

1. 冷却液温度传感器有问题,发动机会有何故障现象?
2. 进气温度传感器有问题,发动机会有何故障现象?

三、学 习 拓 展

1. 失效保护

当汽车出现故障还未来得及维修时,发动机的失效保护系统将有故障的部件(或 ECU)默认为处于某种固定状态,在牺牲汽车动力性、经济性的前提下,保证汽车能继续运行。

冷却液温度一般设定在 −59~150℃ 之间(各车会稍有不同),如果 ECU 检测到冷却液温度信号不在上述范围内,ECU 便命令控制程序停止采用冷却液温度信号,保存冷却液温度传感器故障码,并点亮发动机故障灯。

一旦冷却液温度传感器出现故障、失效后,发动机 ECU 将进入失效保护状态,利用一个固定的冷却液温度信号(如 90℃)进行替代。有些发动机在冷车起动时,若冷却液温度传感器出现故障,便使用进气温度信号作为替代值,然后每运转 20s,使冷却液温度升高 1℃,直到升到设定值(如 90℃)为止。

2. 冷却液温度传感器对喷油脉冲宽度的影响

无论是汽油低温雾化不良,还是在高温时容易产生汽油蒸汽,都将导致按照基本燃油喷射量所配的混合气浓度偏稀。因此必须根据发动机的冷却液温度相应地增加燃油喷射量(喷油脉宽)。

(1)温度修正主要有三种:①冷起动燃油加浓修正;②暖机燃油修正;③高温时燃油修正。

(2)对喷油脉冲宽度数据分析。

冷车起动发动机,让发动机处于急速工况,利用手持式汽车诊断电脑,读取发动机由冷车到热车时的冷却液温度、冷却液温度传感器的电压、喷油脉冲宽度、进气量的动态数据,并将数据填入表14-4。

冷却液温度传感器的电压、喷油脉冲宽度、进气量的动态数据表　　表14-4

冷却液温度(℃)	发动机工况	喷油脉宽(ms)	进气量(g/s)	信号电压(V)
20	发动机刚起动(急速)			
30	发动机急速			
40	发动机急速			

续上表

冷却液温度(℃)	发动机工况	喷油脉宽(ms)	进气量(g/s)	信号电压(V)
50	发动机怠速			
60	发动机怠速			
70	发动机怠速			
80	发动机怠速			
90	发动机怠速			
90	重新起动发动机			

对照以上数据,进行分析:
①发动机起动时和起动后,喷油脉宽有何不同?

②发动机在低温起动和高温起动时,喷油脉宽有何不同?

③随着发动机的温度升高,喷油脉宽有何变化?

④请归纳总结冷却液温度传感器在起动和暖机时是如何修正燃油喷射量的。

想一想

当进气温度传感器失效后,ECU是怎样进行失效保护的?

四、评价与反馈

1. 自我评价与反馈
(1)能否主动参与冷却液温度传感器的检测?(　　)
　　A. 主动完成　　　　B. 被动完成　　　　C. 没有完成

(2)完成本学习任务后,你对维修手册等资料的使用是否快速、规范?(　　)
　　A.快速、规范　　　　B.规范但不熟练　　　　C.不会使用
(3)你能否正确规范地完成对冷却液温度传感器的检测判断?(　　)
　　A.独立完成　　　　B.小组合作完成　　　　C.在老师指导下完成
(4)冷却液温度传感器出现故障,发动机会有哪些故障现象?
_____
_____

(5)下次遇到类似的学习任务应如何改善从而提高学习效果?
_____
_____

(6)你在本学习任务中遇到的困难是什么?你是如何解决的?
_____
_____

　　　　　　　　　　签名:_____　_____年_____月_____日

2. 小组评价与反馈

(1)是否主动参与小组讨论?(　　)
　　A.主动　　　　　　B.被动　　　　　　C.未参与
(2)是否完成本学习任务的学习目标?(　　)
　　A.完成且效果好　　B.完成但效果不好　　C.未完成
(3)是否积极学习,不懂的是否积极向别人请教,是否积极帮助他人学习?(　　)
　　A.积极学习　　B.积极请教　　C.积极帮助他人　　D.三者都不积极
(4)零件、工具与油污是否有落地,是否保持作业现场的整洁?(　　)
　　A.无掉地且场地整洁　　　　　B.有零件、工具掉地
　　C.有油污掉地　　　　　　　　D.未保持作业现场的整洁
(5)操作过程中是否注意维修质量且有责任心?(　　)
　　A.注意质量,有责任心　　　　B.不注意质量,有责任心
　　C.注意质量,没有责任心　　　D.全无
(6)在团队学习中的主动性与合作情况如何?(　　)
　　A.好　　　　　B.较好　　　　C.不好
　　　　　参与评价的同学签名:_____　_____年_____月_____日

3. 教师评价及答复
_____
_____
_____

　　　　　　　　　　教师签名:_____　_____年_____月_____日

五、技能考核标准

序号	项目	操 作 内 容	规定分	评 分 标 准	得分
1	准备	清点工量具、清理工位; 打开并支撑发动机罩; 安装汽车保护罩	5分 2.5分 2.5分	酌情扣分; 酌情扣分; 酌情扣分	
2	检查	外观检查; 用解码器读故障码; 用万用表检测冷却液温度传感器电阻; 用万用表检测进气温度传感器电阻; 用万用表检测冷却液温度传感器信号; 用万用表检测进气温度传感器信号; 用万用表检测冷却液温度传感器与ECU之间的线束; 用万用表检测进气温度传感器与ECU之间的线束	5分 5分 5分 5分 5分 5分 5分 5分	酌情扣分; 操作方法不正确、未读取故障码扣5分; 操作方法正确,读取数据不准确扣1~5分; 操作方法正确,读取数据不准确扣1~5分; 操作方法正确,读取数据不准确扣1~5分; 操作方法正确,读取数据不准确扣1~5分; 操作方法正确,读取数据不准确扣1~5分; 操作方法正确,读取数据不准确扣1~5分	
3	拆卸	拆冷却液温度传感器连接器; 拆冷却液温度传感器; 拆进气温度传感器与连接器	5分 5分 5分	操作不当扣1~5分; 操作不当扣1~5分; 操作不当扣1~5分	
4	安装	安装冷却液温度传感器; 安装冷却液温度传感器与线束连接器; 安装进气温度传感器与线束连接器	5分 5分 5分	安装方法不正确扣1~5分; 安装方法不正确扣1~5分; 安装方法不正确扣1~5分	
5	完成时限	45min	5分	超时1~5min扣1~5分; 超时5min以上扣5分	
6	安全文明	无安全隐患,无不文明操作	5分	未达标扣1~5分	
7	结束	工具、量具清洁并归位; 工作场地清洁	5分 5分	漏一项扣1分,未做扣5分; 清洁不彻底扣1~5分,未做扣5分	
		总分	100分		

学习任务十五　曲轴位置传感器的检测与更换

任务要求

完成本学习任务后,你应:

1. 知道曲轴位置传感器和凸轮轴位置传感器的种类、作用及工作原理;

2. 能正确对霍尔式曲轴位置传感器和磁感应式曲轴位置传感器进行检查,并对检查结果进行分析;

3. 能检查 Ne 信号和 G 信号,并会分析两者之间的关系。

建议学时:8 学时

任务描述

一辆丰田卡罗拉 1.8GLX-i 汽车,发动机故障灯点亮,同时发动机无法起动,经维修人员提取故障码,检测出与曲轴位置传感器、凸轮轴位置传感器相关的故障码,需对曲轴位置传感器、凸轮轴位置传感器及电路进行检测,确定故障部位,以便维修或更换。

一、理论知识准备

曲轴位置传感器是发动机电子控制系统中最主要的传感器之一,它提供点火时刻(点火提前角)、确认曲轴位置的信号,用于检测活塞上止点、曲轴转角及发动机转速。

1. 曲轴位置传感器的作用

反映曲轴转角,使电脑控制正确的点火时间和喷油时刻。

2. 曲轴位置传感器的分类

曲轴位置传感器所采用的结构随车型不同而不同,可分为磁脉冲式、光电式和霍尔式三大类。它通常安装在曲轴前端、凸轮轴前端、飞轮上或分电器内。

3. 磁脉冲式曲轴位置传感器

1)磁脉冲式曲轴位置传感器的结构和工作原理

(1)日产公司磁脉冲式曲轴位置传感器。该曲轴位置传感器安装在曲轴前端的皮带轮之后,如图 15-1 所示。在皮带轮后端设置一个带有细齿的薄圆齿盘(用以产生信号,称为信号盘),它和曲轴皮带轮一起装在曲轴上,随曲轴一起旋转。在信号盘的外缘,沿着圆周每隔4°有个齿。共有90个齿,并且每隔120°布置1个凸缘,共3个。安装在信号盘边沿的传感器盒是产生电信号的信号发生器。信号发生器内有3个在永久磁铁上绕有感应线圈的磁头,其中磁头②产生120°信号,磁头①和磁头③共同产生曲轴1°转角信号。磁头②对着信号盘的120°凸缘,磁头①和磁头③对着信号盘的齿圈,彼此相隔了3°曲轴转角安装。信号发生器内有信号放大和整形电路,外部有四孔连接器,孔"1"为120°信号输出线,孔"2"为信号放大与整形电路的电源线,孔"3"为1°信号输出线,孔"4"为搭铁线。通过该连接器将曲轴位置传感器中产生的信号输送到ECU。

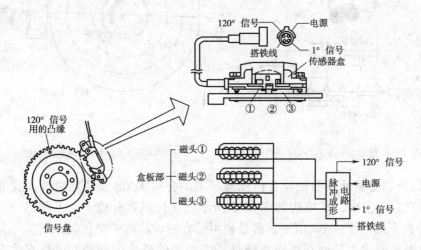

图 15-1 日产公司磁脉冲式曲轴位置传感器

发动机转动时,信号盘的齿和凸缘引起通过感应线圈的磁场发生变化,从而在感应线圈里产生交变的电动势,经滤波整形后,即变成脉冲信号(图15-2)。发动机旋转一圈,图15-1中磁头②上产生3个120°脉冲信号,磁头①和③各产生90个脉冲信号(交替产生)。由于磁头①和磁头③相隔3°曲轴转角安装,而它们又都是每隔4°产生一个脉冲信号,所以磁头①和磁头③所产生的脉冲信号相位差正好为90°。将这两个脉冲信号送入信号放大与整形电路中合成后,即产生曲轴1°转角的信号(图15-3)。产生120°信号的磁头②安装在上止点前70°的位置(图15-4),故其信号亦可称为上止点前70°信号,即发动机在运转过程中,磁头

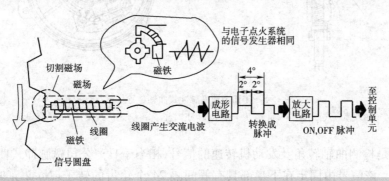

图 15-2 脉冲信号的产生

②在各缸上止点前70°位置均产生一个脉冲信号。

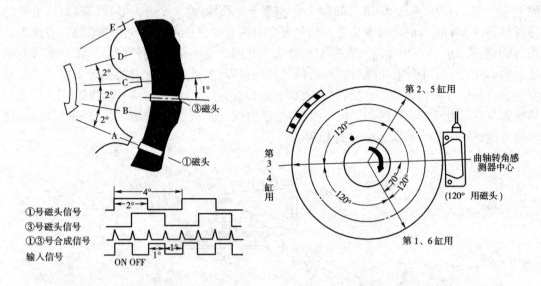

图 15-3　产生曲轴1°转角信号的原理　　　图 15-4　磁头②与曲轴的位置关系

(2) 丰田公司磁脉冲式曲轴位置传感器。丰田公司 TCCS 系统用磁脉冲式曲轴位置传感器安装在分电器内,其结构如图 15-5 所示。该传感器分成上、下两部分,上部分产生 G 信号,下部分产生 Ne 信号,都是利用带有轮齿的转子旋转时,使信号发生器感应线圈内的磁通变化,从而在感应线圈里产生交变的感应电动势,再将它放大后,送入 ECU。

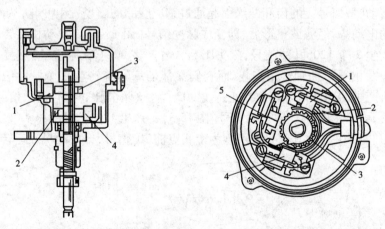

图 15-5　丰田公司磁脉冲式曲轴位置传感器
1-G_1 感应线圈;2-No.2 正时转子;3-No.1 正时转子;4-G_2 感应线圈;5-Ne 感应线圈

Ne 信号是检测曲轴转角及发动机转速的信号,相当于日产公司磁脉冲式曲轴位置传感器的1°信号。该信号由固定在下半部具有等间隔24个轮齿的转子(No.2 正时转子)及固定于其对面的感应线圈产生(图 15-6a)。

当转子旋转时,轮齿与感应线圈凸缘部(磁头)的空气间隙发生变化,导致通过感应线圈的磁场发生变化而产生感应电动势。轮齿靠近及远离磁头时,将产生一次增减磁通的变化,所以,每一个轮齿通过磁头时,都将在感应线圈中产生一个完整的交流电压信号。No.2 正时转子上有24个齿,故转子旋转1圈,即曲轴旋转720°时,感应线圈产生24个交流电压信号。Ne信号(图15-6b),其一个周期的脉冲相当于30°曲轴转角(720°÷24 = 30°)。更精确的转角检测,是利用30°转角的时间由ECU再均分30等份,即产生1°曲轴转角的信号。同理,发动机的转速由ECU依照Ne信号的两个脉冲(60°曲轴转角)所经过的时间为基准进行计测。

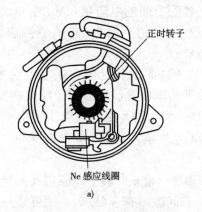 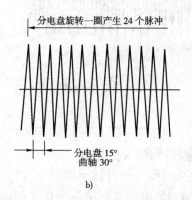

图15-6 Ne信号发生器结构与波形
a) Ne感应线圈; b) Ne信号

G信号用于判别汽缸及检测活塞上止点位置,相当于日产公司磁脉冲式曲轴位置传感器120°信号。G信号是由位于Ne信号发生器上方的凸缘转轮(No.1正时转子)及其对面对称的两个感应线圈(G_1感应线圈和G_2感应线圈)产生的。其构造如图15-7所示。其产生信号的原理与Ne信号相同。G信号也用作计算曲轴转角时的基准信号。

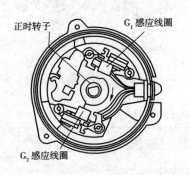 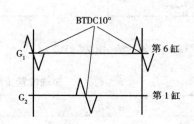

图15-7 G信号发生器的结构与波形

G_1、G_2信号分别检测第6缸及第1缸的上止点。由于G_1、G_2信号发生器设置位置的关系,当产生G_1、G_2信号时,实际上活塞并不是正好达到上止点(BTDC),而是在上止点前10°的位置。图15-8所示为曲轴位置传感器G_1、G_2、Ne信号与曲轴转角的关系。

2）磁脉冲式曲轴位置传感器的检测

以皇冠3.0轿车2JZ-GE型发动机电子控制系统中使用的磁脉冲式曲轴位置传感器为例说明其检测方法，曲轴位置传感器电路如图15-9所示。

（1）曲轴位置传感器的电阻检查。点火开关OFF，拔下曲轴位置传感器的导线连接器，用万用表的电阻挡测量曲轴位置传感器上各端子间的电阻值（表15-1）。如电阻值不在规定的范围内，必须更换曲轴位置传感器。

（2）曲轴位置传感器输出信号的检查。拔下曲轴位置传感器的导线连接器，当发动机转动时，用万用表的电压挡检测曲轴位置传感器上 $G_1 - G$、$G_2 - G$、$Ne - G$ 端子间是否有脉冲电压信号输出。如没有脉冲电压信号输出，则须更换曲轴位置传感器。

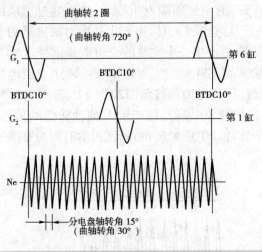

图15-8　G、Ne信号与曲轴转角的位置关系

（3）感应线圈与正时转子的间隙检查。用厚薄规测量正时转子与感应线圈凸出部分的空气间隙（图15-10），其间隙应为 0.2～0.4mm。若间隙不符合要求，则须更换分电器壳体总成。

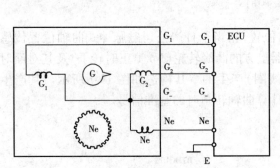

图15-9　曲轴位置传感器电路图

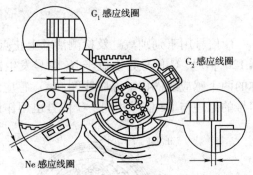

图15-10　检查感应线圈与正时转子的间隙

曲轴位置传感器的电阻值　　　　表15-1

端　子	条　件	电阻值（Ω）
$G_1 - G$	冷态	125～200
	热态	160～235
$G_2 - G$	冷态	125～200
	热态	160～235
$Ne - G$	冷态	155～250
	热态	190～290

4. 光电式曲轴位置传感器

1) 光电式曲轴位置传感器的结构和工作原理

(1) 日产公司光电式曲轴位置传感器的结构和工作原理。日产公司光电式曲轴位置传感器设置在分电器内,它由信号发生器与带缝隙和光孔的信号盘组成(图15-11)。信号盘安装在分电器轴上,其外围有360条缝隙,产生1°(曲轴转角)信号;外围稍靠内侧分布着6个光孔(间隔60°),产生120°信号,其中有一个较宽的光孔是产生对应第1缸上止点的120°信号的,如图15-12所示。

信号发生器固装在分电器壳体上,主要由两只发光二极管、两只光敏二极管和电子电路组成(图15-13)。两只发光二极管分别正对着光敏二极管,发光二极管以光敏二极管为照射目标。信号盘位于发光二极管和光敏二极管之间,当信号盘随发动机曲轴运转时,因信号盘上有光孔,产生透光和遮光的交替变化,造成信号发生器输出表征曲轴位置和转角的脉冲信号。图15-14所示为光电式信号发生器的作用原理。

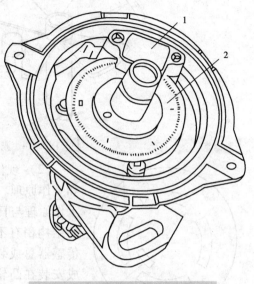

图15-11 光电式曲轴位置传感器
1-曲轴转角传感器;2-信号盘

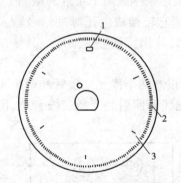

图15-12 信号盘的结构
1-120°信号孔(第1缸);2-1°信号缝隙;3-120°信号孔

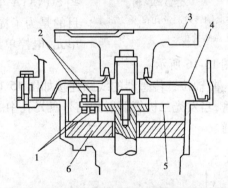

图15-13 信号发生器的布置
1-光敏二极管;2-发光二极管;3-分火头;4-密封盖;5-转盘;6-电子电路

当发光二极管的光束照射到光敏二极管上时,光敏二极管感光导通;当发光二极管的光束被遮挡时,光敏二极管截止。信号发生器输出的脉冲电压信号送至电子电路放大整形后,即向电控单元输送曲轴转角1°信号和120°信号。因信号发生器安装位置的关系,120°信号在活塞上止点前70°输出。发动机曲轴每转2圈,分电器轴转1圈,则1°信号发生器输出360个脉冲,每个脉冲周期高电位对应1°,低电位亦对应1°,共表征曲轴转角720°。与此同时,120°信号发生器共产生6个脉冲信号。

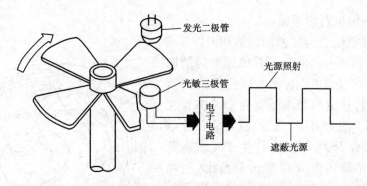

图 15-14 光电式信号发生器的原理

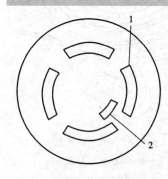

图 15-15 "现代 SONATA"信号盘的结构
1-曲轴转角测量孔；2-第 1 缸上止点测量孔

（2）"现代 SONATA"汽车用光电式曲轴位置传感器的结构和工作原理。"现代 SONATA"汽车光电式曲轴位置传感器的工作原理与日产公司光电式曲轴位置传感器相似，其信号盘的结构稍有不同，如图 15-15 所示。对于带有分电器的汽车，传感器总成装于分电器壳内；对于无分电器的汽车，传感器总成安装在凸轮轴左端部（从车前向后看）。信号盘外圈有 4 个孔，用来感测曲轴转角并将其转化为电压脉冲信号，电控单元根据该信号计算发动机转速，并控制汽油喷射正时和点火正时。信号盘内圈有一个孔，用来感测第 1 缸压缩上止点（在有些 SONATA 车上，设有两孔，用来感测第 1、4 缸的压缩上止点，目的是为了提高精度），并将它转换成电压脉冲信号输入电控单元，电控单元根据此信号计算出汽油喷射顺序。其输出特性如图 15-16 所示。

曲轴位置传感器的线路连接如图 15-17 所示。其内设有两个发光二极管和两个光敏二极管，当发光二极管照射到信号盘光孔中的某一孔时，光线便照射到光敏二极管上，使电路导通。

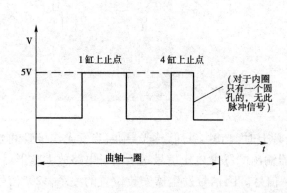

图 15-16 上止点位置输出信号

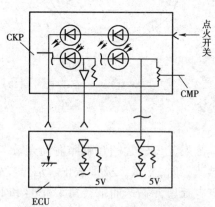

图 15-17 曲轴位置传感器的线路连接

2）光电式曲轴位置传感器的检测

（1）曲轴位置传感器的线束检查。图 15-18 所示为韩国"现代 SONATA"汽车光电式曲轴位置传感器连接器（插头）的端子位置。检查时，脱开曲轴位置传感器的导线连接器，把点火开关置于"ON"，用万用表的电压挡（图 15-19）测量线束侧 4#端子与搭铁间的电压应为 12V，线束侧 2#端子和 3#端子与搭铁间电压应为 4.8～5.2V，用万用表的电阻挡测量线束侧 1#端子与搭铁间应为零（导通）。

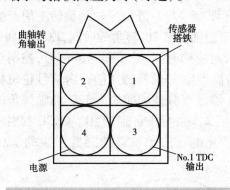

图 15-18 曲轴位置传感器接头

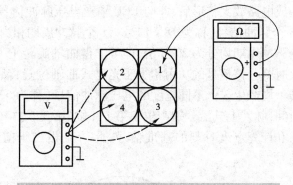

图 15-19 曲轴位置传感器的线束测量

（2）光电式曲轴位置传感器输出信号检测。用万用表电压挡接在传感器侧 3#端子和 1#端子上，在起动发动机时，电压应为 0.2～1.2V。在起动发动机后的怠速运转期间，用万用表电压挡检测 2#端子和 1#端子电压应为 1.8～2.5V。否则应更换曲轴位置传感器。

5. 霍尔式曲轴位置传感器的检测

霍尔式曲轴位置传感器是利用霍尔效应的原理，产生与曲轴转角相对应的电压脉冲信号。它是利用触发叶片或轮齿改变通过霍尔元件的磁场强度，从而使霍尔元件产生脉冲的霍尔电压信号，经放大整形后即为曲轴位置传感器的输出信号。

1）霍尔式曲轴位置传感器的结构和工作原理

（1）采用触发叶片的霍尔式曲轴位置传感器。美国 GM 公司的霍尔式曲轴位置传感器安装在曲轴前端，采用触发叶片的结构形式，如图 15-20 所示。在发动机的曲轴皮带轮前端固装着内外两个带触发叶片的信号轮，与曲轴一起旋转。外信号轮外缘上均匀分布着 18 个触发叶片和 18 个窗口，每个触发叶片和窗口的宽度为 10°弧长；内信号轮外缘上设有 3 个触发叶片和 3 个窗口，3 个触发叶片的宽度不同，分别为 100°、90°和 110°弧长，3 个窗口的宽度亦不相同，分别为 20°、30°和 10°弧长。由于内信号轮的安装位置关系，宽度为 100°弧长的触发叶片前沿位于第 1 缸和第 4 缸上止点（TDC）前 75°，90°弧长的触发叶片前沿在第 6 缸和第 3 缸上止点前 75°，110°弧长的触发叶片前沿在第 5 缸和第

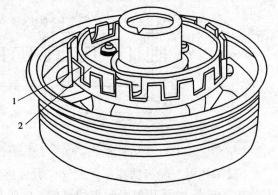

图 15-20 霍尔式曲轴位置传感器（GM 公司）
1-外信号轮；2-内信号轮

2缸上止点前75°。

如图15-21所示,霍尔信号发生器由永久磁铁、导磁板和霍尔集成电路等组成。内外信号轮侧面各设置一个霍尔信号发生器。信号轮转动时,每当叶片进入永久磁铁与霍尔元件之间的空气隙时,霍尔集成电路中的磁场即被触发叶片所旁路(或称隔磁),如图15-21a)所示。这时不产生霍尔电压;当触发叶片离开空气隙时,永久磁铁3的磁通便通过导磁板5穿过霍尔元件(图15-21b),这时产生霍尔电压。将霍尔元件间歇产生的霍尔电压信号经霍尔集成电路放大整形后,即向ECU输送电压脉冲信号(图15-22)。外信号轮每旋转1周产生18个脉冲信号(称为18X信号),1个脉冲周期相当于曲轴旋转20°转角的时间,ECU再将1个脉冲周期均分为20等份,即可求得曲轴旋转1°所对应的时间,并根据这一信号,控制点火时刻。该信号的功用相当于光电式曲轴位置传感器产生1°信号的功能。内信号轮每旋转1周产生3个不同宽度的电压脉冲信号(称为3X信号),脉冲周期均为120°曲轴转角的时间,脉冲上升沿分别产生于第1、4缸、第3、6缸和第2、5缸上止点前75°作为ECU判别汽缸和计算点火时刻的基准信号,此信号相当于前述光电式曲轴位置传感器产生的120°信号。

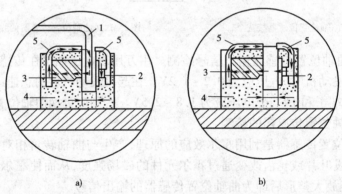

图15-21 霍尔信号发生器原理
a)触发叶片进入空气隙中,霍尔元件磁场被旁路;b)触发叶片离开空气隙,霍尔元件磁场饱和
1-信号轮触发叶片;2-霍尔元件;3-永久磁铁;4-底板;5-导磁板

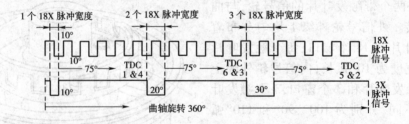

图15-22 霍尔式曲轴位置传感器输出信号(GM公司)

(2)采用触发轮齿的霍尔式曲轴位置传感器。克莱斯勒公司的霍尔式曲轴位置传感器安装在飞轮壳上,采用触发轮齿的结构。同时在分电器内设置同步信号发生器,用以协助曲轴位置传感器判别缸号。北京切诺基车的霍尔式曲轴位置传感器如图15-23所示,在2.5L四缸发动机的飞轮上有8个槽,分成两组,每4个槽为一组,两组相隔180°,每组中的相邻两

槽相隔20°。在4.0L六缸发动机的飞轮上有12个槽,4个槽为一组,分成三组,每组相隔120°,相邻两槽也间隔20°。

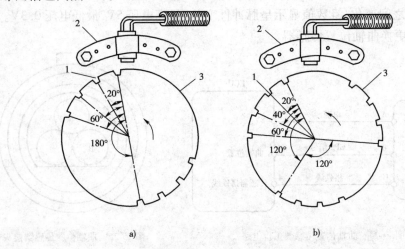

图15-23 北京切诺基用霍尔式曲轴位置传感器
a)2.5L四缸发动机;b)4.0L六缸发动机
1-槽;2-曲轴位置传感器;3-飞轮

当飞轮齿槽通过传感器的信号发生器时,霍尔传感器输出高电位(5V);当飞轮齿槽间的金属与传感器成一直线时,传感器输出低电位(0.3V)。因此,每当1个飞轮齿槽通过传感器时,传感器便产生1个高、低电位脉冲信号。当飞轮上的每一组槽通过传感器时,传感器将产生4个脉冲信号。其中四缸发动机每1转产生2组脉冲信号,六缸发动机每1转产生3组脉冲信号。传感器提供的每组信号,可被发动机ECU用来确定两缸活塞的位置,如在四缸发动机上,利用一组信号,可知活塞1和活塞4接近上止点;利用另一组信号,可知活塞2和活塞3接近上止点。故利用曲轴位置传感器,ECU可知道有两个汽缸的活塞在接近上止点。由于第4个槽的脉冲下降沿对应活塞上止点(TDC)前4°,故ECU根据脉冲情况很容易确定活塞上止点前的运行位置。另外,ECU还可以根据各脉冲间通过的时间,计算出发动机的转速。

2)霍尔式曲轴位置传感器的检测

霍尔式曲轴位置传感器的检测方法有一个共同点,即主要通过测量有无输出电脉冲信号来判断其是否良好。下面以北京切诺基的霍尔式曲轴位置传感器为例来说明其检测方法。

曲轴位置传感器与ECU有三条引线相连,如图15-24所示。其中一条是ECU向传感器加电压的电源线,输入传感器的电压为8V;另一条是传感器的输出信号线,当飞轮齿槽通过传感器时,霍尔传感器输出脉冲信号,高电位为5V,低电位为0.3V;第三条是通往传感器的搭铁线。曲轴位置传感器接头如图15-25所示。

(1)传感器电源电压的测试。点火开关置于"ON",用万用表电压挡测量ECU侧7#端子的电压应为8V,在传感器导线连接器"A"端子处测量电压也应为8V,否则为电源、线断路或接头接触不良。

(2)端子间电压的检测。用万用表的电压挡,对传感器的 ABC 3 个端子间进行测试,当点火开关置于"ON"时,A-C 端子间的电压值约为 8V;B-C 端子间的电压值在发动机转动时,在 0.3~5V 之间变化,且数值显示呈脉冲性变化,最高电压 5V,最低电压 0.3V。如不符合以上结果,应更换曲轴位置传感器。

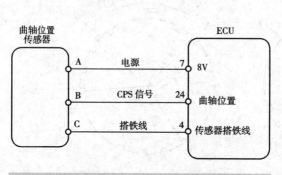

图 15-24 曲轴位置传感器工作电路

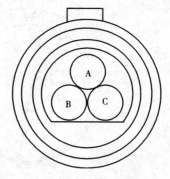

图 15-25 曲轴位置传感器接头

(3)电阻检测。点火开关置于"OFF"位置,拔下曲轴位置传感器导线连接器,用万用表 Ω 挡跨接在传感器侧的端子 A-B 或 A-C 间,此时万用表显示读数为 ∞(开路),如果指示有电阻,则应更换曲轴位置传感器。GM(通用)公司触发叶片式霍尔传感器的测试方法与上述相似,只是端子为 4 个,上止点信号(内信号轮触发)输出端与搭铁端为脉冲电压显示。

 想一想

曲轴位置传感器与凸轮轴位置传感器是否是同一个传感器?它们有何不同?

二、实 践 操 作

1. 实践准备

干净的抹布、常用工具、解码器、汽车专用万用表、丰田卡罗拉发动机台架、丰田卡罗拉轿车一辆、大众桑塔纳 2000 轿车 AJR 型发动机台架、大众桑塔纳 2000 轿车及相关维修手册等。

2. 技术要求及注意事项

(1)先关闭点火开关,再拔下曲轴位置传感器连接器;
(2)连接传感器端子时,先关闭点火开关,再连接端子;
(3)严禁短路或试火;
(4)汽车在发动时不能断开蓄电池,以免烧坏电脑;
(5)不能用试灯法测试任何和电脑相连接的电气装置;
(6)不能带电拔插解码器插头;
(7)不得在测试过程中随意起动或加速,应严格按照测试要求进行。

学习任务十五　曲轴位置传感器的检测与更换

3. 实践操作

1) 某车主反映,一辆丰田卡罗拉轿车故障灯点亮,同时发动机无法起动

(1) 将车辆信息与客户反映情况登记在表 15-2 中。

车辆信息与客户反映情况登记表　　　　　　　　　　表 15-2

项　目	内　容
车辆型号(VIN 码)	(查后填写)
发动机型号	(查后填写)
车辆外观检查	□正常　□不正常
客户反映	故障灯点亮、发动机不能起动
维修接待的维修意见	检查曲轴位置传感器、凸轮轴位置传感器及线路,检查发动机 ECU

(2) 曲轴位置传感器、凸轮轴位置传感器异常,可能导致车辆出现哪些故障现象?

□发动机不能起动或突然熄火;

□发动机运转不均匀,排气管冒黑烟;

□发动机动力不足,行驶和加速无力;

□发动机过热,排气管放炮。

(3) 查阅维修手册,画出曲轴位置传感器、凸轮轴位置传感器的电路图,并对电路进行分析。

(4) 测量丰田卡罗拉轿车的曲轴位置传感器的电阻并填入表 15-3 中。

曲轴位置传感器的电阻　　　　　　　　　　表 15-3

发动机型号	测试条件	电　阻
1NZ-FZ,2NZ-FE	冷态	
	热态	

(5) 拔下曲轴位置传感器的插头。起动发动机,用万用表的电压挡分别测量霍尔电压信号端子与搭铁端子之间的电压值、电源端子与搭铁端子之间的电压,填入表 15-4 中。

电压测量登记表　　　　　　　　　　表 15-4

检测项目	标准值(V)	测量值(V)
电压信号端子		
电源端子电压		

(6) 根据你的检查,写出你的诊断建议,并排除故障。

2）大众桑塔纳2000轿车的曲轴位置传感器的检测

（1）查阅大众桑塔纳2000轿车的维修手册,画出该车的曲轴位置传感器的电路图。

（2）画出该车的霍尔式曲轴位置传感器的连接器示意图,并注明哪一个是电压信号端子,哪一个是电源端子,哪一个是搭铁端子。

（3）拔下曲轴位置传感器的插头。起动发动机,用万用表的电压挡分别测量霍尔电压信号端子与搭铁端子之间的电压值、电源端子与搭铁端子之间的电压,填入表15-5中。

电压测量登记表　　　　　　　　　　　　　表15-5

检 测 项 目	标准值(V)	测量值(V)
电压信号端子		
电源端子电压		

（4）根据你的测量和判断,你认为是否需要更换该曲轴位置传感器？

曲轴位置传感器、凸轮轴位置传感器的检查流程是怎样的？

三、学习拓展

（1）一辆丰田威驰轿车,在一次事故后,当车速上升到90km/h时就会出现动力不足、发动机有断火的现象。检查发动机的油路、进排气系统,均正常。检查点火系统,有高压火花。拆检火花塞、高压线、点火线圈,都正常。由于事故发生时,发动机分电器处发生过碰撞。重点检查分电器,并未发现异常。接着检查曲轴位置传感器波形,发现传感器的波形电压周期性变大变小,发动机转速越高,这种现象越明显。原来分电器轴在事故中发生了轻微的变形,导致磁感应曲轴位置传感器与轮齿之间的间隙发生了变化,使得输出信号不正确。更换分电器,故障排除。

（2）曲轴位置传感器与凸轮轴位置传感器不一定是同一个传感器:

①在许多旧款的电喷发动机上,有曲轴位置传感器就没有凸轮轴位置传感器,有凸轮轴位置传感器就没有曲轴位置传感器。这是因为这两个传感器的作用是一样的,只是安装位置不同,取名不同,因此有人习惯地将凸轮轴位置传感器也称作曲轴位置传感器。

②在有些发动机上,既安装了曲轴位置传感器,又安装了凸轮轴位置传感器,一般曲轴

位置传感器主要用来检测发动机的转速、曲轴的位置,而凸轮轴位置传感器主要用来发送上止点信号。

③随着发动机可变气门正时等新技术的出现,需要分别检查凸轮轴和曲轴的位置,这种情况曲轴位置传感器与凸轮轴位置传感器是两个作用完全不同的传感器。

四、评价与反馈

1. 自我评价与反馈

(1)能否主动参与曲轴位置传感器的检测?(　　)
　　A. 主动完成　　　　　B. 被动完成　　　　　C. 没有完成
(2)完成本学习任务后,你对维修手册等资料的使用是否快速、规范?(　　)
　　A. 快速规范　　　　　B. 规范但不熟练　　　C. 不会使用
(3)你能否正确规范地完成对曲轴位置传感器的检测判断?(　　)
　　A. 独立完成　　　　　B. 小组合作完成　　　C. 在老师指导下完成
(4)曲轴位置传感器出现故障后,发动机会有哪些故障现象?
_____
_____

(5)下次遇到类似的学习任务应如何改善从而提高学习效果?
_____
_____

(6)你在本学习任务中遇到的困难是什么?你是如何解决的?
_____
_____

签名:_____　_____年_____月_____日

2. 小组评价与反馈

(1)是否主动参与小组讨论?(　　)
　　A. 主动　　　　　　　B. 被动　　　　　　　C. 未参与
(2)是否完成本学习任务的学习目标?(　　)
　　A. 完成且效果好　　　B. 完成但效果不好　　C. 未完成
(3)是否积极学习,不懂的是否积极向别人请教,是否积极帮助他人学习?(　　)
　　A. 积极学习　　　B. 积极请教　　　C. 积极帮助他人　　　D. 三者都不积极
(4)零件、工具与油污是否有落地,是否保持作业现场的整洁?(　　)
　　A. 无掉地且场地整洁　　　　　　B. 有零件、工具掉地
　　C. 有油污掉地　　　　　　　　　D. 未保持作业现场的整洁
(5)操作过程中是否注意维修质量且有责任心?(　　)
　　A. 注意质量,有责任心　　　　　B. 不注意质量,有责任心

C. 注意质量，没有责任心　　　　　D. 全无
(6) 在团队学习中的主动性与合作情况如何？（　　）
　　A. 好　　　　　　B. 较好　　　　　C. 一般
　　参与评价的同学签名：_____　_____年_____月_____日

3. 教师评价及答复

_____
_____
_____

　　教师签名：_____　_____年_____月_____日

五、技能考核标准

序号	项目	操作内容	规定分	评分标准	得分
1	准备	清点工量具、清理工位； 打开并支撑发动机罩； 安装汽车保护罩	5分 5分 5分	酌情扣分； 酌情扣分； 酌情扣分	
2	检查	曲轴位置传感器外观检查； 用解码器读故障码； 用万用表检测曲轴位置传感器电压、电阻； 用万用表检测曲轴位置传感器与ECU之间的线束	5分 10分 10分 10分	操作方法不正确、未读取故障码扣5分； 操作方法正确，读取数据不准确扣1~10分； 操作方法正确，读取数据不准确扣1~10分； 操作方法正确，读取数据不准确扣1~10分	
3	拆卸	拆曲轴位置传感器连接器； 拆曲轴位置传感器	5分 5分	操作不当扣1~5分； 操作不当扣1~5分	
4	安装	安装曲轴位置传感器； 安装曲轴位置传感器与线束连接器	5分 5分	安装方法不正确扣1~5分； 安装方法不正确扣1~5分	
5	完成时限	45min	10分	超时1~5min扣1~5分；超时5min以上扣10分	
6	安全文明	无安全隐患，无不文明操作	10分	未达标扣1~10分	
7	结束	工具、量具清洁并归位； 工作场地清洁	5分 5分	漏一项扣1分，未做扣5分； 清洁不彻底扣1~5分，未做扣5分	
	总分		100分		

学习任务十六 氧传感器的检测与更换

> **任务要求**
> 完成本学习任务后,你应:
> 1. 知道氧传感器的作用、种类和工作原理;
> 2. 能分析发动机开环控制和闭环控制对发动机的影响;
> 3. 能正确检测氧传感器的波形,并根据波形判断氧传感器是否损坏;
> 4. 能分析由氧传感器引起的故障。
> **建议学时:8 学时**

任务描述

一辆丰田卡罗拉1.8GLX-i轿车,发动机故障灯点亮,油耗增加,且出现怠速不稳、缺火、喘振。经维修人员提取故障码,检测出与氧传感器相关的故障码,需对氧传感器及电路进行检测,确定故障部位,以便维修或更换。

一、理论知识准备

发动机氧传感器是发动机控制系统中非常重要的传感器之一,主要用来检测发动机排气歧管中的氧含量,并反馈给发动机 ECU,使发动机能精确地将燃油混合气的浓度控制在理想的范围内,从而减小油耗,提高三元催化转换器的工作效率。

1. 氧传感器的安装位置

氧传感器多数安装在排气歧管上,但具体的安装位置和安装数量随发动机的不同而不同。老款发动机一般在三元催化转换器的前面安装 1 个氧传感器,而现在的新款发动机一般安装 2 个氧传感器,一个在三元催化转换器前,一个在三元催化转换器后,如图 16-1 所示。

2. 氧传感器作用、种类和工作原理

在使用三元催化转换器降低排放污染的发动机上,氧传感器是必不可少的。三元催化转换器安装在排气管的中段,它能净化排气中 CO、HC 和 NO_x 三种主要的有害成分,但只在混合气的空燃比处于接近理论空燃比的一个窄小范围内,三元催化转换器才能有效地起到净化作用。故在排气管中插入氧传感器,通过检测废气中的氧浓度测定空燃比。并将其转

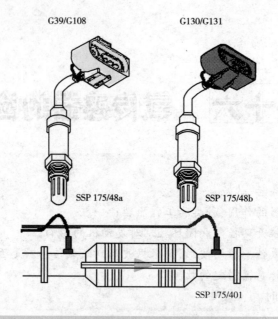

图16-1 奥迪A6的氧传感器安装位置图

换成电压信号或电阻信号,反馈给ECU。ECU控制空燃比收敛于理论值。

目前使用的氧传感器有氧化锆式和氧化钛式两种,其中应用最多的是氧化锆式氧传感器。

想一想

什么叫空燃比？什么叫理论空燃比？

1) 氧化锆式氧传感器

氧化锆式氧传感器的基本元件是氧化锆陶瓷管(固体电解质),亦称锆管(图16-2)。锆管固定在带有安装螺纹的固定套中,内外表面均覆盖着一层多孔性的铅膜,其内表面与大气接触,外表面与废气接触。氧传感器的接线端有一个金属护套,其上开有一个用于锆管内腔与大气相通的孔；电线将锆管内表面铂极经绝缘套从此接线端引出。

氧化锆在温度超过300℃后,才能进行正常工作。早期使用的氧传感器靠排气加热,这种传感器必须在发动机起动运转数分钟后才能开始工作,它只有1根接线与ECU相连(图16-3a)。现在,大部分汽车使用带加热器的氧传感器(图16-3b),这种传感器

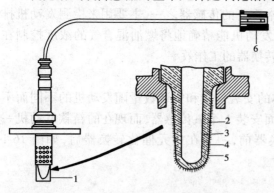

图16-2 氧化锆式氧传感器
1-保护套管；2-内表面铂电极层；3-氧化锆陶瓷体；4-外表面铂电极层；5-多孔氧化铝保护层；6-线束接头

内有一个电加热元件,可在发动机起动后的 20~30s 内迅速将氧传感器加热至工作温度。它有 3 根接线,1 根接 ECU,另外 2 根分别搭铁和接电源。

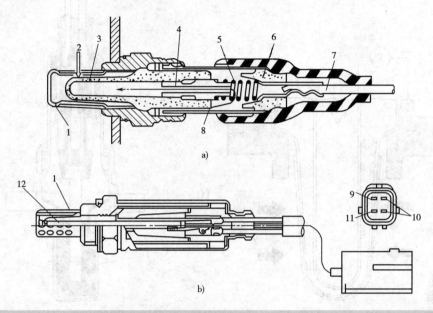

图 16-3　两种不同的氧化锆式氧传感器
1-保护套管;2-废气;3-锆管;4-电极;5-弹簧;6-绝缘体;7-信号输出导线;8-空气;9-搭铁;10-加热器接线端;11-信号输出端;12-加热器

　　锆管的陶瓷体是多孔的,渗入其中的氧气,在温度较高时发生电离。由于锆管内、外侧氧含量不一致,存在浓度差,因而氧离子从大气侧向排气一侧扩散,从而使锆管成为一个微电池,在两铂极间产生电压(图 16-4)。当混合气的实际空燃比小于理论空燃比,即发动机以较浓的混合气运转时,排气中氧含量少,但 CO、HC、H_2 等较多。这些气体在锆管外表面的铅催化作用下与氧发生反应,将耗尽排气中残余的氧,使锆管外表面氧气浓度变为零,这就使得锆管内、外侧氧浓差加大,两铅极间电压陡增。因此,锆管氧传感器产生的电压将在理论空燃比时发生突变:稀混合气时,输出电压几乎为零;浓混合气时,输出电压接近 1V。

　　要准确地保持混合气浓度为理论空燃比是不可能的。实际上的反馈控制只能使混合气在理论空燃比附近一个狭小的范围内波动,故氧传感器的输出电压在 0.1~0.8V 之间不断变化(通常每 10s 内变化 8 次以上)。如果氧传感器输出电压变化过缓(每 10s 少于 8 次)或电压保持不变(不论保持在高电位或低电位),则表明氧传感器有故障,需检修。

　　2)氧化钛式氧传感器
　　氧化钛式氧传感器是利用二氧化钛材料的电阻值随排气中氧含量的变化而变化的特性制成的,故又称电阻型氧传感器。二氧化钛式氧传感器的外形和氧化锆式氧传感器相似,在传感器前端的护罩内是一个二氧化钛厚膜元件(图 16-5)。纯二氧化钛在常温下是一种高电阻的半导体,但表面一旦缺氧,其品质便出现缺陷,电阻随之减小。由于二氧化钛的电阻也随温度不同而变化,因此,在二氧化钛式氧传感器内部也有一个电加热器,以保持氧化钛式氧传感器在发动机工作过程中的温度恒定不变。

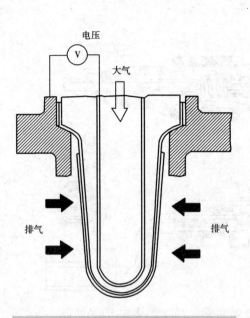

图 16-4 氧传感器的工作原理

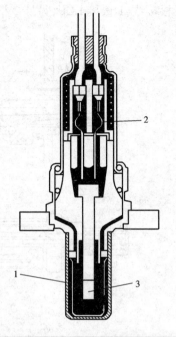

图 16-5 氧化钛式氧传感器
1-保护套管;2-连接线;3-二氧化钛厚膜元件

如图 16-6 所示,ECU 2#端子将一个恒定的 1V 电压加在氧化钛式氧传感器的一端上,传感器的另一端与 ECU4#端子相接。当排出的废气中氧浓度随发动机混合气浓度变化而变化时,氧传感器的电阻随之改变,ECU4#端子上的电压降也随着变化。当 4#端子上的电压高于参考电压时,ECU 判定混合气过浓;当 4#端子上的电压低于参考电压时,ECU 判定混合气过稀。通过 ECU 的反馈控制,可保持混合气的浓度在理论空燃比附近。在实际的反馈控制过程中,二氧化钛式氧传感器与 ECU 连接的 4#端子上的电压也是在 0.1～0.9V 之间不断变化,这一点与氧化锆式氧传感器是相似的。

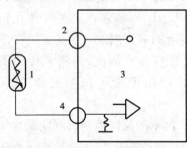

图 16-6 二氧化钛式氧传感器工作原理
1-氧化钛式氧传感器;2-1V 电压端子;3-ECU;4-输出电压端子

3. 氧传感器的检测

氧传感器的基本电路如图 16-7 所示。

1）氧传感器加热器电阻的检测

点火开关置于"OFF",拔下氧传感器的导线连接器,用万用表 Ω 挡测量氧传感器接线端中加热器端子与自搭铁端子(图 16-7 的端子 1 和 2)间的电阻(图 16-8),其电阻值应符合标准值(一般为 4～40Ω,具体数值参见相应车型说明书)。如不符合标准,应更换氧传感器。测量后,接好氧传感器线束连接器,以便作进一步的检测。

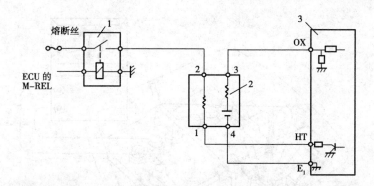

图 16-7 氧传感器电路
1-主继电器；2-氧传感器；3-发动机 ECU

2）氧传感器反馈电压的检测

测量氧传感器反馈电压时，应先拔下氧传感器线束连接器插头，对照被测车型的电路图，从氧传感器反馈电压输出端引出一条细导线，然后插好连接器，在发动机运转时从引出线上测量反馈电压。有些车型也可以从故障诊断插座内测得氧传感器的反馈电压，如丰田汽车公司生产的轿车，可从故障诊断插座内的 OX_1 或 OX_2 插孔内直接测得氧传感器反馈电压（丰田 V 形六缸发动机两侧排气管上各有一个氧传感器，分别与故障检测插座内的 OX_1 和 OX_2 插孔连接）。

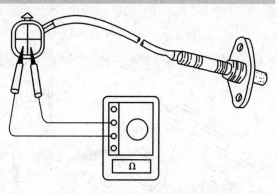

图 16-8 测量氧传感器加热电阻

在对氧传感器的反馈电压进行检测时，最好使用指针型的电压表，以便直观地反映出反馈电压的变化情况。此外，电压表应是低量程（通常为 2V）和高阻抗（阻抗太低会损坏氧传感器）的。

(1) 丰田 V 形六缸发动机氧传感器反馈电压的检测。

①将发动机热车至正常工作温度（或起动后以 2500r/min 的转速连续运转 2min）。

②把电压表的负极测笔接故障诊断插座内的 E_1 插孔或蓄电池负极，正极测笔接故障检测插座内的 OX_1 或 OX_2 插孔或接氧传感器线束插头上的引出线（图 16-9）。

③让发动机以 2500r/min 左右的转速保持运转，同时检查电压表指针能否在 0~1V 之间来回摆动，记下 10s 内电压表指针摆动次数。在正常情况下，随着反馈控制的进行，氧传感器的反馈电压将在 0.4V 上下不断变化，10s 内反馈电压的变化次数应不少于 8 次。

④若电压表指针在 10s 内的摆动次数等于或多于 8 次，则说明氧传感器及反馈控制系统工作正常；电压表指针若在 10s 内的摆动次数少于 8 次，则说明氧传感器或反馈控制系统工作不正常，可能是氧传感器表面有积炭而使灵敏度降低，此时应让发动机以 2500r/min 的转速运转约 2min，以清除氧传感器表面的积炭；若电压表指针变化依旧缓慢，则为氧传感器损坏或 ECU 反馈控制电路有故障。

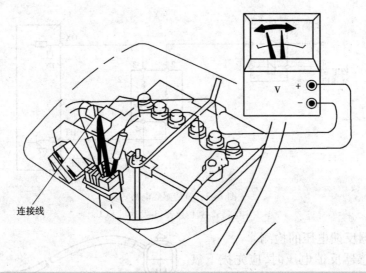

连接线

图16-9 测量反馈电压

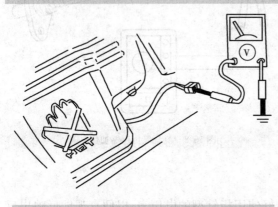

图16-10 测量反馈电压

氧传感器是否损坏,可按下述方法检查:

拔下氧传感器的线束插头,使氧传感器不再与ECU连接,将电压表的正极测笔直接与氧传感器反馈电压输出端连接(图16-10),然后,发动机正常运转时脱开接在进气管上的曲轴箱强制通风管或其他真空软管,人为地形成稀混合气,此时,电压表读数应下降到0.1~0.3V;接上脱开的曲轴箱通风管或真空软管,再拔下冷却液温度传感器接头,且用一个4~8kΩ的电阻代替冷却液温度传感器(或堵住空气滤清器的进气口),人为地形成

浓混合气,此时,电压表读数应上升到0.8~1.0V。也可以用突然踩下或松开加速踏板的方法来改变混合气浓度。在突然踩下加速踏板时,混合气变浓,反馈电压应上升;突然松开加速踏板时,混合气变稀,反馈电压应下降。

如果在混合气浓度变化时,氧传感器输出电压不能相应地改变,说明氧传感器有故障。此时可拆去一根大真空软管,使发动机高速运转,以清除氧传感器上的铅或积炭,然后再测试。如果氧传感器反馈电压能按上述规律变化,说明氧传感器良好。否则,须更换氧传感器。

氧传感器的检测程序如图16-11所示。

(2)丰田COROLLA车4A-C、4A-GE和4A-FE发动机氧传感器的检测。

①将发动机在2500r/min的转速下运转90s以上,使发动机热车至正常工作温度,并将电压表的正极测笔和4A-C发动机的故障诊断插座的OX插孔(4A-GE发动机故障诊断插座的E_1插孔)连接,负极测笔和E(4A-GE发动机故障诊断插座的VF插孔)连接,如图16-12所示。

学习任务十六　氧传感器的检测与更换

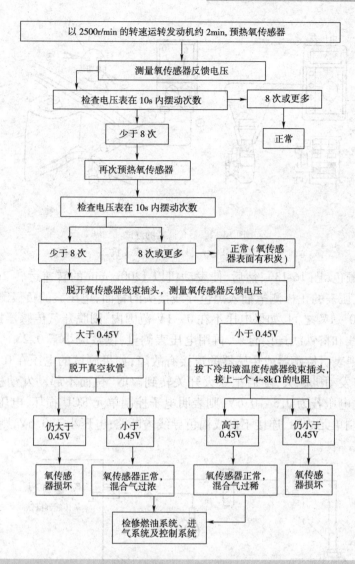

图 16-11　氧传感器的检测程序

②对 4A-C 发动机,应在保持发动机转速为 2500r/min 时检测,电压表指针若在 10s 内和 0～6V 范围内摆动 8 次以上,则氧传感器工作正常。否则,应仔细地检查系统的导线和接头。

③对 4A-GE 发动机,在保持发动机 2500r/min 的同时,用导线跨接故障诊断插座上的 T 和 E_1 插孔,然后用电压表测量。如果电压表指针在 10s 内摆动次数等于或超过 8 次,则表示氧传感器工作正常;如果电压表指针摆动次数少于 8 次,但在 0 次以上,则应拆下连接 T 和 E_1 的导线,在仍保持 2500r/min 转速的情况下,读取 E_1 和 VF 之间的电压。此电压如果在 0V 以上,则更换氧传感器;如果电压为零,则从发动机故障指示灯上读取故障码,然后根据故障码进一步检查并视需要修理有关组件。

④对 4A-FE 发动机,只能使用 10MΩ 的数字式电压表,用其他形式的电压表可能会损坏 ECU 或其他组件。其检测方法如下:从传感器起,顺着导线找到第一个接头,并清洁导线

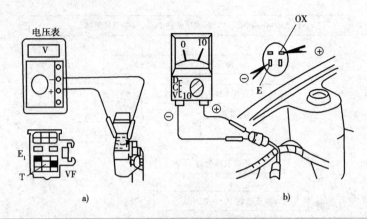

图 16-12 氧传感器的测试
a) 4A-GE 发动机；b) 4A-C 发动机

以便识别导线的颜色(图 16-13)；然后,使发动机以 1200r/min 的转速运转 2min 以上,并保持这一转速；将电压表的正极测笔插入黑色导线接头的背面,电压表的负极测笔搭铁,此时,电压表读数应在 0~1V 之间,如果电压不在 0~1V 范围内,则脱开氧传感器接头,用一根跨接导线将黑色导线和搭铁线连接起来,再用电压表测量,读数应小于 0.2V。如果此电压等于或小于 0.2V,则表明传感器或传感器的连接有故障；如果测试的电压在 0.2V 以上,则拆去跨接导线,并将发动机熄火,随后把点火开关转到"ON"位而不起动发动机,重新检查黑色导线的电压,此电压若为 0.3~0.6V,则表明电子控制单元 ECU 损坏；电压若超过 0.6V,则可能是电子控制单元故障、连接不良或褐色导线内断路；电压小于 0.6V,则可能是电子控制单元故障、连接不良。

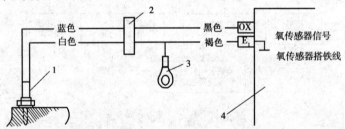

图 16-13 4A-FE 发动机氧传感器线路
1-氧传感器；2-接头；3-发动机搭铁线；4-电子控制单元

(3)北京切诺基氧传感器的检测。北京切诺基采用的是带加热元件的氧传感器。它与 ECU 的连接如图 16-14 所示,氧传感器上有 4 条导线,其中 2 条是氧传感器的信号输出线和搭铁线,另 2 条是加热元件的电源输入线和搭铁线。该传感器可用 DRB Ⅱ 或 DRB Ⅲ 测试仪进行测试,在没有 DRB Ⅱ 或 DRB Ⅲ 测试仪的情况下,可采用下述测试方法：

①用高阻抗数字式万用表 Ω 挡对氧传感器进行测试,拔下氧传感器线束插头,测试传感器 A、B 端子间的电阻值。正常情况下,其电阻值为 5~7Ω,电阻值若为无穷大,则表明加热电阻烧断,应更换氧传感器。

②对氧传感器的输出电压进行测试,良好的氧传感器,在接线正常情况下,当发动机处

于正常工作温度且稳定运转时,氧传感器端子C、D间的电压值应为0～1V。

如果测得的电压值在0V且保持不变,则需反复开、闭节气门,使发动机转速变化。此时,若电压随节气门的开闭而变,则表明氧传感器良好;若电压值仍为0V,则说明氧传感器已经损坏,或黑色导线内断路。

如果测得的电压值在1V且保持不变,则需拆去进气歧管上的一根真空软管,让混合气变稀。此时,若电压值开始变化,则说明氧传感器有效,否则,说明氧传感器已损坏,应更换。

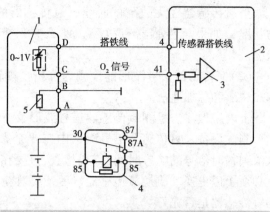

图16-14 加热型氧传感器工作电路
1-氧传感器;2-ECU;3-比较器;4-燃油泵继电器;5-加热元件

3)氧传感器信号波形的检测及分析

(1)基本概念:

①上流动系统(Upstream System)。上流动系统是指位于氧传感器前的,包括传感器、执行器和发动机ECU的发动机各系统(包括辅助系统),即在氧传感器之前的影响尾气的所有机械部件和电子部件,例如:进气系统、废气再循环系统和发动机电子控制系统等。

②下流动系统(Downstream System)。下流动系统是指位于氧传感器后面的排气系统部件,包括三元催化转换器、排气管和消声器等。

③闭环(Close Loop)。闭环是指发动机ECU根据氧传感器的反馈信号不断地调整混合气的空燃比,使其值符合规定。根据氧传感器的信号波形可以判断系统是否已经进入闭环控制状态。用波形测试设备测得发动机起动后的氧传感器输出的信号电压波形如图16-15所示。

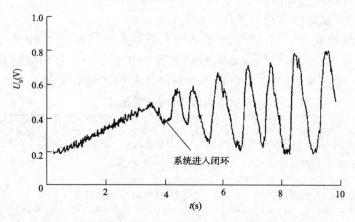

图16-15 发动机起动后的氧传感器输出的信号电压波形

由图16-15可以看出发动机起动后氧传感器输出的信号电压先逐渐升高到450 mV,然后进入升高和下降(混合气变浓和变稀)的循环(右侧图形),后者表示燃油反馈控制系统进入了闭环状态。

当氧传感器在无故障的时候,氧传感器的信号电压波形才能反映燃油反馈控制系统的状况;如果氧传感器有故障,那么它所产生的波形就不反映燃油反馈控制系统的状况。

(2)氧传感器信号波形的检测与分析。测试氧传感器信号波形有2种常用的方法:丙烷加注法和急加速法。

①丙烷加注法检测氧传感器信号波形及波形分析。按照波形测试设备使用手册连接好波形测试设备。氧传感器信号测试中有3个参数(最高信号电压、最低信号电压和混合气从浓到稀时信号的响应时间)需要检查,只要在这3个参数中有1个不符合规定,氧传感器就必须予以更换。更换氧传感器以后还要对新氧传感器的这3个参数进行检查,以判断新的氧传感器是否完好。

测试步骤(氧化钛型传感器和氧化锆型传感器都适用):

a. 连接并安装加注丙烷的工具。

b. 把丙烷接到真空管入口处(对于有PCV系统或制动助力系统的汽车应在其连接完好的条件下进行测试)。

c. 接上并设置好波形测试设备。

d. 起动发动机,并使发动机在2500 r/min下运转2~3min。

e. 使发动机怠速运转。

f. 打开丙烷开关,缓慢加注丙烷,直到氧传感器输出的信号电压升高(混合气变浓),此时一个运行正常的燃油反馈控制系统会试图将氧传感器的信号电压向变小(混合气变稀)的方向拉回;然后继续缓慢地加注丙烷,直到该系统失去将混合气变稀的能力;接着再继续加注丙烷,直到发动机转速因混合气过浓而下降100~200r/min。这个操作步骤必须在20~25s内完成。

g. 迅速把丙烷输入端移离真空管,以造成极大的瞬时真空泄漏(这时发动机失速是正常现象,并不影响测试结果),然后关闭丙烷开关。

h. 待信号电压波形移动到波形测试设备显示屏的中央位置时锁定波形,测试完成。

通过分析信号电压波形可以确定氧传感器是否正常。一个好的氧传感器应输出如图16-16所示的信号电压波形,其3个参数值必须符合表16-1所列的值。

表16-1 氧传感器信号波形参数标准

序号	测量参数	允许范围
1	最高信号电压(左侧波形)	大于850mV
2	最低信号电压(右侧波形)	75~175mV
3	混合气从浓到稀的最大允许响应时间(波形的中间部分)	小于100ms(波形中在300~600mV之间的下降段应该是上下垂直的)

损坏的氧传感器可能输出如图16-17所示的信号电压波形,其中,最高信号电压下降至427 mV,最低信号电压小于0V,混合气从浓到稀时信号的响应时间延长约为237ms,所以这

3个参数均不符合标准。

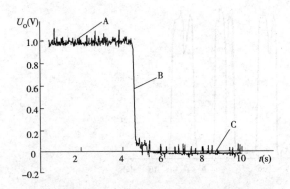

图16-16 氧传感器标准信号电压波形
A-最高信号电压(1.1V);B-信号的响应时间(40ms);
C-最低信号电压(0V)

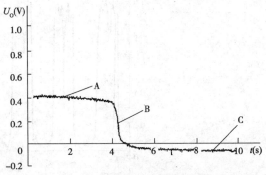

图16-17 已损坏的氧传感器信号电压波形
A-最高信号电压(427mV);B-信号的响应时间(237ms);
C-最低信号电压(-130mV)

小提示

在作氧传感器波形检测前,应将氧传感器充分预热(即让发动机在2500 r/min下运转2~3min)。否则,测试结果可能有1个或多个参数不合格,而这个不合格并不说明氧传感器是坏的,只是没有满足测试条件的缘故。

②急加速法检测氧传感器信号电压波形及波形分析。对有些汽车,用丙烷加注法测试氧传感器信号电压波形是非常困难的,因为这些汽车的发动机控制系统具有真空泄漏补偿功能(采用速度密度方式进行空气流量的计量或安装了进气压力传感器等),能够非常快地补偿较大的真空泄漏,所以氧传感器的信号电压决不会降低。这时,在测试氧传感器的过程中就要用手动真空泵使进气压力传感器内的压力稳定,然后再用急加速法来测试氧传感器。

急加速法测试步骤如下:

a. 以2500 r/min的转速预热发动机和氧传感器2~6min,然后再让发动机怠速运转20s;

b. 在2s内将发动机节气门从全闭(怠速)至全开1次,共进行5~6次;

小提示

不要使发动机空转转速超过4000 r/min,只要用节气门进行急加速和急减速就可以了。

c. 定住屏幕上的波形(图16-18)。接着就可根据氧传感器的最高、最低信号电压值和信号的响应时间来判断氧传感器的好坏。在信号电压波形中,上升的部分是急加速造成的,下降的部分是急减速造成的。

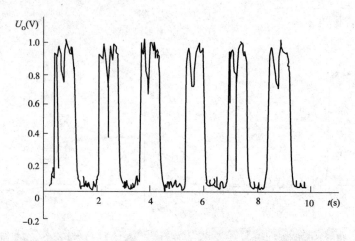

图 16-18　急加速法测试时氧传感器的信号电压波形

开环控制：开环控制是一种直链式控制，其控制模块根据传感器的信号控制执行器的工作，但不对控制结果进行检测，如图 16-19 所示。

闭环控制：闭环控制又叫反馈控制，与开环控制不同的是增加了反馈控制环节，即有些传感器检测控制结果并把这种结果反馈给控制模块，如图 16-19 所示。

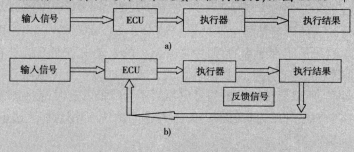

图 16-19　开环、闭环控制示意图
a) 开环控制；b) 闭环控制

氧传感器在什么工况下是开环控制？在什么工况下是闭环控制？

二、实践操作

1. 实践准备

干净的抹布、常用工具、解码器、汽车专用万用表、丰田卡罗拉发动机台架、丰田卡罗拉

学习任务十六 氧传感器的检测与更换

轿车一辆、丰田威驰2SZ—FE轿车一辆、相关维修手册等。

2. 技术要求及注意事项

(1) 先关闭点火开关,再拔下氧传感器连接器;

(2) 连接传感器端子时,先关闭点火开关,再连接端子;

(3) 汽车在起动时不能断开蓄电池,以免烧坏电脑;

(4) 不能带电拔插解码器插头;

(5) 测氧传感器电压约为0.5~0.8V变化时,说明目前排放过浓(含氧过低);

(6) 测氧传感器电压约为0.1~0.4V变化时,说明目前排放过稀(含氧过高);

(7) 在断定氧传感器线路损坏及氧传感器损坏之前应先检查+B、E_1。

3. 实践操作

1) 丰田卡罗拉轿车氧传感器的检测

(1) 查阅丰田卡罗拉轿车的维修手册,在下面空格中画出该车氧传感器的电路图。

(2) 测量丰田卡罗拉轿车的氧传感器的电阻,将测得的电阻值填入表16-2中。

电阻测量登记表 表16-2

氧传感器(1NZ—FE/2NZ—FE)	标 准 值(Ω)	测 量 值(Ω)
在20℃	11~16	

(3) 测量丰田卡罗拉轿车的氧传感器的反馈电压。起动发动机以2500r/min运行2min左右,达到正常工作温度。改变混合气浓度,检查氧传感器的反馈电压。将检查结果填入表16-3中。

反馈电压测量登记表 表16-3

检测内容	标 准 值(Ω)	测 量 值(Ω)	是否正常
混合气稀时,氧传感器的反馈电压			
混合气浓时,氧传感器的反馈电压			

(4) 用急加速法测量丰田卡罗拉轿车氧传感器的波形,与该车氧传感器的标准波形进行对比,并作出你的判断。

(5) 根据你的测量和判断,你认为是否需要更换该氧传感器?

2) 一辆丰田威驰2SZ—FE轿车发动机故障灯点亮,油耗增加,且出现怠速不稳、缺火、

喘振

(1) 车辆基本信息和客户反映情况登记(表16-4)。

车辆基本信息及客户反映情况登记表　　　　　　　表16-4

项　目	内　容
车辆型号(VIN 码)	(查后填写)
发动机型号	(查后填写)
车辆外观检查	□正常　□不正常
客户反映	发动机故障灯点亮、油耗增加,且出现怠速不稳、缺火、喘振
维修接待的维修意见	经读取故障码,建议检查氧传感器及电路连接

(2) 下面哪些故障现象是氧传感器失效导致的?
□发动机油耗过高;
□发动机尾气排放超标;
□发动机动力不足,加速无力;
□发动机怠速过高。

(3) 这种氧传感器有几根导线?
□1根　　□2根　　□3根　　□4根

(4) 氧传感器外观目测。
①插头是否连接良好?　　　　　　　　　　　□是　□否
②拔出连接器,观察是否有锈蚀、松动。　　　□是　□否
③传感器外壳是否损坏?　　　　　　　　　　□是　□否
④传感器导线连接是否良好?　　　　　　　　□是　□否

(5) 检查氧传感器的加热电阻,编写氧传感器的加热电阻的检测流程,对照电路图(图16-14)进行电路检查,并将检查结果填入表16-5中。

氧传感器加热电阻的检测　　　　　　　表16-5

检测内容		标 准 值	测 量 值	是否正常
加热电阻				
加热电阻与ECU之间的导线	断路检查			
	短路检查			
加热电阻与EFI继电器之间的导线	断路检查			
	短路检查			
EFI继电器的检查				

(6) 采用什么方法可以使混合气变浓或变稀?

(7) 检查氧传感器反馈电压。起动发动机以 2500r/min 运行 2min 左右,达到正常工作温度。改变混合气浓度,检查氧传感器的反馈电压。将检查结果填入表 16-6 中。

氧传感器反馈电压的检测　　　　　　　　　　表 16-6

检测内容	标准值(V)	测量值(V)	是否正常
混合气稀时,氧传感器的反馈电压			
混合气浓时,氧传感器的反馈电压			

(8) 用急加速法测量丰田威驰 2SZ—FE 轿车氧传感器的波形,与该车氧传感器的标准波形进行对比,并作出你的判断。

(9) 根据你的测量和判断,你认为是否需要更换该氧传感器?

三、学 习 拓 展

(1) 大多数氧传感器没有确定更换周期,但当其反应迟缓后应该进行更换。一般非加热型的约 5 万~8 万 km 更换一次,加热型的约 10 万 km 更换一次。

(2) 氧传感器的常见故障。

①氧传感器中毒。氧传感器中毒是经常出现的且较难防治的一种故障,尤其是经常使用含铅汽油的汽车,即使是新的氧传感器,也只能工作几千公里。如果只是轻微的铅中毒,接着使用一箱不含铅的汽油,就能消除氧传感器表面的铅,使其恢复正常工作。但往往由于过高的排气温度,而使铅侵入其内部,阻碍了氧离子的扩散,使氧传感器失效,这时就只能更换了。

另外,氧传感器发生硅中毒也较常见。一般来说,汽油和润滑油中含有的硅化合物燃烧后生成的二氧化硅,硅橡胶密封垫圈使用不当散发出的有机硅气体,都会使氧传感器失效,因而要使用质量好的燃油和润滑油。修理时要正确选用和安装橡胶垫圈,不要在传感器上涂敷制造厂规定使用以外的溶剂和防黏剂等。

②积炭。由于发动机燃烧不好,在氧传感器表面形成积炭,或氧传感器内部进入了油污及尘埃等沉积物,会阻碍或阻塞外部空气进入氧传感器内部,使氧传感器输出的信号失准,ECU 不能及时地修正空燃比。产生积炭,主要表现为油耗上升、排放浓度明显增加。此时,若将沉积物清除,就会恢复正常工作。

③氧传感器陶瓷碎裂。氧传感器的陶瓷硬而脆,用硬物敲击或用强烈气流吹洗,都可能

使其碎裂而失效。因此,处理时要特别小心,发现问题及时更换。

④加热器电阻丝烧断。对于加热型氧传感器,如果加热器电阻丝烧蚀,就很难使传感器达到正常的工作温度而失去作用。

⑤氧传感器内部线路断脱。

(3)氧传感器外观颜色的检查。

从排气管上拆下氧传感器,检查传感器外壳上的通气孔有无堵塞,陶瓷芯有无破损。如有破损,则应更换氧传感器。

通过观察氧传感器顶尖部位的颜色也可以判断故障:

①淡灰色顶尖:是氧传感器的正常颜色;

②白色顶尖:由硅污染造成的,此时必须更换氧传感器;

③棕色顶尖:由铅污染造成的,如果严重,必须更换氧传感器;

④黑色顶尖:由积炭造成的,在排除发动机积炭故障后,一般可以自动清除氧传感器上的积炭。

(4)现代新型国产轿车上,在三元催化转换器前装有一个空燃比传感器,而在三元催化转换器后装一个氧传感器。氧传感器与空燃比传感器的区别在于:

①空燃比传感器的工作电压约0.4V,它的输出电流根据排放物中氧浓度的变化而改变。发动机的ECU把输出电流的变化转化成电压信号,线性地检测当前的空燃比。

②氧传感器的输出电压根据排放物中氧浓度的变化而改变,发动机ECU根据输出电压来决定当前空燃比是否比理想的空燃比浓或稀。

 想一想

当氧传感器失效后,发动机如何控制混合气的浓度?

四、评价与反馈

1. 自我评价与反馈

(1)能否主动参与氧传感器的检测?(　　　)

    A. 主动完成　　　　B. 被动完成　　　　C. 没有完成

(2)完成本学习任务后,你对维修手册等资料的使用是否快速、规范?(　　　)

    A. 快速规范　　　　B. 规范但不熟练　　C. 不会使用

(3)你能否正确规范地完成对氧传感器的检测判断?(　　　)

    A. 独立完成　　　　B. 小组合作完成　　C. 在老师指导下完成

(4)氧传感器出现故障,发动机会有哪些故障现象?

(5) 下次遇到类似的学习任务应如何改善从而提高学习效果？
_____
_____

(6) 你在本学习任务中遇到的困难是什么？你是如何解决的？
_____
_____

签名：_____　_____年_____月_____日

2. 小组评价与反馈

(1) 是否主动参与小组讨论？（　　）
　　A. 主动　　　　　　B. 被动　　　　　　C. 未参与

(2) 是否完成本学习任务的学习目标？（　　）
　　A. 完成且效果好　　B. 完成但效果不好　　C. 未完成

(3) 是否积极学习，不懂的是否积极向别人请教，是否积极帮助他人学习？（　　）
　　A. 积极学习　　B. 积极请教　　C. 积极帮助他人　　D. 三者都不积极

(4) 零件、工具与油污是否有落地，是否保持作业现场的整洁？（　　）
　　A. 无掉地且场地整洁　　　　　　B. 有零件、工具掉地
　　C. 有油污掉地　　　　　　　　　D. 未保持作业现场的整洁

(5) 操作过程中是否注意维修质量且有责任心？（　　）
　　A. 注意质量，有责任心　　　　　B. 不注意质量，有责任心
　　C. 注意质量，没有责任心　　　　D. 全无

(6) 在团队学习中的主动性与合作情况如何？（　　）
　　A. 好　　　　　　B. 较好　　　　　　C. 一般

参与评价的同学签名：_____　_____年_____月_____日

3. 教师评价及答复

_____
_____

教师签名：_____　_____年_____月_____日

五、技能考核标准

序号	项目	操作内容	规定分	评分标准	得分
1	准备	清点工量具、清理工位； 打开并支撑发动机罩； 安装汽车保护罩	5分 5分 5分	酌情扣分； 酌情扣分； 酌情扣分	

续上表

序号	项目	操 作 内 容	规定分	评 分 标 准	得分
2	检查	氧传感器外观检查； 用解码器读故障码； 用万用表检测氧传感器电压、电阻； 用万用表检测氧传感器与ECU之间的线束； 用手持式电脑检测仪测氧传感器波形	5分 5分 10分 10分 10分	酌情扣分； 操作方法不正确、未读取故障码扣5分； 操作方法正确，读取数据不准确扣1~10分； 操作方法正确，读取数据不准确扣1~10分； 操作方法正确，读取数据不准确扣1~10分	
3	拆卸	拆氧传感器连接器； 拆氧传感器	5分 5分	操作不当扣1~5分； 操作不当扣1~5分	
4	安装	安装氧传感器； 安装氧传感器与线束连接器	5分 5分	安装方法不正确扣1~5分； 安装方法不正确扣1~5分	
5	完成时限	45min	10分	超时1~5min扣1~5分；超时5min以上扣10分	
6	安全文明	无安全隐患，无不文明操作	5分	未达标扣1~5分	
7	结束	工具、量具清洁并归位； 工作场地清洁	5分 5分	漏一项扣1分，未做扣5分； 清洁不彻底扣1~5分，未做扣5分	
		总分	100分		

学习任务十七　燃油供给系统的检修

> **任务要求**
> 完成本学习任务后,你应:
> 1. 知道燃油供给系统各组成部件的作用、组成及工作原理;
> 2. 能分析燃油供给系统的简单故障;
> 3. 能正确检查燃油质量、燃油压力、燃油泵、喷油器及控制电路;
> 4. 能对喷油器波形进行分析。
> **建议学时:10 学时**

任务描述

一辆丰田卡罗拉1.8GLX-i轿车,怠速运转不稳、加速不良、有回火、车辆行驶无力等,经维修人员初步判断,是燃油供给系统出了问题,需对燃油供给系统的元件及电路进行检测,确定故障部位,以便维修或更换。

一、理论知识准备

发动机燃油供给系统是电子燃油喷射系统的重要组成部分,也是发动机故障发生率较高的系统之一,其故障将直接影响发动机的使用性能。

1. 燃油供给系统的作用

燃油供给系统的主要作用是把燃油从＿＿＿＿＿＿中吸入并通过＿＿＿＿＿＿泵送出去,汽油经＿＿＿＿＿＿和＿＿＿＿＿＿到达燃油分配管,送到各个＿＿＿＿＿＿,多余的燃油通过油压调节器、回油管回到油箱(图17-1)。

2. 发动机燃油供给系统各组成部件的构造、工作原理及检测

燃油供给系统由电动燃油泵、燃油滤清器、燃油压力调节器、脉动阻尼器及油管组成。

1)电动燃油泵

(1)电动燃油泵的作用。电动燃油泵的作用是向燃油系统提供一定压力的燃油。

(2)电动燃油泵的类型。

①按安装位置不同分为:

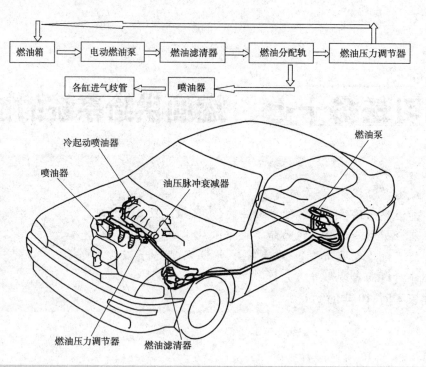

图 17-1 燃油供给系统流程图

内置式——安装在油箱中,噪声小、不易产生气阻、不易泄漏、管路安装简单。
外置式——串接在油箱外部的输油管路中,易布置、安装自由空间大,噪声大,易产生气阻。
②按电动燃油泵的结构不同分为:涡轮式、滚柱式、转子式和侧槽式。
(3)电动燃油泵的构造及工作原理。
①涡轮式电动燃油泵。
结构:主要由燃油泵电动机、涡轮泵、出油阀、卸压阀组成(图17-2)。

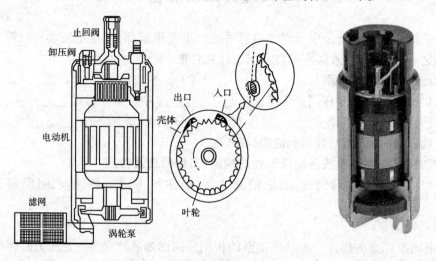

图 17-2 涡轮式电动燃油泵的结构

工作原理:油泵电动机通电时,电动机驱动涡轮泵叶片旋转,由于离心力的作用,使叶轮周围小槽内的叶片贴紧泵壳,将燃油从进油室带往出油室。由于进油室的燃油不断减小,形成一定的真空度,将燃油从进油口吸入;而出油室燃油不断增多,燃油压力升高,当达到一定值时,顶开出油阀从出油口输出。在油泵不工作时,出油阀阻止燃油倒流回油箱,这样可保持油路中有一定的残余压力,便于下次起动。燃油泵输出油压达到 0.4MPa 时,卸压阀开启,以防止输油压力过高。燃油泵工作时,燃油流经燃油泵内腔,对燃油泵电动机起到冷却和润滑的作用。

涡轮式电动燃油泵的优点:泵油量大、泵油压力较高、供油压力稳定、运转噪声小、使用寿命长等。此外,由于不需要消声器,所以可以小型化,因此广泛地应用在轿车上。如捷达、本田雅阁等。

②滚柱式电动燃油泵。

结构:主要由燃油泵电动机、滚柱式燃油泵、出油阀、卸压阀等组成(图17-3)。

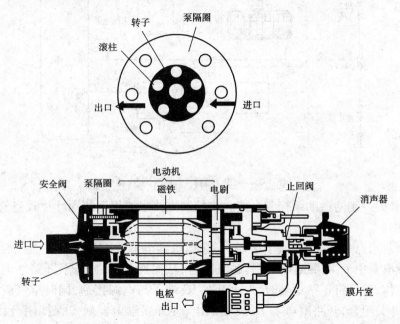

图17-3 滚柱式电动燃油泵的结构

工作原理:当转子旋转时,位于转子槽内的滚柱在离心力的作用下,紧压在泵体内表面上(图17-4),对周围起密封作用,在相邻两个滚柱之间形成工作腔。在燃油泵运转过程中,工作腔转过出油口后,其容积不断增大,形成一定的真空度,当转到与进油口连通时,将燃油吸入;而吸满燃油的工作腔转过进油口后,容积不断减小,使燃油压力提高,受压燃油流过电动机,从出油口输出。

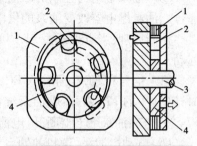

图17-4 滚柱式电动燃油泵原理图
1-泵壳体;2-滚柱;3-转子轴;4-转子

滚柱式电动燃油泵缺点:输油压力波动较大,在出油端必须安装阻尼减振器,这使得燃油泵体积增大,故一般都安装在油箱外面,属外置式。

(4)电动燃油泵的控制。

①ECU控制的燃油泵控制电路。该控制方式主要应用在装用D形EFI和装用热式和卡门旋涡式空气流量计的L形EFI系统中。

控制原理:燃油泵的控制根据发动机ECU端子FPC和DI的信号,控制±B端子与FP端子的连通回路,以改变输送给燃油泵的电压,从而实现对燃油泵转速的控制(图17-5)。当点火开关接通时,ECU令一个继电器接通输油泵电源开始输油,但倘若过了2s还没有收到发动机已起动的信号(转速达400r/min,超过了起动机拖动发动机的转速),则ECU即令继电器切断输油泵电源而处于等待状态,待以后收到起动信号后再予接通。这样可以防止在发动机起动阶段燃油大量喷入而造成"淹缸",淹缸会使发动机更难起动。

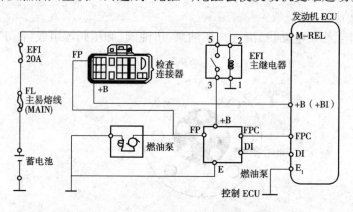

图17-5 ECU控制的燃油泵控制电路

②油泵开关控制的燃油泵控制电路。该控制方式主要用于装用叶片式空气流量计的L形EFI系统中。

控制原理:当点火开关ST端子接通时,起动机继电器线圈通电使触点闭合(图17-6),此时,开路继电器中L_1线圈通电,使其触点闭合,从而通过主继电器、开路继电器向燃油泵供电,油泵工作;发动机正常运转时,点火开关IG端子与电源接通,同时空气流量计测量板转动使油泵开关闭合,开路继电器L_2线圈通电,使开路继电器触点保持闭合,油泵继续工作。发动机停转时,L_1和L_2线圈不通电,燃油泵停止工作。

③燃油泵继电器控制的燃油泵控制电路。此控制电路根据发动机转速和负荷的变化,通过燃油泵继电器改变油泵的供电线路,从而控制油泵的工作转速(图17-7)。

控制原理:当点火开关STA接通时,起动机继电器闭合,同时ECU有STA信号,起动机起动。

STA信号和NE信号输入ECU,VT_1接通,开路继电器闭合,燃油泵运转。起动或重负荷时,ECU中的VT_2断开,燃油泵继电器闭合,燃油泵高速运转;怠速或轻负荷时,ECU中的VT_2接通,燃油泵继电器断开,电流流过燃油泵电阻器,燃油泵低速运转。

(5)电动燃油泵(微机控制系统)控制电路检测。

①打开加油口盖;

②打开点火开关(不起动发动机),在加油口处倾听有无电动燃油泵运转的声音,如在

打开点火开关后,能听到电动燃油泵运转3~5s后又停止,说明控制系统各部分工作正常;

③若打开点火开关后听不到电动燃油泵运转的声音,可用一根短导线将故障检测插座内两个检测电动燃油泵的插孔短接(直接接蓄电池电压12V),此时,打开点火开关,若能听到电动燃油泵运转的声音,说明ECU外部的电动燃油泵控制电路工作正常,故障在ECU内部,若仍听不到运转声,应检修或更换燃油泵,检查熔断器、继电器及各电路是否断路或短路。

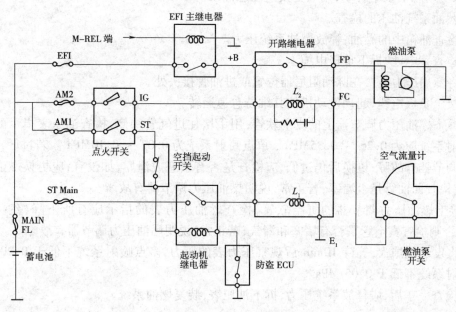

图17-6 油泵开关控制的燃油泵控制电路

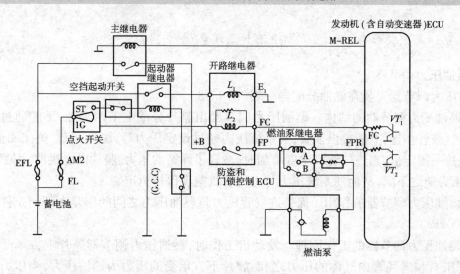

图17-7 燃油泵继电器控制的燃油泵控制电路

(6)燃油泵的拆装与检验。

拔下电动燃油泵的导线连接器,从车上拆下电动燃油泵进行检查。

①电动燃油泵电阻的检测。用万用表Ω挡测量电动燃油泵上两个接线端子间的电阻，即为电动燃油泵直流电动机线圈的电阻，其阻值应为2～3Ω（20℃时）。如电阻值不符，则须更换电动燃油泵。

②电动燃油泵工作状态的检查。将电动燃油泵与蓄电池相接（正极不能接错）并使电动燃油泵尽量远离蓄电池，每次接通不超过10s（时间过长会烧坏电动燃油泵电动机的线圈）。如电动燃油泵不转动，则应更换电动燃油泵。

③燃油系统油压的检查。

a. 检查油箱中的燃油，释放燃油系统压力。

b. 检查蓄电池，拆下负极电缆。

c. 将专用压力表接在脉动阻尼器位置或进油管接头处。

d. 接上负极电缆，起动发动机使其维持怠速运转。

e. 拆下燃油压力调节器上的真空软管，用手堵住进气管一侧，检查油压表指示的压力，多点喷射系统应为0.25～0.35MPa，单点喷射系统为0.07～0.10MPa。若过低，说明燃油压力调节器有故障，更换后仍过低，应检查是否有堵塞或泄露，如没有，应更换燃油泵；若过高，应检查回油管是否堵塞，若正常，说明燃油压力调节器有故障。

f. 接上燃油压力调节器的真空软管，检查燃油压力表的指示应有所下降（约为0.05MPa），否则检查真空管是否有堵塞和漏气，若正常，说明燃油压力调节器有故障。

g. 将发动机熄火，等待10min后观察压力表的压力，多点喷射系统不低于0.20MPa，单点喷射系统不低于0.05MPa。

h. 检查完毕后，应释放系统压力，拆下油压表，装复燃油系统。

想一想

电动油泵中线圈烧坏后，发动机会有什么现象？

2）燃油压力调节器

燃油压力调节器安装在燃油分配器一端（图17-8）。

(1) 燃油压力调节器的结构。燃油压力调节器由膜片分成上下两个腔，下腔通过真空软管与进气歧管相连，上腔接供油管，当系统压力超过设定压力后，膜片回落，关闭回流孔，使油压保持一固定值，当进气管真空度增加时，减轻了弹簧的压力，膜片向上拱曲，回油量增加，系统压力随之下降，从而使系统压力与进气管真空度保持恒定。

(2) 燃油压力调节器的作用。保持进气管压力与燃油压力之间的压差在任何条件下恒定（约3000kPa）。

(3) 燃油压力调节器的工作原理。发动机工作时，燃油压力调节器膜片上方承受的压力为弹簧压力和进气管内气体的压力之和，膜片下方承受的压力为燃油压力，当压力相等时，膜片处于平衡位置不动。当进气管内气体压力下降时，膜片向上移动，回油阀开度增大，回油量增多，使输油管内燃油压力也下降；反之，进气管内气体压力升高时，燃油的压力也升高（图17-9）。

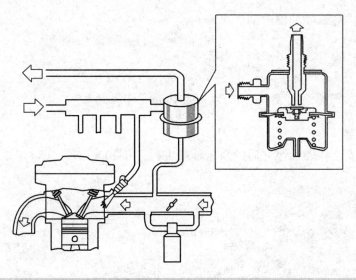

图 17-8 燃油压力调节器安装图

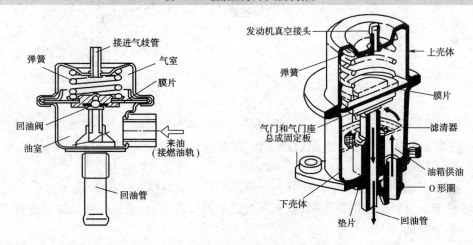

图 17-9 燃油压力调节器的工作原理

(4)燃油压力调节器的检测。检查条件:燃油泵继电器工作正常,燃油泵正常、燃油滤清器未阻塞。

①拔下燃油压力调节器到进气歧管的真空软管(燃油压力约400kPa),并封闭该管。若此时燃油压力调节器有燃油溢出,必须更换压力调节器。

②起动发动机,使之怠速运转,在供油管与压力调节器之间装上压力表,此时压力应在350kPa左右,否则,压力调节器、燃油泵或供油管有故障。

③重新在压力调节器上接上真空管,燃油压力应下降50kPa,如果压力不下降,故障可能是真空软管破裂、泄漏或阻塞或压力调节器损坏。

④关闭发动机10min,供油管内保持压力应为220kPa(冷机)或300kPa(热机),否则应再起动发动机,使之怠速运转,当建立油压后,重新关闭点火开关,若此时压力不再下降,故障可能是压力表与供油管之间有泄漏;燃油泵止回阀有泄漏。若未见此现象,故障可能是:

燃油压力调节器损坏或喷油器泄漏。

想一想

燃油压力调节器的真空软管脱落,发动机会有什么现象?

3) 燃油滤清器

燃油滤清器安装在燃油泵之后的高压油路中(图17-10)。

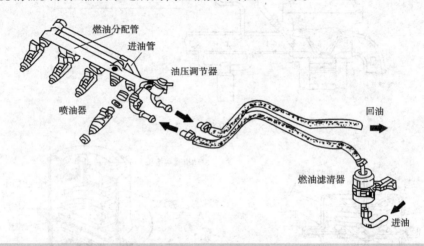

图17-10 燃油滤清器安装图

(1) 燃油滤清器的功用。滤除燃油中的杂质和水分,防止燃油系统堵塞,减小机械磨损,以保证发动机正常工作。

(2) 燃油滤清器的结构(图17-11)。一般汽车每行驶 20000~40000km 或 1~2 年,应更换燃油滤清器。更换燃油滤清器时,首先释放燃油系统压力,并注意燃油滤清器壳体上的箭头标记为燃油流动方向。

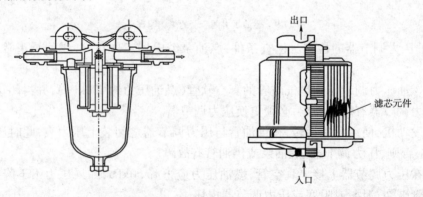

图17-11 燃油滤清器的结构图

4) 脉冲阻尼器

脉冲阻尼器安装在输油管的一端。

(1)脉冲阻尼器的功用。衰减喷油器喷油时引起的燃油压力脉动,使燃油系统压力保持稳定。

(2)脉冲阻尼器的结构(图17-12)。

(3)脉冲阻尼器的工作原理。发动机工作时,燃油经过脉动阻尼器膜片下方进入输油管,当燃油压力产生脉动时,膜片弹簧被压缩或伸张,膜片下方的容积稍有增大或减小,从而起到稳定燃油系统压力的作用。

5)燃油分配管

燃油分配管安装在发动机进气歧管上部,又称为供油总管或油架(图17-13)。

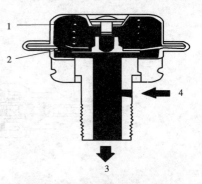

图17-12 脉冲阻尼器的结构图
1-膜片弹簧;2-膜片;3-出油口;4-进油口

燃油分配管的功用:固定喷油器和油压调节器,并将燃油分配给各个喷油器。

6)喷油器

喷油器安装在靠汽缸盖一侧的进气歧管上(图17-13)。

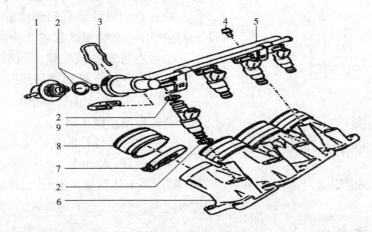

图17-13 燃油分配管安装图
1-油压调节器;2-O形密封圈;3-固定夹;4-固定螺钉;5-燃油分配管;6-进气管下体;7-卡箍;8-中间凸缘;9-喷油器

(1)喷油器的构造。按喷油口的结构不同,喷油器可分为轴针式和孔式两种。喷油器主要由滤网、线束连接器、电磁线圈、复位弹簧、衔铁和针阀等组成,针阀与衔铁制成一体。轴针式喷油器的针阀下部有轴针伸入喷口(图17-14)。

(2)喷油器的工作原理。喷油器内部有个电磁线圈,外部引出插座经线束与电脑连接,喷油器头部的针阀与衔铁连接为一体。当电磁线圈通电时,便产生吸力,将衔铁和针阀吸起,打开喷油孔。

(3)喷油器的驱动方式。喷油器的驱动方式有电流驱动、电压驱动(低阻)、电压驱动(高阻)(图17-15)。

(4)喷油器的喷油量、密封性和喷油器的电器检查(以大众车为例)。检查条件:燃油压力、转速传感器、熔断器等工作正常。

①喷油量检查。拔下燃油压力调节器真空软管,拔下喷油器和霍尔传感器的插头,从进

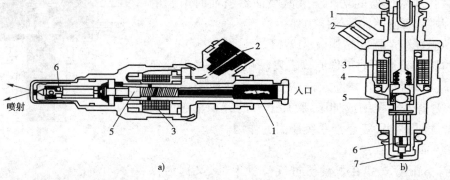

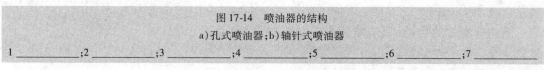

图 17-14 喷油器的结构
a) 孔式喷油器；b) 轴针式喷油器
1_____;2_____;3_____;4_____;5_____;6_____;7_____

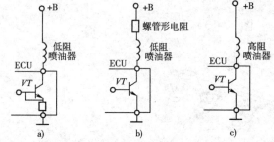

图 17-15 喷油器的驱动方式
a) 电流驱动；b) 电压驱动（低阻）；c) 电压驱动（高阻）

气歧管上拧下燃油分配管的紧固螺栓，连同喷油器一起向上从进气歧管上取下。将被检查的喷油器放到喷油量检测仪的量杯中，用一根检测线和鳄鱼夹将喷油器的一个触点与发动机搭铁，用辅助导线将喷油器的另一触点接到带接线 V. A. G1348/3-2 的遥控器 V. A. G1348/3A 上，并将线夹接到蓄电池正极上。

执行元件诊断并触发 1 缸喷油器，燃油泵需运转，起动 V. A. G1348/3A 约 30s，测量所有喷油器，规定值应为：85～105mL，如某一喷油器未达到规定值，应更换。

小提示

检查喷油量时，也要检查喷油形状，且每个喷油器开关应相同（图 17-16）。

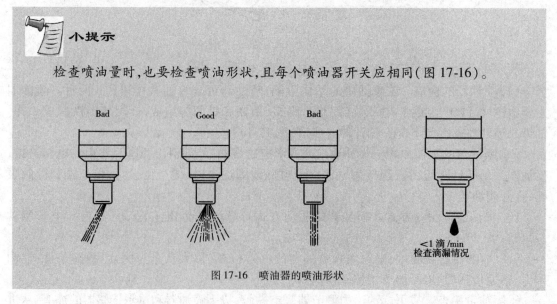

图 17-16 喷油器的喷油形状

②检查喷油器的密封性(目测)。当燃油泵工作时,每个喷油器每分钟只允许漏油1~2滴。如漏油较多,应更换喷油器。

③喷油器的电器检测。进行执行元件诊断并触发喷油阀,转动节气门控制单元的节气门操纵机构让怠速开关打开。喷油器应"咔哒"响5次。

如果喷油器不响,触发下一个喷油器,如果也不响,拔下被检测喷油器插头,将V.A.G1527接到触点1和2之间,重复进行执行元件诊断并再次触发喷油器(注意节气门操纵机构),二极管电笔应闪亮5次,如果二极管电笔不闪亮,检查喷油器的供电,如果二极管电笔闪亮,对喷油器进行电气检查,用便携式万用表测量喷油器电阻,规定值为11~13Ω。

检查供电:拔下被测喷油器插头,用便携式万用表测量插头触点1与搭铁间有无电压,起动机运转几秒钟,规定二极管电笔应亮。如不亮,检查触点1通过喷油器熔断丝到燃油泵的导线是否断路。

 小提示

喷油器电阻检查:低阻为2~3Ω,高阻为13~16Ω;
喷油器滴漏检查:用专用设备检查,在1min内喷油器应无滴油现象;
喷油量检查:用专用设备检查,检查15s内的喷油量应为50~70mL。

(5)喷油器波形分析。喷油器的控制方式有四种基本类型:饱和开关型、峰值保持型、脉冲宽度调制型、PNP型。

 小提示

不同类型的喷油器产生的波形不同。

①饱和开关型(PFI/SFI)喷油器波形分析。饱和开关型喷油器主要在多点燃油喷射系统中使用,在节气门体燃油喷射(TBI)系统上应用不多。当发动机电控单元搭铁电路接通时,喷油器开始喷油,当发动机ECU断开控制电路时,电磁场会发生突变,这个线圈突变的电磁场产生了峰值。

A. 波形测试方法。

a. 按照波形测试设备操作使用说明书的要求连接好波形测试设备。

b. 起动发动机,以2500r/min的转速保持加速踏板2~3min,直至发动机完全热机。

c. 同时使燃油反馈控制系统进入闭环控制状态(可以通过观察波形测试设备上氧传感器的信号确定这一点)。

d. 关掉空调和所有附属电气设备。

e. 将换挡操纵手柄置于停车挡或空挡。

f. 缓慢加速,并观察在加速时喷油器喷油持续时间的增加状况。

B. 饱和开关型(PFI/SFI)喷油器波形及分析。

a. 从进气管中加入丙烷,使混合气变浓,如果系统工作正常,喷油器喷油持续时间将缩短(图17-17),这是由于此时排气管中的氧传感器给发动机 ECU 输出高的电压信号,试图对浓的混合气进行修正的结果。

b. 人为造成真空泄漏,使混合气变稀,如果系统工作正常,喷油器喷油持续时间将延长,这是由于此时排气管中的氧传感器给发动机 ECU 输出低的电压信号,试图对稀的混合气进行修正的结果。

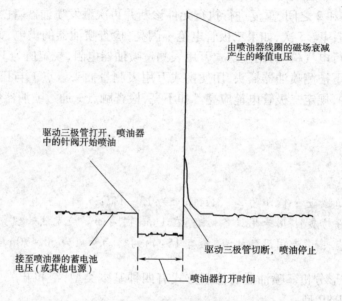

图17-17 饱和开关型(PFI/SFI)喷油器波形及分析

c. 将发动机转速提高至 2500r/min,并保持稳定。在许多燃油喷射系统中,当该系统控制混合气时,喷油器的喷油持续时间能被调节(改变)得从稍长至稍短。

d. 通常喷油器喷油持续时间在 0.25~0.5ms 的范围内变化。

e. 加入丙烷或人为造成真空泄漏,然后观察喷油器喷油持续时间的变化,如果发现喷油持续时间不发生变化,则氧传感器可能损坏。

f. 如果氧传感器或发动机 ECU 不能察觉混合气浓度的变化,那么喷油器的喷油持续时间就不能改变。所以,在检查喷油器喷油持续时间之前,应先确认氧传感器是否正常。

g. 当燃油反馈控制系统工作正常时,喷油器喷油持续时间会随着驾驶条件和氧传感器输出信号的变化而变化(增加或减少)。

h. 通常喷油器的喷油持续时间在怠速时 1~6ms 到冷起动或节气门全开时 6~35ms 之间变化。

i. 匝数较少的喷油器线圈通常产生较短的关断峰值电压,甚至不出现尖峰。

j. 关断尖峰随汽车制造商和发动机系列的不同而不同,正常的范围大约是从 30~100V,有些喷油器的峰值被钳位二极管限制在大约 30~60V。

如果所测波形有异常,则应更换喷油器。

② 峰值保持(电流控制型,TBI)喷油器波形分析。峰值保持型喷油器主要应用在节气门体(TBI)燃油喷射系统中,但有少数几种多点喷射(MFI)系统,像通用的 2.3L QUAD—4 发动机系列、土星 1.9L 和五十铃 1.6L 发动机亦采用峰值保持型喷油器。安装在发动机

ECU中的峰值保持喷油驱动器被设计成允许大约4A的电流供给喷油器线圈,然后减少电流至约1A以下。

A. 波形测试方法。

同饱和开关型(PFI/SFI)喷油器的波形测试方法。

 小提示

通常,一个电磁阀线圈拉动机械元件做初始运动比保持该元件在固定位置需要4倍以上的电流,峰值保持驱动器的得名是因为电控单元用4A的电流打开喷油器针阀,而后只用1A的电流使它保持在开启的状态。

B. 峰值保持型喷油器的正确波形及分析说明。

如图17-18所示。从左至右,波形轨迹从蓄电池电压开始,这表示喷油驱动器关闭,当发动机ECU打开喷油驱动器时,它对整个电路提供搭铁,发动机ECU继续将电路搭铁(保持波形轨迹在0V)直至其检测到流过喷油器的电流达到4A时,发动机ECU将电流切换到1A(靠限流电阻开关实现),这个电流减小引起喷油器中的磁场突变,产生类似点火线圈的电压峰值,剩下的喷油驱动器喷射时间由电控单元继续保持工作,然后它通过完全断开搭铁电路,而关闭喷油驱动器,这就在波形右侧产生了第2个峰值。

当发动机ECU搭铁电路打开时,喷油器开始喷油(波形左侧),当发动机ECU搭铁电路完全断开时(断开时峰值最高在右侧),喷

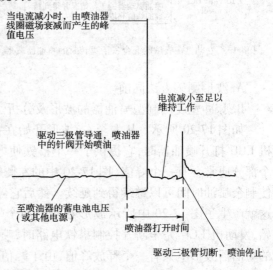

图17-18 峰值保持型喷油器的正确波形及分析

油器结束喷油,这时读取喷油器的喷射时间,可以计算发动机ECU从打开到关闭波形的格数来确定喷油持续时间。

汽车波形测试设备一般可以将喷油器喷油持续时间的数字显示在显示屏上。也可以用手工加入丙烷的方法使混合气更浓,或者在造成真空泄漏使它变稀的同时,观察相应喷油持续时间的变化。波形的峰值部分通常不改变它的喷油持续时间,这是因为流入喷油器的电流和打开针阀的时间是保持不变的。

波形的保持部分是发动机ECU增加或减少开启时间的部分,峰值保持型喷油器可能引起下列波形结果:

加速时,将看到第2个峰尖向右移动,第1个峰尖保持不动;如果发动机在极浓的混合气下运转,能看到2个峰尖顶部靠得很近(图17-19),这表明发动机ECU试图靠尽可能缩短喷油器喷油持续时间来使混合气变得更稀。

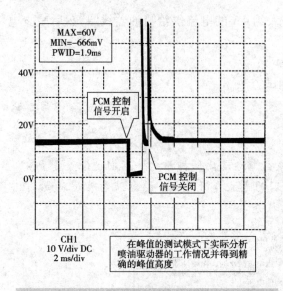

图 17-19 发动机在极浓的混合气下运转时的喷油器波形

有些双节气门体燃油喷射系统中,在波形的峰值之间出现许多特殊的振幅式杂波,表示发动机 ECU 中的喷油驱动器可能有故障。

③脉冲宽度调制型喷油器波形分析。脉冲宽度调制型喷油器用于一些欧洲车型和早期亚洲汽车的多点燃油喷射系统中。脉冲宽度调制型喷油驱动器(安装在发动机 ECU 内)被设计成允许喷油器线圈流过约 4A 的电流,然后再减少约 1A 电流,并以高频脉动方式开、关电路。这种类型的喷油器不同于前述峰值保持型喷油器,因为峰值保持型喷油器的限流方法是用一个电阻来降低电流,而脉冲宽度调制型喷油器的限流方法是脉冲开关电路。

A. 波形测试方法同前。

B. 脉冲宽度调制型喷油器的波形及分析。

如图 17-20 所示。从左至右,波形开始在蓄电池电压高度,这表示喷油器关闭,当发动机 ECU 打开喷油器时,它提供了一个搭铁使电路构成回路。在亚洲车型上,磁场收缩的这个部分通常会有一个峰值(图 17-20 中的左侧峰值)。发动机 ECU 继续保持开启操作,以便使剩余喷油时间可以继续得到延续。然后它停止脉冲并完全断开搭铁电路使喷油器关闭,这就产生了图 17-20 中所示波形右侧的那个峰值。发动机 ECU 搭铁电路打开时,喷油开始,发动机 ECU 完全断开控制搭铁电路时,喷油结束。在一些欧洲汽车上,例如美洲虎,它的喷油器波形上只有一个释放峰值,由于峰值钳位二极管作用,第 1 个峰值(位于左侧)没

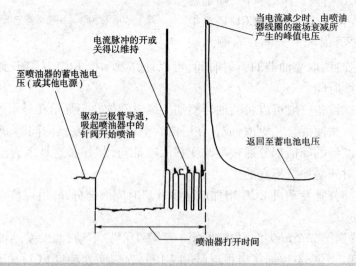

图 17-20 脉冲宽度调制型喷油器的波形及分析

有出现。发动机 ECU 继续搭铁(保持0V)直到探测到流过喷油器的电流大约为4A,发动机 ECU 靠高速脉冲电路减少电流。

④PNP 型喷油器波形分析。PNP 型喷油器是由在发动机 ECU 中操作它们的开关三极管的形式而得名的,一个 PNP 喷油驱动器的三极管有两个正极管脚和一个负极管脚。PNP 的驱动器与其他系统驱动器的区别就在于它的喷油器的脉冲电源端接在负极上。PNP 型喷油驱动器的脉冲电源连接到一个已经搭铁的喷油器上去开关喷油器。

几乎所有的喷油驱动器都是 PNP 型。它的脉冲搭铁再接到一个已经有电压供给的喷油器上,流过 PNP 型喷油器的电流与其他喷油器上的方向相反,这就是为什么 PNP 型喷油器释放峰值方向相反的原因。

PNP 型喷油器常见于一些多点燃油喷射(MFI)系统中,通常 PNP 型喷油器的波形除了方向相反以外,与饱和开关型喷油驱动器的波形十分相像,PNP 型喷油器的波形和分析如图 17-21 所示。

喷油时间开始于发动机 ECU 电源开关将蓄电池电路打开时(看波形图左侧),喷油时间结束于发动机 ECU 完全断开控制电路(释放峰值在右侧)时。汽车波形测试设备一般具有既可图形显示又可数字显示喷油持续时间的功能。也可以从波形上观察出燃油反馈控制系统是否工作,用丙烷去加浓混合气或用造成真空的方法使混合气变稀,然后观察相应的喷油持续时间变化情况。

⑤喷油器的电流波形分析。如果怀疑喷油器线圈短路或喷油驱动器有故障,可以用静态测试喷油器的线圈电阻值的方法来判断。更精确的方法是测试动态下流过线圈电流的踪迹或波形,即进行喷油器电流测试。另外在喷油器电流测试时,还可以检查喷油驱动器(发动机 ECU 中的开关三极管)的工作。

喷油驱动器电流极限的测试能够进一步确认发动机 ECU 中的喷油驱动器的极限电流是否适合,这个测试需要用波形测试设备中的附加电流钳来完成。

具体试验步骤为:起动发动机并在怠速下运转或驾驶汽车使故障出现,如果发动机不能起动,就用起动机带动发动机运转,同时观察波形测试设备上的显示。喷油器的电流波形如图 17-22 所示。

波形结果分析:

a. 当电流开始流入喷油器时,由喷油器线圈的特定电阻和电感特性,引起波形以一定斜率上升,上升的斜率是判断故障的依据。通常饱和开关型喷油器的电流波形以 45°角斜率上升;而峰值保持型喷油器的电流波形以 60°角斜率上升。

b. 在电流最初流入线圈时,峰值保持型喷油器波形比较陡,这是因为与大多数饱和开关型喷油器相比电流增大了。峰值保持型喷油器的电流通常大约在 4A,而饱和开关型喷油器的电流通常小于 2A。

c. 若电流开始流入线圈时,电流波形在左侧几乎垂直上升,这就说明喷油器的电阻太小(短路),这种情况还有可能损坏发动机 ECU 内的喷油驱动器。

d. 另外,也可以通过分析电流波形来检查峰值保持型喷油器的限流电路,在限流喷油器波形中,波形踪迹起始于约 60°角并继续上升直至喷油驱动器达到峰值(通常为 4A),在这一点上,波形成了一个尖峰(在峰值保持型里的尖峰),然后几乎是垂直下降至稍小于

1A。这里喷油驱动器的"保持"部分是指正在工作着并且保持电流约为1A,直到发动机ECU关闭喷油器为止,当电流从线圈中消失时,电流波形慢慢降回零线,参见图17-22。

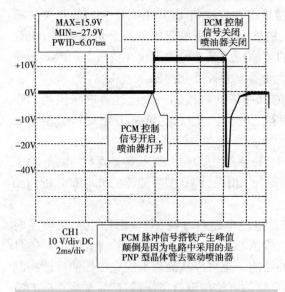

图17-21 PNP型喷油器波形分析

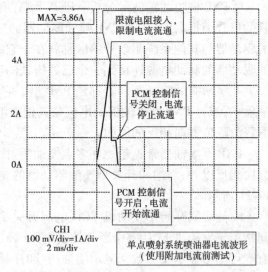

图17-22 喷油器的电流波形

e. 电流到达峰值的时间以及电流波形的峰值部分通常是不变的,这是因为一个好的喷油器通入电流和打开针阀的时间保持不变(随温度有轻微变化),发动机ECU操纵喷油器打开的时间就是波形的保持部分。

⑥喷油器起动试验波形分析。该测试主要适用于发动机不能起动的状态。当怀疑没有喷油器脉冲信号时,可以用波形测试设备进行测试。起动发动机,大多数情况下,如果喷油器电路有故障,则没有脉冲信号,可能有两种情况:一种是有一条0V的直线,一种是一条12V电压的水平线(喷油器电源电压)。

对于除PNP型喷油器外的所有电路:

A. 如果波形测试设备显示一条0V直线,首先应确认:

a. 波形测试设备和喷油器连接是否良好。

b. 必要的零件(分电器轴、曲轴和凸轮轴等)是否运转良好。

c. 用波形测试设备检查喷油器供电电源电路以及发动机ECU的电源和搭铁电路,如果喷油器上没有电源电压,检查其他电磁阀(EGR阀和EEC控制阀等)电源电压。

d. 如果喷油器供电电源正常,喷油器线圈可能开路或者喷油器插头损坏,个别情况是发动机ECU中喷油器控制电路频繁搭铁,代替了推动脉冲,频繁地从喷油器向汽缸中喷射燃油,造成发动机"淹缸"的后果。

B. 如波形测试设备显示一条12V供电电压水平直线,首先应确认:

a. 必要的零件(如分电器轴、曲轴和凸轮轴等)是否运转良好。

b. 如果喷油器供给电压正常,波形测试设备上显示一条喷油器电源电压的水平直线,说明发动机ECU没有提供喷油器的搭铁。这可能有以下原因造成:发动机ECU内部或外部搭铁电路不良;发动机ECU没有收到曲轴、凸轮轴位置传感器传出的发动机转速信号或同步信号;发动机 ECU 电源故障;发动机 ECU 内部喷油驱动器损坏。

C. 如波形测试设备显示有脉冲信号出现,则:

a. 确定脉冲信号间幅值、频率、形状及脉冲宽度等判定性尺度都是一致的。

b. 十分重要的是确认有足够的喷油器脉冲宽度,供给发动机足够的燃油来起动。

c. 在起动时,大多数发动机 ECU 一般被程序设定会发出 6~35ms 的喷油脉冲宽度。通常喷油脉冲宽度超过 50 ms 燃油会淹缸,并可能阻碍发动机的起动。

d. 检查喷油器尖峰高度幅值的一致性和正确性。喷油器释放尖峰应该有正确的高度。

e. 如果尖峰异常的短,可能说明喷油器线圈短路,可用欧姆表测量喷油器线圈阻值或用电流钳测量喷油器的电流值。

f. 或者用电流钳在波形测试设备上分析电流波形,确认波形从搭铁水平升起的不是太高,太高说明喷油器线圈电阻太大或者发动机 ECU 中喷油器驱动器搭铁不良。

D. 如果出现在波形测试设备上的波形不正常,应:

a. 检查线路和线路插座是否损坏。

b. 检查波形测试设备的接线并确认相关零件(分电器轴、曲轴和凸轮轴等)的运转情况。

c. 当故障显示在波形测试设备上时,摇动线束和插头,有利于进一步确认喷油器电路的故障原因。

PNP 喷油驱动器电路:

A. 波形测试设备显示一条电源电压水平直线。

a. 确认喷油器的插头和喷油器搭铁接头良好。

b. 确认必要的零件(分电器轴、曲轴和凸轮轴等)运转良好。

c. 用波形测试设备检查喷油器的搭铁电路和电控单元的电源及搭铁电路。

d. 比较少见的情况是发动机 ECU 内部连续对喷油器提供电源,它代替脉冲推动,造成从喷油器连续喷射燃油,这是淹缸的原因。

B. 波形测试设备显示一条位于搭铁线的水平直线。

a. 首先确认必要的零件(分电器轴、曲轴和凸轮轴等)运转正常。

b. 如果喷油器搭铁正常,则是发动机 ECU 没有电源脉冲推动控制电路信号输出,这可能有以下几种原因造成:发动机 ECU 没有收到曲轴、凸轮轴位置传感器传出的发动机转速信号或同步信号;发动机 ECU 内部或外部电源电路损坏;发动机 ECU 搭铁不良;发动机内部喷油驱动器损坏。

想一想

喷油器的常见故障有哪些? 喷油器出现故障对车辆性能有何影响?

二、实 践 操 作

1. 实践准备

干净的抹布、常用工具、解码器、汽车专用万用表、丰田卡罗拉发动机台架、丰田卡罗拉轿车一辆、相关维修手册等。

2. 技术要求及注意事项

（1）严禁在发动机运转时将蓄电池从中断开，以防产生瞬变过电压将传感器和电子控制单元损坏；

（2）跨接起动其他车辆时，须先断开点火开关，才能拆装跨接线；

（3）不能直接测试电子控制单元；点火开关关闭 30min 后，才可以拆装电子控制单元接线插头；

（4）电子控制单元、传感器必须防止受潮，不允许将电子控制单元或传感器的密封装置损坏，更不允许用水冲洗电子控制单元和传感器；

（5）燃油系统管路具有一定的压力，打开之前应将抹布放到连接处，然后小心地松开连接以卸压；

（6）喷油和点火系统以及测试仪器的导线仅在关闭点火状态下才可拔下或插上；

（7）对燃油供给系统、喷射系统检修时遵守下述清洁规定：松开接头前彻底清洗接头及周围区域；拆下的零件放在清洁的表面上且覆盖好，不能用有绒毛的布；只能安装清洁的部件，安装前才打开包装；燃油系统打开后，尽量不要用压缩空气吹洗，尽量不移动车辆。

3. 实践操作

1）下列哪些是燃油供给系统检测的常用工具，在方框内打"√"

□听诊器；

□燃油压力表；

□汽车万用表；

□汽车专用示波器；

□喷油器清洗机；

□手持式汽车诊断电脑。

2）丰田卡罗拉轿车燃油系统检查

（1）登记你维修的车辆基本信息及客户反映的情况（表 17-1）。

车辆基本信息及客户反映的情况记录表　　　　　　　　　表 17-1

项　　目	内　　容
车辆型号（VIN 码）	（查后填写）
发动机型号	（查后填写）
车辆外观检查	□正常　□不正常
客户反映	故障灯点亮、发动机怠速不稳定、加速不良、回火，车辆行驶无力、排气冒黑烟，发动机起动困难

（2）燃油供给系统外观检查。

①燃油箱。

是否有泄漏？　　　　　　　　　　　　　　　□是　□否

有无腐蚀或油箱内是否生锈？　　　　　　　　□是　□否

燃油箱是否损坏或接缝是否有缺陷？　　　　　□是　□否

是否有松动的装配螺钉和损坏的装配皮带？　　□是　□否

学习任务十七 燃油供给系统的检修

②燃油管。
是否存在破裂、割伤、扭结、凹痕？　　　　□是　□否
是否有轻度污迹、老化、漏油？　　　　　　□是　□否
连接是否松动？　　　　　　　　　　　　　□是　□否
是否稳固地安装在车辆底盘上？　　　　　　□是　□否
各接头处是否泄漏？　　　　　　　　　　　□是　□否
③燃油滤清器。
安装方向是否正确？　　　　　　　　　　　□是　□否
接头处是否有泄漏？　　　　　　　　　　　□是　□否
是否存在破裂、割伤、凹痕？　　　　　　　□是　□否
④燃油分配管。
各接头是否漏油？　　　　　　　　　　　　□是　□否
燃油分配管是否漏油？　　　　　　　　　　□是　□否
⑤喷油器。
喷油器插头是否连接良好？　　　　　　　　□是　□否
喷油器外壳是否损坏？　　　　　　　　　　□是　□否
⑥燃油压力调节器。
真空软管连接是否正常？　　　　　　　　　□是　□否
燃油压力调节器是否破裂、有凹痕？　　　　□是　□否

通过以上外观检查，把你的维修结论填入表17-2中。

燃油供给系统外观检查结果　　　　　　　　　　　　　　表17-2

故 障 部 位	维 修 建 议
燃油箱	□继续使用　□更换
燃油管	□继续使用　□更换
燃油滤清器	□继续使用　□更换
燃油分配管	□继续使用　□更换
喷油器	□继续使用　□更换
燃油压力调节器	□继续使用　□更换

（3）燃油压力测试。
①安装燃油压力表。
a. 释放燃油压力。写出释放燃油压力的步骤：

b. 在燃油管路适当的地方（如滤清器、脉冲阻尼器、供油管和分油管的连接处等）松开管路接头，用碎布包住接头处，用接油盆接好释放出的燃油。
c. 安装好测试接头，然后接上油压表。
②燃油压力测试。使用燃油压力表可测量哪些燃油压力？参阅丰田卡罗拉车维修手

册,查出各燃油压力的标准值。记录在下面的空格中。

想一想

导致燃油压力过低的主要原因有哪些?

(4)就车检查燃油泵控制电路。
①检查燃油泵熔断丝是否熔断。　　　　　　　　　　　　　□是　□否
②用手触摸燃油泵继电器,接通点火开关,检查燃油泵继电器是否有动作。
　　　　　　　　　　　　　　　　　　　　　　　　　　　□是　□否
③如果燃油泵继电器有动作声,用万用表检查燃油泵继电器端子至燃油泵连接器之间的电阻,其值为_____Ω,是否正常?　　　　　　　　　□是　□否
如果正常,则检查燃油泵,测量燃油泵电阻,燃油泵电阻为_____Ω,参阅维修手册,是否需要更换?　　　　　　　　　　　　　　　　　　　□是　□否
④如果燃油泵继电器没有动作声,请检查继电器和相关的电源及搭铁情况。
继电器是否正常?　　　　　　　　　　　　　　　　　　　□是　□否
继电器电源是否有12V电压?　　　　　　　　　　　　　　□是　□否
继电器搭铁是否正常?　　　　　　　　　　　　　　　　　□是　□否
(5)喷油器的波形测试,查维修手册,确定喷油器的控制方式,用波形测试设备测出喷油器的波形,并进行波形分析,将分析的结果记录在下面的空格中。

三、学 习 拓 展

(1)新型轿车采用了无回油燃油系统。即燃油滤清器和喷油器之间只有一条燃油管,没有回油管将燃油分配管中多余燃油送回到油箱中。这样,可以降低发动机对燃油的加热效应,从而降低蒸发排放。

(2)燃油压力表可以测量到的燃油压力及其判断作用。

①供油压力。打开点火开关但不起动发动机,ECU将控制油泵工作2~3s,此时测得的油压为油泵的供油压力,其作用是用来判定发动机供油油压是否正常。

②系统残压。指点火开关关闭后供油系统中的燃油压力,一般为工作油压的51%左右。过低,说明油泵止回阀、喷嘴、输油管漏油或油压调节器漏油。其作用是检测燃油泵、油压调节器和喷油器是否有泄漏。

③系统最高油压。将回油管夹住,使回油管停止回油,此时测得的燃油压力为系统最高油压,一般应为工作油压的2~2.5倍,其作用是检测油泵的最大供油能力。最高油压过低说明燃油滤清器或进油管路堵塞或汽油泵堵塞或损坏。

④调节油压。指油压调节器在真空的作用下对油压的调节压力,它以拔出或插上真空管来判断。拔出或插上油压调节器上的真空管时油压应变化6PSI,其作用是判断油压调节器工作是否正常。

⑤供油量。在发动机怠速运转中读取燃油系统的供油压力,然后急加速到3000r/min以上,立刻读取油压值。其作用是检测车辆的加速性能。

(3) FSI 直喷式发动机技术。

缸内直喷式汽油发动机与一般汽油喷射发动机的主要区别在于汽油喷射的位置不同,普通电喷汽油发动机上所用的汽油电控喷射系统,是将汽油喷入进气歧管或进气管道上,与空气混合成混合气后再通过进气门进入气缸燃烧室内被点燃作功;而缸内直喷式汽油发动机顾名思义是在汽缸内喷射汽油,它将喷油嘴安装在燃烧室内,将汽油直接喷射到汽缸燃烧室中,空气则通过进气门进入燃烧室,与汽油混合成混合气被点燃作功。其结构原理如图17-23所示。

缸内直喷式汽油发动机具有如下优点:

①油耗量低,升功率大。

②空燃比达到40:1(一般汽油发动机的空燃比是15:1),也就是人们所说的"稀燃"。

③机内的活塞顶部一半是球形,另一半是壁面,空气从气门冲进来后在活塞的压缩下形成涡流运动,当压缩行程即将结束时,在燃烧室顶部的喷油嘴开始喷油,汽油与空气在涡流运动的作用下形成混合气,这种急速旋转的混合气是分层次的,越接近火花塞越浓,易于点火作功。

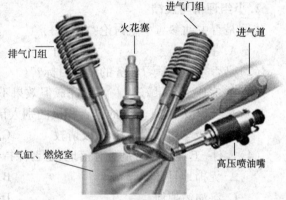

图17-23 FSI缸内直喷式汽油发动机结构原理图

④压缩比高达12,与同排量的一般发动机相比功率与扭矩都提高了15%左右。

四、评价与反馈

1. 自我评价与反馈

(1) 能否主动参与燃油供给系统的检测? (　　)
　　A. 主动完成　　　　B. 被动完成　　　　C. 没有完成
(2) 完成本学习任务后,你对维修手册等资料的使用是否快速、规范? (　　)
　　A. 快速规范　　　　B. 规范但不熟练　　C. 不会使用
(3) 你能否正确规范地完成对燃油供给系统的检测判断? (　　)
　　A. 独立完成　　　　B. 小组合作完成　　C. 在老师指导下完成

(4)燃油供给系统出现故障时,发动机会有哪些故障现象?

(5)下次遇到类似的学习任务应如何改善从而提高学习效果?

(6)你在本学习任务中遇到的困难是什么?你是如何解决的?

         签名:_____ _____年_____月_____日

2.小组评价与反馈

(1)是否主动参与小组讨论?(　　)
  A.主动　　　　　　B.被动　　　　　　C.未参与

(2)是否完成本学习任务的学习目标?(　　)
  A.完成且效果好　　B.完成但效果不好　　C.未完成

(3)是否积极学习,不懂的是否积极向别人请教,是否积极帮助他人学习?(　　)
  A.积极学习　　B.积极请教　　C.积极帮助他人　　D.三者都不积极

(4)零件、工具与油污是否有落地,是否保持作业现场的整洁?(　　)
  A.无掉地且场地整洁　　　　　　B.有零件、工具掉地
  C.有油污掉地　　　　　　　　　D.未保持作业现场的整洁

(5)操作过程中是否注意维修质量且有责任心?(　　)
  A.注意质量,有责任心　　　　　B.不注意质量,有责任心
  C.注意质量,没有责任心　　　　D.全无

(6)在进行燃油压力测试过程中,安全措施是否做到位了?(　　)
  A.做到位了　　B.没有做到位

(7)在团队学习中的主动性与合作情况如何?(　　)
  A.好　　　　　　B.较好　　　　　　C.一般

    参与评价的同学签名:_____ _____年_____月_____日

3.教师评价及答复

        教师签名:_____ _____年_____月_____日

五、技能考核标准

序号	项目	操作内容	规定分	评分标准	得分
1	准备	清点工量具、清理工位； 打开并支撑发动机罩； 安装汽车保护罩	5分 2.5分 2.5分	酌情扣分； 酌情扣分； 酌情扣分	
2	检查	燃油供给系统各元件的外观检查； 用解码器读取故障码和数据流； 用万用表检查油泵及连接电路； 用燃油压力表测量系统燃油压力； 用万用表检测喷油器及连接电路	5分 5分 5分 5分 5分	操作不当扣1~5分； 操作方法不正确，未读取故障码扣5分； 操作方法正确，读取数据不准确扣1~5分； 操作方法正确，读取数据不准确扣1~5分； 操作方法正确，读取数据不准确扣1~5分	
3	拆卸	查找并拆下电动汽油泵熔断丝； 燃油系统卸压； 拆卸燃油系统回油管； 拆卸燃油系统进油管； 拆卸电动汽油泵； 拆卸汽油滤清器	5分 5分 5分 5分 5分 5分	操作不当扣1~5分； 操作不当扣1~5分； 操作不当扣1~5分； 操作不当扣1~5分； 操作不当扣1~5分； 操作不当扣1~5分	
4	安装	安装燃油系统回油管； 安装燃油系统进油管； 安装电动汽油泵； 安装更换的汽油滤清器	5分 5分 5分 5分	安装方法不正确扣1~5分； 安装方法不正确扣1~5分； 安装方法不正确扣1~5分； 安装方法不正确扣1~5分	
5	完成时限	45min	5分	超时1~5min扣1~5分；超时5min以上扣5分	
6	安全文明	无安全隐患，无不文明操作	5分	未达标扣1~5分	
7	结束	工具、量具清洁并归位； 工作场地清洁	2.5分 2.5分	漏一项扣1分，未做扣2.5分； 清洁不彻底扣1~2.5分，未做扣2.5分	
		总分	100分		

学习任务十八　怠速控制系统的检修

任务要求

完成本学习任务后,你应:
1. 知道怠速控制执行机构的作用及工作原理;
2. 了解各种怠速控制阀的不同特点;
3. 能正确地对各种怠速控制机构进行检查,并能分析检查结果;
4. 能分析由怠速控制机构引起的故障。

建议学时:10 学时

任务描述

一辆奥迪 A4 轿车怠速不稳,经维修人员通过手持式汽车诊断仪检查,初步估计是因怠速控制系统工作不良导致发动机怠速不正常,需对怠速控制系统进行检查,确定故障部位,并维修或更换。

一、理论知识准备

怠速控制系统(ISC)是发动机控制系统中的辅助控制系统。当发动机处于怠速工况时,发动机 ECU 根据发动机冷却液温度、空调开关是否打开、变速器是否挂入挡位等,通过怠速控制阀对发动机的进气量进行控制,使发动机怠速工况时的转速始终在规定范围。一旦怠速控制系统出现故障,发动机怠速将不正常,如无怠速、怠速过高、怠速过低或怠速不稳等。此外还会造成发动机燃油消耗量增大、排放升高,甚至不能工作。

1. 怠速控制系统的功用

发动机在汽车运转、空调工作、变速器挂入挡位、发电机负荷加大等不同怠速运转工况下,由 ECU 控制怠速阀工作,使发动机随工况的变化自动处于最佳的怠速下稳定运转。

2. 怠速控制系统的组成

怠速控制系统由传感器、执行器和控制器(ECU)三部分组成。

(1)传感器主要有:转速传感器(Ne 信号)、节气门位置传感器、冷却液温度传感器、起动开关信号、空调开关信号(A/C)、空挡起动开关信号(P/N)、动力转向开关信号、液力变矩器负荷信号、车速传感器等。转速传感器:检测发动机转速;节气门位置传感器:检测发动机处于怠速状态;冷却液温度传感器:检测冷却液的温度;起动开关信号:判别发动机处于起动中;空调开关信号:检测空调的状态是开还是关(ON、OFF);空挡起动开关信号:检测换挡手柄的位置;动力转向开关信号:检测动力转向的工作状态;液力变矩器负荷信号:检测液力变矩器的负荷变化;车速传感器:检测车速。

(2)执行器——怠速控制阀(ISCV):控制怠速旁通气道气体流通通道截面积的大小,从而控制进气量。

(3)控制器(ECU):根据各传感器输入的信号,把发动机的实际转速与各传感器输入信号所决定的目标转速进行比较,再根据比较得出的差值,确定相当于目标转速的控制量,以驱动控制进气量的执行机构,使怠速保持在目标转速。

3. 怠速控制原理

如图18-1所示,ECU根据各传感器的输入信号所决定的目标转速与发动机的实际转速进行比较,由比较得出的转速差,确定相当于目标转速的控制量,以驱动控制进气量的执行机构,使怠速保持在目标转速。一般采用发动机转速反馈控制形式。ECU根据节气门位置传感器信号(节气门全闭)、空挡起动开关信号等判明怠速状态,只有在怠速状态时才实施反馈控制。

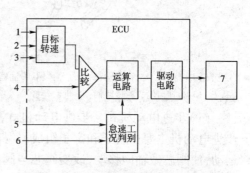

图18-1 怠速控制原理
1-冷却液温度;2-空调开关;3-液力变矩器负荷信号;4-发动机转速;5-节气门位置;6-车速信号;7-执行机构

4. 怠速控制执行机构

控制怠速空气量的执行机构可分为两大类:一是控制节气门最小开度的节气门直动式;另一种是控制怠速旁通气道气体流通通道截面积大小的旁通空气式,如图18-2所示。

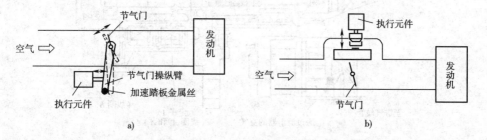

图18-2 怠速控制执行机构的类型
a)节气门直动式;b)旁通空气式

1)节气门直动式

如图18-3所示,执行机构由直流电动机、减速齿轮、进给丝杆、传动轴等组成。执行机构与节气门操纵臂的最小开度限止器接触,通过旋入旋出传动轴,调节节气门的最小开度限止器位置,来控制节气门的开度。该机构的特点是:工作能力强、控制位置稳定,但由于使用了齿轮减速机构,控制速度降低、响应性差。

2)旁通空气式

旁通空气式怠速控制执行机构主要有步进电动机式、电磁偏转式、占空比控制型和开关控制型等。下面主要介绍步进电动机式和电磁偏转式执行机构。

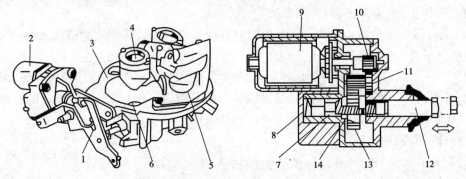

图18-3 节气门直动式执行机构

1-节气门操纵臂；2-执行机构；3-节气门体；4-喷油器；5-压力调节器；6-节气门；7-防转动六角孔；8-弹簧；9-直流电机；10、11、13-减速齿轮；12-传动轴；14-进给丝杆

（1）步进电动机式。步进电动机式怠速控制阀安装在节气门上，结构如图18-4所示。步进电动机主要由转子和定子组成，丝杆机构将步进电动机的旋转运动转变为阀杆的直线运动，使阀芯做轴向移动，改变阀芯与阀座之间的间隙，从而改变怠速空气道的流通截面，控制发动机怠速工况下的进气量。

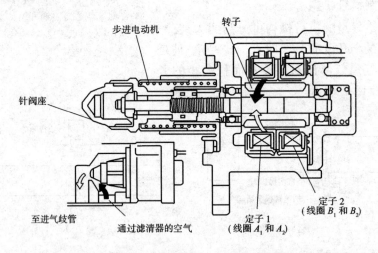

图18-4 步进电动机式怠速控制阀

（2）电磁偏转式。如图18-5所示，ECU控制两个线圈的通电或断开，改变两个线圈产生的磁场强度，两线圈产生的磁场与永久磁铁形成的磁场相互作用，改变控制阀的位置，从而调节怠速空气口的开度，以实现怠速空气量的控制。双金属片制成的卷簧，主要起保护作用。当流过阀体冷却液腔的冷却液温度变化时，双金属片变形，带动挡块转动，从而改变阀轴转动的两个极限位置，以控制怠速控制阀的最大开度和最小开度。ECU控制电磁偏转式怠速控制阀工作时，控制阀的开度是通过控制两个线圈的平均通电时间（占空比）来实现的。

学习任务十八 怠速控制系统的检修

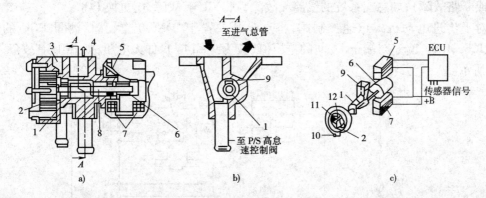

图18-5 电磁偏转式怠速控制阀
1-控制阀;2-双金属片;3-冷却液腔;4-阀体;5、7-线圈;6-永久磁铁;8-阀轴;9-怠速空气口;10 固定销;11-挡块;12-阀轴限位杆

5. 怠速控制系统的就车检测

怠速控制系统的就车检测方法有三种,可视情选用。

1)发动机怠速运转状况检测

在冷车状态下起动发动机后,暖机过程开始时,发动机的怠速转速应能达到规定的快怠速转速(通常为 1200～1500r/min);在发动机达到正常工作温度后,怠速转速应能恢复正常(通常为 750r/min)。如果冷车起动后怠速不能按上述规律变化,则怠速控制系统有故障。

发动机达到正常工作温度后,在打开空调开关时,发动机怠速转速应上升到900r/min左右。若打开空调开关后发动机转速下降,则怠速控制系统有故障。

在发动机怠速运转中,若对怠速调节螺钉作微量转动,发动机怠速转速应不会发生变化(转动后应使怠速调节螺钉恢复原来的位置)。若在转动中怠速转速发生变化,说明怠速控制系统不工作。

2)怠速控制阀的工作状况检查

对于脉冲线性电磁阀式怠速控制阀,可在发动机怠速运转中拔下怠速控制阀线束连接器,观察发动机的转速是否有变化。如此时发动机转速有变化,则怠速控制阀工作正常。对于步进电动机式怠速控制阀,可在发动机熄火后的一瞬间倾听怠速控制阀是否有"嗡嗡"的工作声音(此时步进电动机应工作,直到怠速控制阀完全开启,以利于发动机再起动)。如怠速控制阀发出"嗡嗡"声,则怠速控制阀良好。为了检查步进电动机式怠速控制阀的工作状况,也可以在发动机起动前拔下怠速控制阀线束连接器,待发动机起动后再插上,观察发动机转速是否有变化。如果此时发动机转速发生变化,则怠速控制阀工作正常;否则,怠速控制阀或控制电路有故障。

3)ECU 控制电压的检测

对于脉冲线性电磁阀式怠速控制阀,应拔下怠速控制阀线束连接器,用万用表电压挡测量其端子电压。如果在发动机运转过程中,怠速控制阀线束连接器端子有脉冲电压输出,ECU 和怠速控制系统线路无故障。若无脉冲电压输出,可打开空调开关后再测试。若仍无脉冲电压输出,则怠速控制系统不工作,应检查 ECU 与怠速控制阀之间的线路(是否有接触不良或断路故障);如怠速系统的线路无故障,则 ECU 有故障,应更换 ECU。

对于步进电动机式怠速控制阀,将点火开关置于"ON"位置,然后测量 ECU 的端子 ICS_1、ICS_2、ICS_3、ICS_4 与端子 E_1 间的电压值(应为 9~14V),如无电压,则 ECU 有故障,如图 18-6 所示。

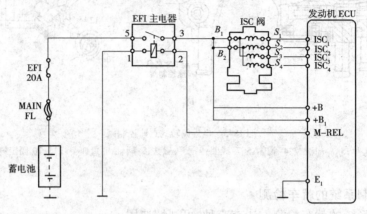

图 18-6 皇冠 3.0 轿车发动机怠速控制电路

6. 怠速控制阀的检测

旁通空气阀固定在步进电动机的电枢轴上,在步进电动机驱动下,可在限定的 90°转角范围内转动,以改变旁通空气道开启面积的大小来增减旁通进气量,如图 18-7 所示。

步进电动机的磁极用永久磁铁制成,两块磁极用 U 形钢丝弹性固定在电动机壳体内壁上。电枢由电枢铁芯、两个线圈、换向器和电枢轴组成。换向器由 3 块钢片围合而成,分别与 3 只电刷接触,电刷引线连接到控制阀的接线插座上,三线插座通过线束与 ECU 连接,如图 18-8 所示。

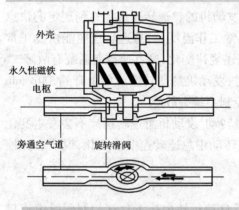

图 18-7 旋转滑阀式怠速控制阀

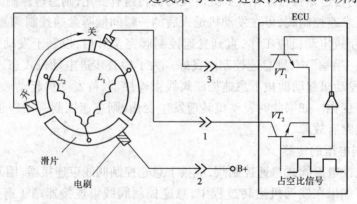

图 18-8 旋转滑阀式怠速控制阀原理

1)怠速控制阀线圈电阻的检测

拆下怠速控制阀,用万用表 Ω 挡测量怠速控制阀线圈的电阻值。脉冲线性电磁阀式怠速控制阀只有一组线圈,其电阻值为 10～15Ω。步进电动机式怠速控制阀通常有 2～4 组线圈,各组线圈的电阻值为 10～30Ω。如线圈电阻值不在上述范围内,应更换怠速控制阀。

2)步进电动机的动作检查

从节气门体上拆下怠速控制阀,用导线将端子 2 连接蓄电池正极,然后依次将端子 1、3 与蓄电池负极连接(图 18-8),阀芯应当顺时或逆时转动,如阀芯不能转动,说明步进电动机失效,应更换新品。

当发动机工作时,如怠速转速忽高忽低,说明电刷与换向器接触不良;如怠速转速偏低,说明顺转线圈 L_2 断路或其连接的换向片与电刷接触不良;如怠速转速偏高,说明逆转线圈 L_1 断路或其连接的换向片与电刷接触不良。

  相关链接

奥迪 A4 轿车怠速控制阀及怠速开关的检测:

1)怠速控制阀的检测与调整

特别提醒:如果怠速控制阀曾被拆卸过,则需用读码器进行调整。在点火开关关闭后,发动机控制单元可向怠速控制阀提供 120s 的电压。如果此段时间内进行控制阀的调整,则应在调整后调出故障码,而且在必要时应予以排除。怠速控制阀只能在机上进行调整。其调整过程如下:

(1)按图 18-9 所示拆卸怠速控制阀,从进气管拆下前面所指的怠速控制阀。接通点火开关,阀杆应向内运动;关闭点火开关,阀杆应向外运动。

(2)如果点火开关关闭时阀杆向内运动,则应重新调整和安装怠速控制阀。

(3)如果关闭点火开关时阀杆不运动,则应拔下控制阀的导线连接器,并用万用表检测图 18-10 所示的端子 1、4 和 2、3 之间的电阻值,其值在 25±5℃ 的室温下应为 45Ω,在热机时应接近 60Ω。

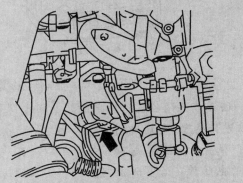

图 18-9 怠速控制阀　　　图 18-10 怠速控制阀端子图

(4)若电阻值不符合规定,则应更换怠速控制阀,并用读码器进行调整。

(5)如果电阻值符合要求,则拆下图18-11所示的怠速稳定阀的导线连接器及发动机控制单元的线束连接器D,并检查连接器相对应端子间的线路有无断路或短路。两连接器端子的对应关系见表18-1。

急速稳定阀的导线连接器与发动机控制单元线束连接器对应关系　　表18-1

怠速稳定阀的导线连接器端子号	控制单元线束连接器D端子号
1	2
2	10
3	11
4	3

(6)如果线路正常,而且怠速稳定阀也工作正常,则应更换控制单元并再次进行检测与检查。

2)怠速开关的检查与调整

怠速开关在节气门位置传感器中,当点火开关关闭后,发动机控制单元仍然供给节气门位置传感器电压150s。如果在这段时间内检查传感器,应调出故障码并清除。在检查怠速开关时,节气门拉线必须调整正确。

(1)怠速开关检查。拆下进气消声器,并拔下节气门位置传感器的导线连接器。在图18-12所示的节气门位置传感器端子4、6间接上欧姆表。当节气门关闭时,欧姆表的读数应为零;当节气门稍打开时,欧姆表的读数应为无穷大。否则,应调整怠速开关。

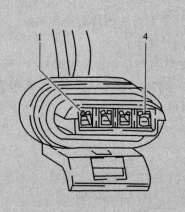
图18-11　怠速稳定阀的导线连接器

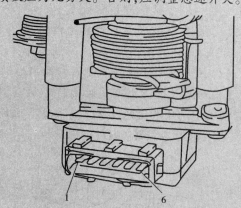
图18-12　节气门位置传感器导线连接器位置

(2)怠速开关调整。拆下节气门体,松开节气门位置传感器的两个固定螺钉。按图18-13箭头所示的方向转动节气门位置传感器,直到碰到挡销为止,然后旋紧传感器的2个固定螺钉。注意:在转动节气门位置传感器时决不允许转动节气门。安装节气门体,并再次检测传感器端子4、6间的电阻值。若电阻值仍不符合要求,则应更换怠速开关。

(3)发动机控制单元与怠速开关间线路检查。拔下图18-14所示的节气门位置传感器的导线连接器,并检查导线连接器端子4与进气管右侧搭铁点的线路有无短路或断路。两点间线路的电阻值不应大于1Ω。若电阻不符合规定,则检查控制单元线束连接器B的端子4与节气门位置传感器导线连接器的端子6间的线路有无短路或断路。

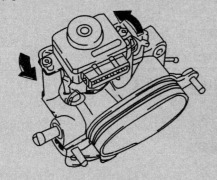

图18-13 节气门位置传感器

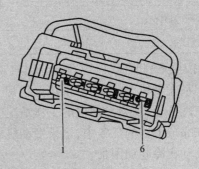

图18-14 节气门位置传感器导线连接器

想一想

目前常见的怠速控制系统有哪几种?它们在发动机上分别安装在什么位置?

二、实 践 操 作

1. 实践准备

干净的抹布、常用工具、汽车专用万用表、丰田卡罗拉发动机台架、丰田卡罗拉轿车一辆、相关维修手册等。

2. 技术要求及注意事项

(1)不要用手推拉控制阀,以免损坏丝杠机构的螺纹;
(2)不要将控制阀浸泡在任何清洗液中,以免步进电动机损坏;
(3)安装时,检查密封圈好坏,并在密封圈上涂少量润滑油;
(4)先关闭点火开关,再拔下怠速控制阀连接器;
(5)连接传感器端子时,先关闭点火开关,再连接端子;
(6)不能带电拔插解码器插头。

3. 实践操作

对丰田卡罗拉轿车怠速控制系统进行检查。
(1)记录车辆基本信息。
将车辆基本信息登记在表18-2中。

车辆基本信息登记表 表18-2

项 目	内 容
车辆VIN码	（查后填写）
发动机型号	（查后填写）
客户反映的情况	故障灯点亮、怠速不稳
维修建议	经诊断,需对怠速控制系统进行检测

（2）按照下列步骤确认故障病状,将观察到的现象记录下来。

①起动发动机,将发动机预热至正常工作温度。

②突然加速,观察发动机的工作情况。

③在完成上述的任务中,记录发动机出现的现象。

□发动机冷起动困难

□发动机热起动困难

□发动机怠速过高

□发动机怠速过低

□发动机怠速不稳

□发动机起动后熄火

□发动机换挡时熄火

□踩下加速踏板后发动机熄火

□其他

（3）起动发动机暖机,用手持式汽车诊断电脑检查发动机怠速转速（读取数据流）。

将用手持式汽车诊断电脑检查到的发动机怠速转速及查维修手册的标准值记录于表18-3中。

发动机怠速转速测量值与标准值登记表 表18-3

发动机型号	标准值	测量值	怠速是否正常

（4）查维修手册,画出丰田卡罗拉汽车发动机怠速控制系统的电路图。

（5）画出怠速阀连接器示意图,并在图上标出各个端子的作用。画出相关部分发动机ECU连接器的示意图,并在图上标出怠速信号端子和搭铁端子的位置。

（6）打开点火开关,测量怠速控制阀的电源端子和搭铁端子之间的电压。

将检查结果记录在表18-4中。

学习任务十八 怠速控制系统的检修

怠速控制阀的电源端子和搭铁端子之间的电压登记表　　　　　表18-4

检测端子	标准值	测量值	是否正常

（7）断开 ECU 和怠速控制阀的连接器，检查 ECU 和怠速阀之间的导线是否有断路、短路。将 ECU 和怠速阀之间导线的断路和短路检查结果记录在表18-5 中。

ECU 和怠速阀之间导线的断路和短路检查结果登记表　　　　　表18-5

检测端子	断路检查			短路检查		
	标准值	测量值	是否正常	标准值	测量值	是否正常

（8）检查怠速控制阀总成。
如果怠速控制阀总成正常，则需要检查发动机 ECU。
①查维修手册，确定该车的怠速控制阀是旋转滑阀式，还是步进电动机式怠速控制阀。
②按图18-15 所示电路图及图18-16 所示的线束接头，检查怠速控制阀各端子间的电阻（即测量两线圈的电阻），将检查到的怠速控制阀各端子间的电阻记录到表18-6 中。

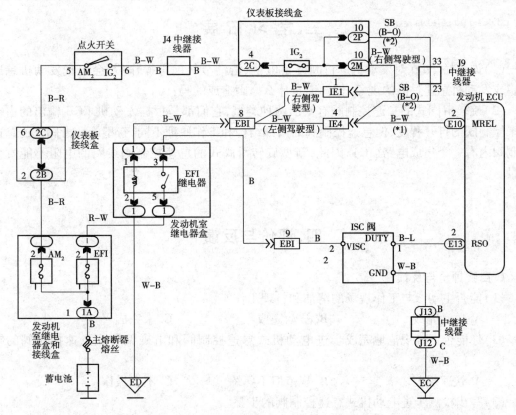

图18-15　丰田怠速控制阀电路
*1：带发动机停机系统；*2：左驾型不带发动机停机系统

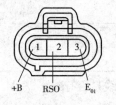

图18-16 怠速控制阀端子线束

急速控制阀各端子间的电阻检查登记表　表18-6

检测端子	标准值	测量值	是否合格
+B 和 E_{01}			
+B 和 RSO			

③分别向 +B 端子和 E_{01} 端子、+B 端子和 RSO 端子提供电压，观察怠速控制阀的运行情况。

将检查结果填在表18-7中。

急速控制阀的运行情况检查表　表18-7

提供电压端子	急速阀是否有动作	急速阀是打开还是关闭
+B 和 E_{01}		
+B 和 RSO		

④所检查的怠速控制阀是否正常？

三、学习拓展

（1）许多轿车，在对发动机进行断开蓄电池、清洁节气门等操作后，会出现发动机怠速不稳或发动机怠速过高的现象，你知道是什么原因造成的吗？

（2）旋转滑阀式的怠速控制阀有新旧两种类型，它们都是根据发动机 ECU 输出的占空比来控制阀的打开程度，但怠速控制阀的内部结构和工作原理不同，新型旋转滑阀式的怠速控制阀内有一个集成电路（IC），因此，新型旋转滑阀式的怠速控制阀线圈的电阻不能直接测量。

四、评价与反馈

1. 自我评价与反馈

（1）能否主动参与工作现场的清洁和整理工作？（　　）
　　A. 主动完成　　　　B. 被动完成　　　　C. 未完成
（2）你能否正确规范地完成步进电动机式怠速控制阀和电磁偏转式怠速控制阀的检查？（　　）
　　A. 快速规范　　　　B. 规范但不熟练　　　C. 不会操作
（3）写出检测步进电动机式怠速控制阀的步骤。

(4)下次遇到类似的学习任务应如何改善从而提高学习效果？
_____
_____

(5)你在本学习任务中遇到的困难是什么？你是如何解决的？
_____
_____

签名：_____ _____年_____月_____日

2. 小组评价与反馈

(1)是否主动参与小组讨论？（   ）
　　A. 主动　　　　　　B. 被动　　　　　　C. 未参与
(2)是否完成本学习任务的学习目标？（   ）
　　A. 完成且效果好　　B. 完成但效果不好　　C. 未完成
(3)是否积极学习，不懂的是否积极向别人请教，是否积极帮助他人学习？（   ）
　　A. 积极学习　　　　　　　B. 积极请教
　　C. 积极帮助他人　　　　　D. 三者都不积极
(4)零件、工具与油污有没有落地，有无保持作业现场的整洁？（   ）
　　A. 无掉地且场地整洁　　　B. 有零件、工具掉地
　　C. 有油污掉地　　　　　　D. 未保持作业现场的清洁
(5)操作过程中是否注意维修质量且有责任心？（   ）
　　A. 注意质量，有责任心　　B. 不注意质量，有责任心
　　C. 注意质量，无责任心　　D. 全无
(6)在团队学习中在主动性与合作情况如何？（   ）
　　A 好　　　　　　　B 较好　　　　　　　C 一般

参与评价的同学签名：_____ _____年_____月_____日

3. 教师评价及答复
_____
_____

教师签名：_____ _____年_____月_____日

五、技能考核标准

序号	项目	操作内容	规定分	评分标准	得分
1	准备	清点工量具、清理工位；	5分	酌情扣分；	
		打开并支撑发动机罩；	5分	酌情扣分；	
		安装汽车保护罩	5分	酌情扣分	

续上表

序号	项目	操作内容	规定分	评分标准	得分
2	检查	怠速控制系统外观检查； 读取故障码和怠速转速数据流； 用万用表测量怠速控制阀连接器的电源端子与搭铁端子的电压； 用万用表检查ECU和怠速阀之间的导线是否有断路、短路； 用万用表检查怠速控制阀各端子间的电阻； 检查怠速控制阀通电的动作情况	5分 10分 10分 5分 5分 5分	不检查扣5分，操作不当扣1~5分； 操作不当扣1~10分； 操作不当，测量数据不准确扣1~10分； 操作不当，测量数据不准确扣1~5分； 操作不当，测量数据不准确扣1~5分； 操作不当扣1~5分	
3	拆卸	拆卸怠速控制阀连接器； 拆卸怠速控制阀总成	5分 5分	操作不当扣1~5分； 操作不当扣1~5分	
4	安装	安装怠速控制阀总成； 接上连接器	5分 5分	操作不当扣1~5分； 操作不当扣1~5分	
5	完成时限	30min	10分	超时1~5min扣1~5分；超时5min以上扣10分	
6	安全文明	无安全隐患，无不文明操作	5分	未达标扣1~5分	
7	结束	工具、量具清洁并归位； 工作场地清洁	5分 5分	漏一项扣1分，未做扣5分； 清洁不彻底扣1~5分，未做扣5分	
		总分	100分		

学习任务十九　电子控制单元电源电路的检修

任务要求

完成本学习任务后，你应：
1. 知道数字信号与模拟信号间的区别及应用；
2. 能准确识别电子控制单元各端子；
3. 会看电子控制单元电路图；
4. 能规范地进行电子控制单元电源电路检测；
5. 能正确检测断路、短路、电压过低和搭铁不良等故障并进行分析。

建议学时：8学时

任务描述

一辆丰田卡罗拉轿车（装用1ZR—FE发动机）行驶中突然熄火后，不能再起动，经维修人员读取故障码发现，控制系统电路有故障，经进一步检查，发现电子控制单元电源电路搭铁不正常，需进行维修或更换。

一、理论知识准备

在电控汽车发动机中，电子控制系统主要由电子控制单元、传感器和执行器三部分组成。电子控制单元，俗称ECU，它的电源电路是否正常，直接影响到ECU能否正常工作，发动机能否正常运转。

1. 电子控制单元的组成

电子控制单元由输入回路、A/D转换器（模拟/数字转换器）、输出回路和微型计算机四部分组成（图19-1）。微型计算机又由I/O接口（输入/输出接口）、中央处理器（CPU）、存储器（由只读存储器ROM和随机存储器RAM）组成。

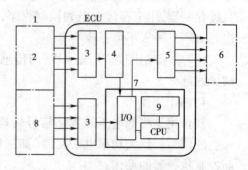

图19-1　ECU的组成
1-传感器；2-模拟信号；3-输入回路；4-A/D转换器；5-输出回路；6-执行元件；7-微型计算机；8-数字信号；9-ROM–RAM存储器

1）输入回路

微处理器（微型计算机）只能识别 0～5V 的数字信号，但传感器送给发动机 ECU 的信号有两种，一种是数字信号，一种是模拟信号。对应不同的输入信号，输入回路的作用也不相同；对于模拟信号，输入回路的作用是将信号波形的杂波滤去，而对于数字信号，其作用是削峰后转换成 0～5V 的方波状信号。

2）A/D（模拟/数字）转换器

微处理器不能直接处理模拟信号，A/D 转换器的作用就是将模拟信号转换成数字信号，然后输入微处理器进行处理。

 相关链接

数字信号：用断续变化的电压脉冲，或用光脉冲来表示的信号。

模拟信号：信号的幅度（如电压、电流、场强等）随着时间连续变化，即信号在时间上没有突变。

3）微处理器

微处理器主要由中央处理器（CPU）、数据存储器（RAM、ROM）、输入输出接口三部分组成。

（1）中央处理器（CPU）。是整个控制系统的核心，所有的数据都要在 CPU 内进行运算。它主要由进行算术、逻辑运算的运算器，暂时存储数据的寄存器，按照程序执行各装置之间信号传送及控制任务的控制器组成。

（2）存储器（RAM、ROM）。主要用来存储信息资料。存储器一般分为两种，一种是既能读取又能写入的存储器，叫随机存储器 RAM，主要用来存储计算机操作时的可变数据，如发动机的各种参数、故障码等，起暂时存储作用，当电源断电时，所有的 RAM 数据会完全丢失。在发动机运行过程中，为了长期保存存入 RAM 的某些数据，如故障码等，防止因点火开关关闭时这些数据的丢失，RAM 一般通过专用的后备电源电路与蓄电池直接连接，使它不受点火开关的控制。但当后备电源电路断开时，存入的数据也会丢失；另一种存储器，叫只读存储器，用来存储一系列控制程序，如喷油特性脉谱图、点火正时脉谱图等。存储器的内容由厂家写入不可更改。

（3）输入输出接口。是 CPU 与传感器、执行器进行正常通信的控制电路，是微机中不可缺少的部分。

4）输出回路

其作用是将低电压的数字信号转换成可以驱动执行器工作的控制信号。一般由 CPU 输出的信号控制大功率电子元件（如三极管）的导通和截止，控制执行器的供电或搭铁，从而控制执行器的动作。

2. 电子控制单元的功用

电子控制单元（ECU）是一种综合控制装置，其作用是根据自身存储的程序对汽车各传感器输入的各种信息进行计算、处理、判断，然后输出指令，控制有关执行器动作，使发动机处于最佳状态工作。并具有自诊断功能。

3. 电控单元各端子的识别

丰田花冠(1NZ—FE 发动机)电控单元各端子如图 19-2 所示。

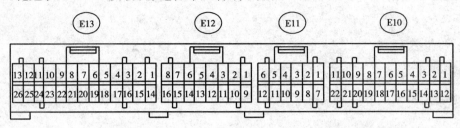

图 19-2　丰田花冠(1NZ—FE 发动机)电控单元各端子图

通过查阅丰田花冠(1NZ—FE 发动机)维修手册,用红笔标出图 19-2 的常用端子和 +B 端子。

4. 电子控制单元电源电路

如图 19-3 所示,以丰田 1ZR—FE 发动机电控单元电源为例,说明电控单元电源电路的工作过程。

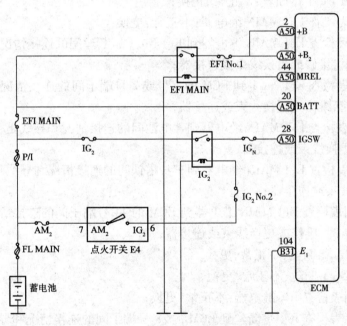

图 19-3　丰田 1ZR—FE 发动机电控单元电源电路图

当点火开关断开时,其电流路径为:蓄电池正极→EFI MAIN 熔断丝→电控单元(ECM)的 20 号端子→ECM 的 104 号端子→搭铁。保证 ECM 在点火开关断开的状态下正常供电。

当点火开关置于 ON 位置时,电流的路径为:蓄电池正极→AM_2 熔断丝→点火开关→IG_2 No.2 熔断丝→IG_2 继电器线圈→搭铁,IG_2 继电器线圈产生电磁吸力,使 IG_2 继电器触点吸合,电流经蓄电池正极→IG_2 熔断丝→IG_2 继电器→IGN 熔断丝→ECM 的 28 号端子向 ECM 供电,ECM 的 44 号端子输出电流,向 EFI MAIN 继电器的线圈供电,EFI MAIN 继电器的线圈产生电磁吸力,使 EFI MAIN 继电器触点吸合,电流经蓄电池正极→EFI MAIN 熔断丝→EFI MAIN 继电器→EFI No.1 熔断丝向 ECM 的 1 号或 2 号端子供电,使发动机的 ECM 正常工作。

相关链接

　　ECU 是英文 Electronics　Control　Unit 的缩写,中文的意思是"电子控制装置"或"电子控制单元",有些国家则用 ECM(Electronics　Control　Module)来表示。

5. 电子控制单元电源电路的检查

以丰田 1ZR—FE 发动机电控单元电源电路为例,ECM 电源电路检修的具体步骤如下:

(1)用万用电表检查 ECM 的 104 号端子与车身的搭铁情况:不正常时,维修或更换线束或连接器;

(2)用万用表检查 ECM 28 号端子的电压,应为蓄电池电压,否则转至第(11)步;

(3)检查 EFI MAIN 熔断丝:不正常,更换;

(4)检查 EFI No.1 熔断丝:不正常,更换;

(5)用万用表检查 EFI MAIN 继电器:不正常,更换;

(6)用万用表检查 EFI MAIN 继电器到 EFI No.1 熔断丝间的连接情况和导线是否短路或断路:不正常时,维修或更换线束或连接器;

(7)用万用表检查 EFI No.1 到 ECM 的 1 号或 2 号端子间的连接情况和导线是否短路或断路:不正常时,维修或更换线束或连接器;

(8)用万用表检查 EFI MAIN 继电器到蓄电池间的连接情况和导线是否短路或断路:不正常时,维修或更换线束或连接器;

(9)用万用表检查 EFI MAIN 继电器到车身搭铁间的连接情况和导线是否断路:不正常时,维修或更换线束或连接器;

(10)用万用表检查 EFI MAIN 继电器到 ECM 的 44 号端子间的连接情况和导线是否短路或断路:不正常时,维修或更换线束或连接器;

(11)检查 IG_N 熔断丝:不正常,更换;

(12)检查 IG_2 熔断丝:不正常,更换;

(13)用万用表检查 IG_2 继电器:不正常,更换;

(14)用万用表检查 IG_N 熔断丝到 ECM 的 28 号端子间的连接情况和导线是否短路或断路:不正常时,维修或更换线束或连接器;

(15)用万用表检查 IG_2 继电器到 IG_N 熔断丝间的连接情况和导线是否短路或断路:不正常时,维修或更换线束或连接器;

(16)用万用表检查 IG_2 继电器到蓄电池间的连接情况和导线是否短路或断路:不正常时,维修或更换线束或连接器;

(17)用万用表检查 IG_2 继电器与车身搭铁间的连接情况和导线是否短路或断路:不正常时,维修或更换线束或连接器;

(18)检查 IG_2 No.2 熔断丝:不正常,更换;

(19)用万用表检查 IG_2 继电器与 IG_2 No.2 熔断丝间的连接情况和导线是否短路或断路:不正常时,维修或更换线束或连接器;

(20)用万用表检查 IG_2 No.2 熔断丝与点火开关间的连接情况和导线是否短路或断路:不正常时,维修或更换线束或连接器;

(21)用万用表检查点火开关总成:不正常,更换点火开关总成;

(22)检查 AM_2 熔断丝:不正常,更换;

(23)用万用表检查点火开关与 AM_2 熔断丝间的连接情况和导线是否短路或断路:不正常时,维修或更换线束或连接器。

二、实 践 操 作

1. 实践准备

干净的抹布,常用工具一套,数字万用表,装用 1.6L 排量、1ZR—FE 发动机的丰田卡罗拉轿车一辆,相关维修手册等。

2. 技术要求及注意事项

(1)注意对车辆的保护;

(2)实践作业前,熟悉检测步骤和各熔断丝、继电器的位置;

(3)实践操作前参看维修手册,弄清各测量点的具体位置;

(4)严禁在发动机运转时将蓄电池从中断开,以防产生瞬变过电压将传感器和电子控制单元损坏;

(5)不能直接测试电子控制单元;点火开关关闭 30s 后,才可以拆装电子控制单元接线插头;

(6)电子控制单元、传感器必须防止受潮,不允许将电子控制单元或传感器的密封装置损坏,更不允许用水冲洗电子控制单元和传感器。

3. 实践操作(丰田 1ZR—EF 发动机电子控制单元电源电路的检查)

1)登记车辆基本信息及客户反映的情况

将被检车辆信息及客户反映的情况登记在表 19-1 中。

车辆信息及客户反映的情况登记表　　　　　表 19-1

项　目	内　容
车辆型号(VIN 码)	(查后填写)
发动机型号	(查后填写)
客户反映	车辆无法起动
维修接待意见	检查发动机电源电路

2)故障症状确认

(1)转动点火开关,观察发动机故障灯状态。　　　□ 亮　　　□ 不亮

如果不亮,则说明发动机故障灯电路或者 ECU 电源电路有故障。

(2)起动发动机,观察故障现象,记录发动机出现的故障现象。

□ 发动机起动困难

□发动机加速不良
□发动机回火
□发动机怠速不稳
□发动机发抖
□发动机起动后熄火
□踩下加速踏板后发动机熄火
□其他

3) 丰田 1ZR-EF 发动机电子控制单元电源电路的检测

(1) ECU 外观目检。

① 线束连接器是否连接良好？　　　　　□ 是　　□ 否
② 拔出线束连接器观察是否有锈蚀、松动。　□ 是　　□ 否

(2) ECM 与车身搭铁的检查。如图 19-4 所示，断开 ECM 连接器，用万用表检查 ECM 的 104 号端子与车身搭铁之间的电阻值，并填入表 19-2 中。

B31—104 与搭铁之间的电阻检查登记表　　　　　表 19-2

检测电阻	测量值(Ω)	标准值(Ω)
B31—104 与搭铁之间的电阻		<1

如不符合规定，是什么原因？应该怎么办？

(3) ECM 的 28 号端子电压的检查。如图 19-5 所示，断开 ECM 连接器，点火开关置于 ON 位置，测量 ECM 的 28 号端子的电压值，并将测量结果填入表 19-3 中。

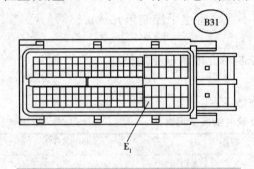

图 19-4　线束连接器前视图(至 ECM)　　　图 19-5　线束连接器前视图(至 ECM)

A50—28 与车身搭铁端子的电压测量登记表　　　　　表 19-3

端子电压	测量值(V)	标准值(V)
A50—28 与车身搭铁		11～14

如不符合规定，是什么原因？应该怎么办？

(4) 检查 EFI MAIN 熔断丝。如图 19-6 所示，从发动机室继电器盒上拆下 EFI MAIN 熔

断丝,测量其电阻值,并填入表 19-4 中。

EFI MAIN 熔断丝电阻检查　　　　　　　　　　表 19-4

检测电阻	测量值(Ω)	标准值(Ω)
EFI MAIN 熔断丝		<1

如不符合规定,是什么原因?应该怎么办?

(5)检查 EFI No.1 熔断丝。如图 19-7 所示,从发动机室继电器盒上拆下 EFI No.1 熔断丝,测量其电阻值,并填入表 19-5 中。

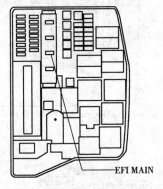

图 19-6　发动机室继电器盒

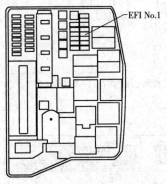

图 19-7　发动机室继电器盒

EFI No.1 熔断丝电阻测量　　　　　　　　　　表 19-5

检测电阻	测量值(Ω)	标准值(Ω)
EFI No.1 熔断丝		<1

如不符合规定,应该怎么办?

(6)检查 EFI MAIN 继电器。如图 19-8 所示,从发动机室继电器盒上拆下 EFI MAIN 继电器,断开继电器连接器,按表 19-6 中条件测量相应端子间的电阻值。

EFI MAIN 继电器检查　　　　　　　　　　表 19-6

检测电阻	条件	测量值(Ω)	标准值(Ω)
1E—1 与 1B—4	始终		≥10 000
	向 1B—2 和 1B—3 加蓄电池电压		<1

如不符合规定,应该怎么办?

(7)检查 EFI MAIN 继电器到 EFI No.1 熔断丝间的连接情况和导线。如图 19-9 所示,从发动机室继电器盒上拆下 EFI MAIN 继电器,断开继电器连接器,并从发动机室继电器盒上拆下 EFI No.1 熔断丝,检查 EFI MAIN 继电器到熔断丝间的连接情况及导线是否短路或断路,并将检查结果填入表 19-7 中。

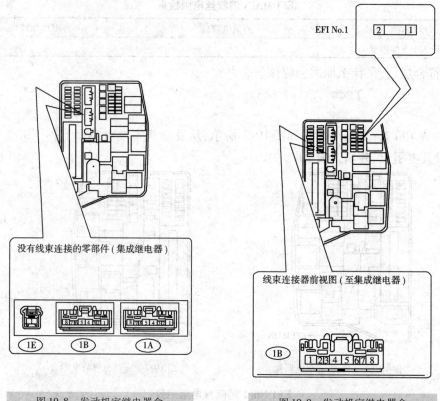

图 19-8　发动机室继电器盒　　　　图 19-9　发动机室继电器盒

EFI MAIN 继电器到 EFI No.1 熔断丝间的连接情况		表 19-7
检测电阻	测量值(Ω)	标准值(Ω)
1B—4 与 1(EFI No.1)		<1
1B—4 或 1(EFI No.1)与车身搭铁		≥10000

如不符合规定,应该怎么办?

(8)检查 EFI No.1 熔断丝到 ECM 的连接情况和导线。如图 19-10 所示,断开 ECM 连接器,从发动机室继电器盒上拆下 EFI No.1 熔断丝,检查 EFI No.1 到 ECM 的 +B 和 +B2 的连接情况及导线是否短路或断路,将检查情况填入表 19-8 中。

EFI No.1 熔断丝到 ECM 间的连接情况检查		表 19-8
检测电阻	测量值(Ω)	标准值(Ω)
2(EFI No.1 熔断丝)与 A50— +B2		<1
2(EFI No.1 熔断丝)与 A50— +B		<1
2(EFI No.1 熔断丝)或 A50— +B2 与车身搭铁		≥10000
2(EFI No.1 熔断丝)或 A50— +B 与车身搭铁		≥10000

如不符合规定,应该怎么办?

(9)检查 EFI MAIN 继电器到蓄电池间的连接情况和导线。如图 19-11 所示,从发动机室继电器盒上拆下 EFI MAIN 继电器,断开继电器连接器,断开蓄电池负极和正极端子,检查 EFI MAIN 继电器到蓄电池间的连接情况和导线是否短路或断路,并将检查结果填入表 19-9 中。

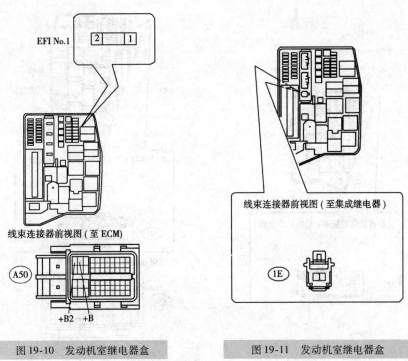

图 19-10　发动机室继电器盒　　　　　图 19-11　发动机室继电器盒

EFI MAIN 继电器到蓄电池间的连接情况检查　　　　　表 19-9

检测电阻	测量值(Ω)	标准值(Ω)
1E—1 与蓄电池正极端子		<1
1E—1 或蓄电池正极端子与车身搭铁		≥10000

如不符合规定,应该怎么办?

(10)检查 EFI MAIN 继电器到车身搭铁间的连接情况和导线。如图 19-12 所示,从发动机室继电器盒上拆下 EFI MAIN 继电器,断开继电器连接器,检查 EFI MAIN 继电器到车身搭铁间的连接情况和导线是否断路,并将检查结果填入表 19-10 中。

EFI MAIN 继电器到车身搭铁间的连接情况检查　　　　　表 19-10

检测电阻	测量值(Ω)	标准值(Ω)
1B—3 与车身搭铁		<1

如不符合规定,应该怎么办?

(11)检查 EFI MAIN 继电器到 ECM 的 44 号端子间的连接情况和导线。如图 19-13 所示,断开 ECM 连接器,从发动机室继电器盒上拆下 EFI MAIN 继电器,断开继电器连接器,检查 EFI MAIN 继电器到 ECM 间的连接情况和导线是否短路或断路,并将检查结果填入表 19-11 中。

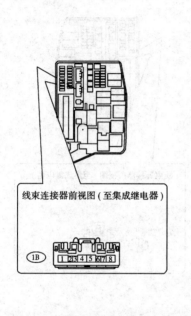

图 19-12　发动机室继电器盒

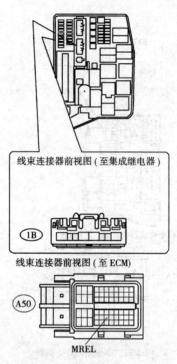

图 19-13　发动机室继电器盒

EFI MAIN 继电器到 ECM 的 44 号端子间的连接情况　　　　表 19-11

检测电阻	测量值(Ω)	标准值(Ω)
1B—2 与 A50—44		<1
1B—2 或 A50—44 与车身搭铁		≥10000

如不符合规定,应该怎么办?

(12)检查 IGN 熔断丝。如图 19-14 所示,从仪表板接线盒拆下 IGN 熔断丝,测量其电阻值,并将结果填入表 19-12 中。

IGN 熔断丝检查　　　　表 19-12

检测电阻	测量值(Ω)	标准值(Ω)
IGN 熔断丝		<1

如不符合规定,应该怎么办?

(13) 检查 IG_2 熔断丝。如图 19-15 所示,从发动机室继电器盒上拆下 IG_2 熔断丝,测量其电阻值,并将检查结果填入表 19-13 中。

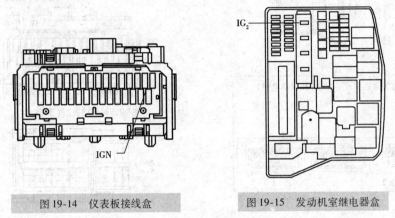

图 19-14 仪表板接线盒　　　　图 19-15 发动机室继电器盒

IG_2 熔 断 丝 检 查　　　　　　　　　　　表 19-13

检测电阻	测量值(Ω)	标准值(Ω)
IG_2 熔断丝		<1

如不符合规定,应该怎么办?

(14) 检查 IG_2 继电器。如图 19-16 所示,从发动机室继电器盒上拆下 IG_2 继电器,断开继电器连接器,按表 19-14 中条件测量相应端子间的电阻值。

IG_2 继 电 器 检 查　　　　　　　　　　　表 19-14

检测电阻	条件	测量值(Ω)	标准值(Ω)
1E—1 与 1A—4	始终向 1A—2 和 1A—3		≥10000
	加蓄电池电压		<1

如不符合规定,应该怎么办?

(15) 检查 IGN 熔断丝到 ECM 的 28 号端子间的连接情况和导线。如图 19-17 所示,断开 ECM 连接器,从仪表板接线盒上拆下 IGN 熔断丝,按表 19-15 测量电阻值。

IGN 熔断丝到 ECM 的 28 号端子间的连接情况检查　　　　表 19-15

检测电阻	测量值(Ω)	标准值(Ω)
2(IGN 熔断丝)与 A50—28		<1
2(IGN 熔断丝)或 A50—28 与车身搭铁		≥10000

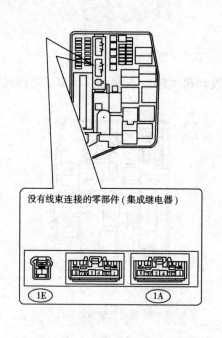

图 19-16 发动机室继电器盒　　　图 19-17 仪表板接线盒

如不符合规定,应该怎么办?

(16) 检查 IG_2 继电器到 IGN 熔断丝间的连接情况和导线。如图 19-18 所示,从发动机室继电器盒上拆下 IG_2 继电器,断开继电器连接器,并从仪表板接线盒上拆下 IGN 熔断丝,按表 19-16 检查 IG_2 继电器到 IGN 熔断丝间的连接情况和导线是否短路或断路。

IG_2 继电器到 IGN 熔断丝间的连接情况检查　　　表 19-16

检测电阻	测量值(Ω)	标准值(Ω)
1A—4 与 1(IGN 熔断丝)		<1
1A—4 或 1(IGN 熔断丝)与车身搭铁		≥10000

如不符合规定,应该怎么办?

(17) 检查 IG_2 继电器到蓄电池间的连接情况和导线。如图 19-18 所示,从发动机室继电器盒拆下 IG_2 继电器,断开继电器连接器,并断开蓄电池负极和正极端子,检查 IG_2 继电器到蓄电池间的连接情况和导线是否断路,将结果填入表 19-17 中。

IG_2 继电器到蓄电池间的连接情况检查　　　表 19-17

检测电阻	测量值(Ω)	标准值(Ω)
1E—1 与蓄电池正极端子		<1
1E—1 或蓄电池正极端子与车身搭铁		≥10000

如不符合规定,应该怎么办?

(18)检查 IG_2 继电器与车身搭铁间的连接情况和导线。如图 19-19 所示,从发动机室继电器盒上拆下 IG_2 继电器,断开继电器连接器,检查 IG_2 继电器到车身搭铁间的连接情况和导线是否断路,将结果填入表 19-18 中。

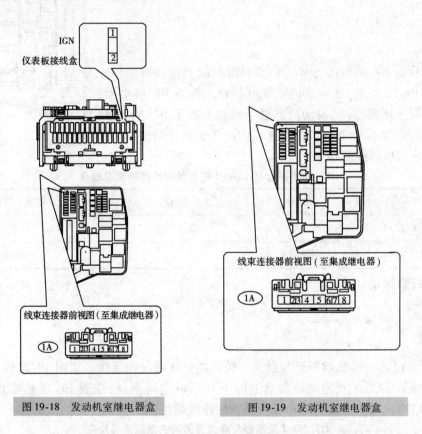

图 19-18　发动机室继电器盒　　　　图 19-19　发动机室继电器盒

IG_2 继电器与车身搭铁间的连接情况　　　　表 19-18

检测电阻	测量值(Ω)	标准值(Ω)
1A—3 与车身搭铁		<1

如不符合规定,应该怎么办?

(19)检查 IG_2 No.2 熔断丝。如图 19-20 所示,从发动机室继电器盒上拆下 IG_2 No.2 熔断丝,测量其电阻值,将结果填入表 19-19 中。

IG$_2$ No.2 熔断丝检查　　　　　　　　　　　　　　　　　　　　　　　表 19-19

检测电阻	测量值(Ω)	标准值(Ω)
IG$_2$ No.2 熔断丝		<1

如不符合规定,应该怎么办?

(20)检查 IG$_2$ 继电器与 IG$_2$ No.2 熔断丝间的连接情况和导线。如图 19-21 所示,从发动机室继电器盒上拆下 IG$_2$ 继电器,断开继电器连接器,并从发动机室继电器盒上拆下 IG$_2$ No.2 熔断丝,按表 19-20 检查 IG$_2$ 继电器到 IG$_2$ No.2 熔断丝间的连接情况和导线是否短路或断路。

图 19-20　发动机室继电器盒

IG$_2$ 继电器与 IG$_2$ No.2 熔断丝间的连接情况检查　　　　　　　　　表 19-20

检测电阻	测量值(Ω)	标准值(Ω)
1A—2 与 2(IG$_2$ No.2 熔断丝)		<1
1A—2 或 2(IG$_2$ No.2 熔断丝)与车身搭铁		≥10000

如不符合规定,应该怎么办?

(21)检查 IG$_2$ No.2 熔断丝与点火开关间的连接情况和导线。如图 19-22 所示,断开点火开关连接器,从发动机室继电器盒上拆下 IG$_2$ No.2 熔断丝,按表 19-21 检查点火开关到 IG$_2$ No.2 熔断丝间的连接情况和导线是否短路或断路。

IG$_2$ No.2 熔断丝与点火开关间的连接情况检查　　　　　　　　　　　表 19-21

检测电阻	测量值(Ω)	标准值(Ω)
1(IG$_2$ No.2 熔断丝)与 E4—6		<1
1(IG$_2$ No.2 熔断丝)或 E4—6 与车身搭铁		≥10000

如不符合规定,应该怎么办?

学习任务十九 电子控制单元电源电路的检修

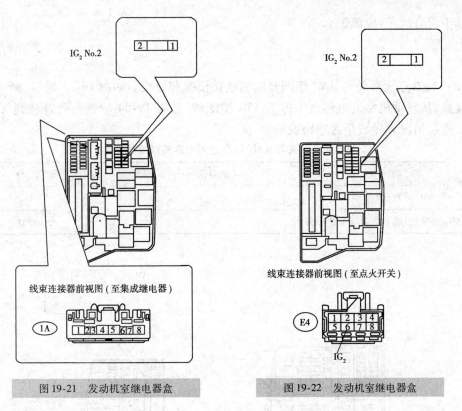

图 19-21 发动机室继电器盒   图 19-22 发动机室继电器盒

（22）检查点火开关总成。如图 19-23 所示，断开点火开关，测量表 19-22 中各端子间的电阻值。

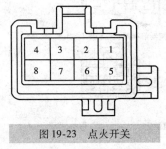

图 19-23 点火开关

点火开关总成检查　　表 19-22

检测电阻	点火开关位置	测量值(Ω)	标准值(Ω)
所有端子	LOCK		≥10000
2-4	ACC		<1
1-2-4,5-6	ON		
1-3-4,5-6-7	START		

如不符合规定，应该怎么办？

（23）检查 AM_2 熔断丝。如图 19-24 所示，从发动机室继电器盒上拆下 AM_2 熔断丝，测量其电阻值，记录于表 19-23 中。

AM_2 熔断丝检查　　表 19-23

检测电阻	测量值(Ω)	标准值(Ω)
AM_2 熔断丝		<1

如不符合规定,应该怎么办?

(24)检查点火开关与 AM_2 熔断丝间的连接情况和导线。如图 19-25 所示,断开点火开关连接器,从发动机室继电器盒中拆下 AM_2 熔断丝,按表 19-24 检查点火开关到 AM_2 熔断丝间的连接情况和导线是否短路或断路。

点火开关与 AM_2 熔断丝间的连接情况检查　　　　　表 19-24

检 测 电 阻	测量值(Ω)	标准值(Ω)
2(AM_2 熔断丝)与 E4-7		<1
2(AM_2 熔断丝)或 E4-7 与车身搭铁		≥10000

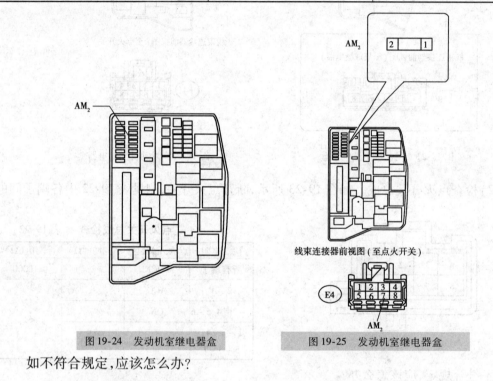

图 19-24　发动机室继电器盒　　　图 19-25　发动机室继电器盒

如不符合规定,应该怎么办?

三、学习拓展

(1)当你考虑更换发动机 ECU 之前,需要检查所有的传感器工作是否正常,蓄电池的电压是否正常,搭铁是否良好。

更换发动机 ECU 时,需要准确识别车辆的年款、厂家、型号和发动机排量,还要知道发动机 ECU 上写的 OEM 零件号。更换发动机 ECU 后,许多车型必须将 ECU 与发动机进行匹配。

拆卸旧的发动机 ECU 和安装新的发动机 ECU 之前都应当断开蓄电池。装好发动机 ECU 并重新连接好线束后,再重新接上蓄电池。许多发动机 ECU 在安装后,或断开电源后必须要经过"再学习"过程。比如,对于某些车型,蓄电池断电后,可能要经过特定程序才能建立基本怠速,而有些车型只不过需要经过短时期的驾驶让电脑自我调节。

不要轻易断开蓄电池负极,否则,将丢失存储器中的故障码,冻结帧数据,设定的参数、时钟信息也会丢失,有些车型甚至会锁死音响系统。

(2)当 ECU 内部电源电路(+5V 恒定电压电路)断路或短路时,由 ECU 提供 5V 电源电压的传感器都不能再工作;当 ECU 内部电源电路(+5V 恒定电压电路)短路时微处理器不再工作,所以 ECU 也不再工作。

(3)如用手持式汽车诊断电脑进行发动机故障诊断时,发现手持式诊断电脑显示"无法通讯",则只存在三种情况:①手持式汽车诊断电脑或测试电缆故障导致无法通讯;②ECU 损坏而导致无法通讯;③ECU 电源电路故障。

四、评价与反馈

1. 自我评价与反馈

(1)能否主动参与工作现场的清洁和整理工作?(　　)
　　A. 主动完成　　　　　B. 被动完成　　　　　C. 未完成
(2)你能否正确规范地完成丰田 1ZR—FE 发动机电控单元电源电路的检查?(　　)
　　A. 快速规范　　　　　B. 规范但不熟练　　　C. 不会操作
(3)叙述进行诊断的注意事项。
_____
_____

(4)下次遇到类似的学习任务应如何改善从而提高学习效果?
_____
_____

(5)在本学习任务中,你遇到的困难是什么?你是如何解决的?
_____
_____

签名:_____　　　　年_____月_____日

2. 小组评价与反馈

（1）是否主动参与小组讨论？（　　）

　　A. 主动　　　　　　　　B. 被动　　　　　　　　C. 未参与

（2）是否完成本学习任务的学习目标？（　　）

　　A. 完成且效果好　　　　B. 完成但效果不好　　　C. 未完成

（3）是否积极学习，不懂的是否积极向别人请教，是否积极帮助他人学习？（　　）

　　A. 积极学习　　　　　　　　B. 积极请教

　　C. 积极帮助他人　　　　　　D. 三者都不积极

（4）零件、工具与油污有没有落地，有无保持作业现场的整洁？（　　）

　　A. 无掉地且场地整洁　　　　B. 有零件、工具掉地

　　C. 有油污掉地　　　　　　　D. 未保持作业现场的清洁

（5）操作过程中是否注意维修质量且有责任心？（　　）

　　A. 注意质量，有责任心　　　B. 不注意质量，有责任心

　　C. 注意质量，无责任心　　　D. 全无

（6）在团队学习中的主动性与合作情况如何？（　　）

　　A. 好　　　　　　　　B. 较好　　　　　　　　C. 一般

　　参与评价的同学签名：_____　　____年____月____日

3. 教师评价及答复

_____

_____

　　教师签名：_____　　____年____月____日

五、技能考核标准

序号	项目	操作内容	规定分	评分标准	得分
1	准备	清点工量具、清理工位；	5分	酌情扣分；	
		打开并支撑发动机罩；	5分	酌情扣分；	
		安装汽车保护罩	5分	酌情扣分	
2	检查	检查电控单元系统外观；	5分	不检查扣5分，操作不当扣1~5分；	
		用手持式诊断电脑读取故障码；	10分	操作不当扣1~10分；	
		用万用表检查电控单元电源端子与搭铁端子电压	10分	操作不当，测量数据不准扣1~10分；	
		用万用表检测电控单元电源电路中的熔断丝及连接线束	15分	操作不当，测量数据不准扣1~15分	
3	拆卸	拆下电控单元线束及电控单元；	5分	操作不当扣1~5分；	
		拔下电控单元系统电源电路的熔断丝及继电器	5分	操作不当扣1~5分	

续上表

序号	项目	操作内容	规定分	评分标准	得分
4	安装	安装电控单元系统电源电路的熔断丝及继电器； 安装电控单元及电控单元线束	5分 5分	操作不当扣1~5分 操作不当扣1~5分	
5	完成时限	30min	10分	超时1~5min扣1~5分；超时5min以上扣10分	
6	安全文明	无安全隐患，无不文明操作	5分	未达标扣1~5分	
7	结束	工具、量具清洁并归位； 工作场地清洁	5分 5分	漏一项扣1分，未做扣5分； 清洁不彻底扣1~5分，未做扣5分	
		总分	100分		

学习任务二十　尾气排放检测与废气分析

> **任务要求**
> 完成本学习任务后,你应:
> 1. 了解汽车尾气的成分及废气产生的原理;
> 2. 了解三元催化转换器的作用及工作原理;
> 3. 了解我国汽车尾气的排放标准;
> 4. 能正确使用废气分析仪;
> 5. 能正确检测发动机尾气成分,并判断发动机排放是否合格,如排放成分异常,可根据检测结果分析发动机引起该故障的原因。
>
> **建议学时:8 学时**

任务描述

一辆奥迪 A6 轿车怠速不稳,发动机经常熄火,用手持式汽车诊断仪检测,但并无故障码显示;经维修人员初步判断,需对发动机排放系统进行检测,进一步确定故障原因,以便进行维修或更换。

一、理论知识准备

随着汽车保有量的增加,汽车排放污染物造成的环境污染情况日趋严重,所以对汽车排放污染物的监控与防治,已到了刻不容缓的地步。

1. 汽车尾气的主要成分与危害

汽车尾气的污染物主要有:一氧化碳（CO）、二氧化碳（CO_2）、碳氢化合物（HC）、氮氧化合物（NO_x）、炭烟（PM）等。

（1）CO 吸入人体后,非常容易和血液中的血红蛋白结合,其亲和力是氧与血液亲和力的 300 倍。因此,肺里的血红蛋白不与氧结合而与 CO 结合,致使人体缺氧,引起头痛、头晕、呕吐等中毒症状,并危害中枢神经系统,造成感觉、反应、理解、记忆等机能障碍,严重时造成死亡。

(2) CO_2 为无色无毒气体,对人体无直接危害,但大气中的 CO_2 大幅度增加后,因其对红外热辐射的吸收而形成的温室效应,会使全球气温上升、南北极冰层溶化;海平面上升;大陆腹地沙漠趋势加剧,使人类和动植物赖以生存的生态环境遭到破坏。据统计,大气中的 CO_2 有约30%来自汽车尾气排放,因此,近年来对 CO_2 的控制也已上升为汽车排放研究的重要课题,低碳生活已成为当今的时尚。

(3) 单独的HC只有在浓度相当高的情况下才会对人体产生影响,一般情况下作用不大,但它却是产生光化学烟雾的主要成分。

(4) NO_x 是一种褐色的、有臭味的废气,发动机废气刚排出时,气体内存在的NO毒性较小,但NO很快氧化成毒性较大的 NO_2 等其他氮氧化合物。这些氮氧化合物,我们统称为 NO_x。NO毒性小,但高浓度的NO会引起人的神经中枢障碍,NO_2 具有很强的臭味,进入肺泡后能形成亚硝酸和硝酸,对肺组织产生剧烈的刺激作用。亚硝酸盐则能与人体内的血红蛋白结合,形成变性血红蛋白,可在一定程度上导致人体组织缺氧。NO_x 对人的呼吸系统和免疫功能有很大的危害,还可能引起哮喘、支气管炎及肺气肿等疾病。此外,NO_x 还是光化学烟雾的主要组成成分。

(5) 炭烟(PM)主要是硫化物和微粒物(主要由铅等重金属的氧化物和烟灰等组成),因其内含有黑色颗粒,会影响道路上的能见度。炭烟含有少量的乙醛、铅化物、硫化物等,往往会引起人们恶心和头晕,并对呼吸系统有害,严重者还能致癌。

(6) 光化学烟雾是 NO_x 与HC受阳光中紫外线照射后发生光化学反应,形成的黄色烟雾,其主要成分——O_3 是一种强氧化剂。当光化学烟雾达到一定浓度时,具有明显的刺激性。它能刺激眼结膜,引起流泪并导致红眼症,同时对鼻、咽、喉、气管及肺部均有刺激作用,能引起急性喘息症。光化学烟雾还具有损害植物、降低大气能见度、损坏橡胶制品等危害。

2. 汽车尾气产生的原理

1) CO

CO是燃料在空气不足或其他原因造成不完全燃烧时所产生的气体。

2) HC

HC是发动机废气中燃料的未燃部分,还包括供油系统中燃料的蒸发和泄漏的产物,以及汽油中的大分子成分在高温下分解所产生。

3) CO_2

CO_2 是汽油燃烧后的必然产物,就像人呼吸过程中要产生 CO_2 一样,是不可避免的。

4) NO_x

NO_x 是进入汽缸内的 N_2 和 O_2 在高温高压的火焰下化合生成的。

5) 行车工况与尾气的产生

行车工况与尾气的产生关系如图20-1所示。

(1) 暖机工况,产生CO、HC。

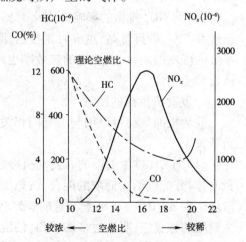

图20-1 汽油机尾气排放物与进气空燃比之间的关系

(2)急速运行工况,产生 CO、HC。

(3)匀速行驶。中、低速度行驶,产生 NO_x;高速行驶,产生 CO、HC 和 NO_x。

(4)加速行驶,产生 CO、HC 和 NO_x。

(5)减速行驶,产生 CO、HC。

(6)大负荷,产生 CO、HC 和 NO_x。

3. 影响尾气产生的因素

1)混合气浓度影响

混合气浓度的评价指标有两个:空燃比(A/F)和过量空气系数(α)。$A/F=14.7$ 或 $\alpha=1$ 的混合气称为理论混合气;$A/F>14.7$ 或 $\alpha>1$ 的混合气称为稀混合气;$A/F<14.7$ 或 $\alpha<1$ 的混合气称为浓混合气。

(1)对 CO 排量的影响。供给发动机混合气的空燃比比 14.7(或过量空气系数比 1)小得越多,混合气越浓,燃料燃烧越不完全,CO 的排放量越高。

(2)对 HC 排量的影响。HC 是燃气在汽缸壁温度较低区,达不到燃烧温度,火焰熄灭;电火花过弱未能引燃混合气等情况下产生的。实验证明,当 $A/F=16.2$ 时,HC 的排量最少;$A/F<16.2$ 时,A/F 越小,即混合气越浓,HC 排量越高;当 $A/F>16.2$ 时,由于燃料过少,通常的点火方式已不能将混合气引燃,产生失火现象,造成 HC 大量排出。

(3)对 NO_x 排量的影响。NO_x 在混合气的 $A/F \approx 15.5$ 时,燃料燃烧效率最高,燃烧越完全,汽缸内的温度高,HC 的排量最多,A/F 高于或低于此值时,NO_x 的排量都会减少。

2)点火时刻和点火效果的影响

(1)对 CO 排量的影响。点火提前角不正确也会影响排放。点火时刻过晚,造成燃料在汽缸内来不及燃烧;点火时刻过早,混合气形成时间缩短,混合气的品质差,都会造成 CO 的排量增加。

(2)对 HC 排量的影响。点火时刻推迟时,由于发动机排气温度高,促进了 HC 在排气过程中的氧化,另外燃烧时降低了汽缸的面容比,燃烧室内的激冷面积减小,使排出的 HC 减少,但要以牺牲燃料经济性为代价,所以得不偿失。

(3)对 NO_x 排量的影响。点火时刻提前,燃料经过的燃烧时间长,燃烧完全,汽缸内的温度高,NO_x 的排量高;点火时刻推迟,降低了汽缸内的温度,可以减少 NO_x 的排量,但降低了缸内温度的同时,发动机的热效率也降低了,若调整不当会严重影响发动机的动力性、经济性和稳定性。

3)发动机负荷的影响

发动机的负荷可以用与节气门相关的进气管压力来表示,进气管压力越大,发动机的负荷越大。

(1)对 CO 排量的影响。发动机冷起动时需供给发动机多而浓的混合气;急速和很小负荷时,需分配供给少而浓的混合气;急加速时,由于短时间内供给过量的燃料而使混合气的浓度达到 $\alpha=0.8 \sim 0.9$;急减速时,节气门迅速关闭,特别是发动机高转速时,在进气管内产生瞬间的强真空,吸入过多的燃料,使混合气过浓。这些都会造成 CO 排量的增加。中等负荷时,需供给稍稀的混合气($\alpha=1.05 \sim 1.15$),燃料燃烧完全,排出的 CO 较少。

(2)对 HC 排量的影响。急速和很小负荷时,需供给发动机少而浓的混合气,可能造成火焰传播不全,燃料不能完全燃烧,因而 HC 的排量较多;中等负荷时,供给发动机的混合气稍稀,燃料燃烧完全,HC 的排量较少;大负荷和全负荷时,发动机的转速高,虽然燃料燃烧的时间变短,可能使 HC 的排量增加,但这期间排气温度高,有利于 HC 的进一步氧化,所以 HC 的排量也较怠速时少。

(3)对 NO_x 排量的影响。负荷小时,进气压力低,进气流动速度慢,形成的混合气品质差,火焰传播慢,燃料燃烧不完全,发动机汽缸内温度较低,NO_x 排量少;中速时,混合气燃烧完全,NO_x 排量较多。

4)发动机转速的影响

(1)对 CO 排量的影响。在怠速和很小负荷时,供给发动机的是少而浓的混合气;急加速时,由于短时间内供给过量的燃料而使混合气的浓度为 $\alpha = 0.8 \sim 0.9$;急减速时,节气门迅速关闭,特别是发动机高转速时,在进气管内产生瞬间的强真空,吸入过多的燃料,使混合气过浓,造成燃烧不完全,而使 CO 的排量高;中速时,燃料燃烧完全,排出的 CO 相应较少;高速时,虽然燃料燃烧的时间相应较短,可能造成燃烧不完全而使 CO 排量增多,但高速时,排气温度较高,有利于 CO 的进一步氧化,所以 CO 的排放比中速时低,但比怠速时高。

(2)对 HC 排量的影响。转速升高,加大了汽缸中的扰流和涡流作用,使形成的混合气品质更佳,燃烧更完全,HC 的排量更少。

(3)对 NO_x 排量的影响。对于不同浓度的混合气,转速对 NO_x 排量的影响不同。对燃烧速度较慢的稀混合气,在点火时刻不变的情况下,转速升高,燃烧过程将在作功过程压力和温度不太高的条件下进行,NO_x 的排量减少;对于燃烧速度较快的浓混合气,转速升高,增加了进气的扰流和涡流作用,火焰传播速度快,热量损失小,所以燃烧速度快使 NO_x 排量增加。

5)发动机温度的影响

(1)低温时。燃油雾化不良,而且吸入的混合气与冷的进气管及汽缸壁接触时,一部分汽油凝结成为液态和颗粒状。正是因为这种情况,冷态供给的是浓混合气,结果由于空气量不足,使 CO 量增加。同时燃烧温度降低,NO_x 减少而 HC 增加。

(2)高温时。冷却液温度达到 80～90℃时,燃料汽化良好,发动机在燃料经济性较好的状态下运转。但是,当发动机温度过高时,会引起过热、爆震、早燃等现象,使燃烧温度上升,NO_x 的生成量增多,同时 CO 和 HC 的生成量减少。

6)其他因素的影响

(1)喷油器工作情况的影响。当喷油器密封不严和喷油雾化质量不良时,会引起 CO 和 HC 排量增加,使 NO_x 减少。

(2)燃油供给系统燃油压力的影响。压力过高时,相同的喷油脉宽,供给的燃油多,混合气浓度大,CO 和 HC 排量增加,使 NO_x 减少。

(3)L 形空气供给系统的发动机,空气流量计之后的进气通道有漏气现象时,会导致 NO_x 的排量增加,使 CO 和 HC 排量减少。

(4)空气流量计(或进气压力传感器)检测进气量数值不准确、活性炭罐故障、三元催化转换器故障、EGR 阀故障等,都会引起 CO、HC、NO_x 排量的变化。

4. 三元催化转换器的作用及工作原理

1)三元催化转换器的作用

就是将汽车发动机尾气中含有的三种主要有害气体:即一氧化碳(CO)、碳氢化合物(HC)和氮氧化合物(NO_x),在排气管道中转化为无害物质。

2)三元催化转换器的工作原理

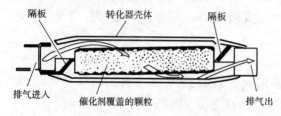

图20-2 三元催化转换器的工作原理图

当高温的汽车尾气通过净化装置时,三元催化转换器中的催化剂将增强CO、HC和NO_x三种气体的活性,促使其进行一定的氧化—还原化学反应,其中CO在高温下氧化成为无色、无毒的二氧化碳气体;HC化合物在高温下氧化成水(H_2O)和二氧化碳;NO_x还原成氮气和氧气。三种有害气体变成无害气体,使汽车尾气得以净化,如图20-2所示。

5. 我国现执行的汽车尾气的排放标准

汽车正常运行时,CO、CO_2、O_2、HC和NO_x的含量之和应为15%~16%。

1)怠速工况的正常排放值

怠速工况的正常排放值见表20-1。

发动机怠速工况下的正常排放值　　　　　表20-1

排放物	排放物含量	
	催化转换前	催化转换后
CO	0.8%~1.5%	<0.1%
CO_2	13%~16%	13%~16%
O_2	1%~2%	1%~2%
HC	$<300 \times 10^{-6}$	$<50 \times 10^{-6}$

2)发动机转速在2000r/min时的正常排放值

发动机转速在2000r/min时的正常排放值见表20-2。

发动机转速在2000r/min时的正常排放值　　　　　表20-2

排放物	排放物含量	
	催化转换前	催化转换后
CO	<0.8%	<0.1%
CO_2	13%~15%	13%~16%
O_2	1%~2%	1%~2%
HC	$<300 \times 10^{-6}$	$<50 \times 10^{-6}$

6. 废气分析仪的概述及使用(以NHA—506型废气分析仪为例)

1)NHA—506型废气分析仪的概述和组成

NHA—506型废气分析仪采用不分光红外线吸收法原理,测量机动车排放中的HC、CO和CO_2的成分,用电化学电池原理测量废气中NO_x和O_2的成分,并可根据所测CO、CO_2、HC和O_2成分计算出过量空气系数。如图20-3所示,其主要由仪器主机、嵌入式打印机、取样管、前置过滤器、短取样管、取样探头等组成。

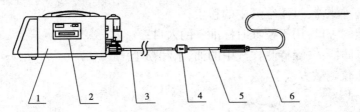

图20-3 NHA—506气体分析仪的组成
1-仪器主机;2-嵌入式微型打印机;3-取样管;4-前置过滤器;5-短导管;6-取样探头

图20-4所示为NHA—506的前面板布置。前面板各部分的名称和功用如下：

1——液晶显示屏：显示操作菜单和测量数据；

2——"S"功能键：水平移动液晶显示屏上的光标，以选择所需项目；

3——"K"功能键：确认所选项目；

4——"▲"功能键：上移显示屏上的光标，选择所需项目；调节显示屏上文字、图像的对比度；校准前用于修改校准气的设定值；

5——"▼"功能键：下移显示屏上的光标，选择所需项目；其余功能同"▲"键。

图20-5为NHA—506的后面板布置。后面板各部分的名称和功用如下：

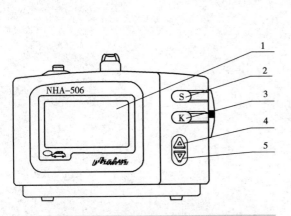

图20-4 NHA—506气体分析仪的前面板　　图20-5 NHA—506气体分析仪的后面板

1——油温信号插座：输入油温探头的信号；

2——电源插座及开关：插座用于输入220V交流电，开关用于接通或断开电源；

3——RS—232C插座：与外部计算机通信的接口；

4——"通信/打印"转换开关：使仪器在"本机打印"和"与外部计算机通信"间切换；

5——主排气口：样气测量后的排出口；

6——冷却气及吸样入口：接入待测样气并降低样气温度，防止进入分析光学平台的气体产生冷凝水；

7——转速信号插座：输入转速测量钳的信号；

8——氧化氮传感器排气口；

9——传感器罩：氧化氮和氧传感器的保护罩；

10——氧传感器排气口；

11——空气过滤器：过滤空气中的粉尘；

12——标准气入口：用于校准时标准气的入口；

13——水过滤器：去除待测样气中的油、水和粉尘。

2）废气分析仪测试方法

（1）正常测试。

①起动发动机，故障灯指示应正常，使发动机达正常温度；

②发动机从怠速状态加速至70%额定转速，运转60s后降至50%额定转速，将取样探头插入排气管中，深度不少于400mm，并固定在排气管上，维持15s后，读取30s内的最高值和最低值，其平均值即为高怠速污染物测量结果（对于使用闭环控制电子控制燃油喷射系统和三元催化转换器的汽车，还应同时读取过量空气系数的数值）。

③发动机从高怠速降至怠速状态15s后，读取30s内的最高值和最低值，其平均值即为怠速污染物测量结果。

④若为多排气管的车辆，取各排气管测量结果的算术平均值作为测量结果。若车辆排气管长度小于测量深度时，应使用排气加长管。

（2）汽缸与冷却水道泄漏的测试。

①打开散热器盖；

②使发动机达到正常温度；

③在散热器盖口用废气测试管测试；

④读取HC的值；

⑤若有升高，说明汽缸衬垫损坏。

（3）燃油蒸发、排放控制系统泄漏的测试。

①在汽油泵处测试HC；

②在活性炭罐处测试HC；

③在加油口盖处测试HC；

④在油管接头处测试HC；

⑤在油箱密封处测试HC。

（4）曲轴箱通风装置测试。

①发动机运转至正常温度；

②读取尾气中CO及O_2的值；

③拆下PCV阀管路（靠近测试端）并读取尾气中CO及O_2的值，CO值将减少1%以上，O_2值将升高；

④用手堵住PCV阀，读取CO及O_2的值，应恢复正常；

⑤若按上述步骤检查CO及O_2的值均无变动，则表示PCV阀阻塞；

（5）三元催化转换器的测试。

①发动机运转达正常工作温度；

②加速至额定转速的50%，保持2min；

③测量排气，O_2值应在1%左右，CO值在0.5%以下，表示三元催化转换器工作正常；

④加浓混合气，O_2 值慢慢下降，CO 值增高约 0.5%，表示系统正常；

⑤超出以上标准为不正常。

7. 尾气分析的项目和基本原则

1) 尾气分析的项目

分析的参数有 CO、HC、CO_2 和 O_2，以及空燃比（A/F）或过量空气系数 α。

2) 废气分析的基本规则

（1）HC 和 O_2 的读数高，是由点火系统不良和过稀的混合气熄火而引起的。

（2）当测试的 CO、HC 高，CO_2、O_2 低时，表明发动机工作混合气很浓。

（3）如果燃烧室中没有足够的空气（O_2）保证正常燃烧，通常情况下，CO_2 的读数和 CO、O_2 相反。燃烧越完全，CO_2 越高，其最大值在 13%～16%，此时 CO 的读数应该是零或接近零。

（4）废气中 O_2 的含量是最有用的诊断数据之一。O_2 的读数和其他三个读数一起，能帮助找出诊断问题的难点。通常，装有催化转换器的汽车，如果 O_2 的读数正好是 1.0%～2.0%，说明发动机燃烧很好，只有少量未燃烧的 O_2 通过汽缸。如果 O_2 的读数小于 1.0%，则说明混合气太浓，不利于很好的燃烧。如果 O_2 的读数超过 2%，则说明混合气太稀。如汽油滤清器堵塞、汽油压力低、喷油器阻塞、真空系统漏气、废气再循环（EGR）阀泄漏等都可能导致混合气过稀失火。

（5）根据功率平衡试验（参考制造厂的使用说明）和四气体排气分析仪的读数，可以指出每个缸的工作状况。在进行发动机功率平衡试验的同时，测量发动机尾气排放，如果每个缸 CO 和 CO_2 的读数都下降，HC 和 O_2 的读数都上升，且上升和下降的量都一样，则证明每个缸的工作都正常。如果只有一个缸的变化很小，而其他缸都一样，则表明这个缸燃烧不正常。一个调整好的电控汽车排放量中，HC 大约为 55×10^{-6}、CO 低于 0.5%、O_2 为 1.0%～2.0%，CO_2 为 13%～16%。

利用四气体分析仪所检测得到的排放物数量与发动机故障的关系，见表 20-3。

四气排放状况与发动机故障的关系　　　表 20-3

CO	CO_2	O_2	HC	可能的原因
低	低	低	很高	间歇性失火、汽缸压缩压力不正常
很高	低	低	很高/高	混合气浓
很低	低	很高/高	很高/高	混合气稀
高	正常	正常	低	点火太迟
低	正常	正常	高	点火太早
变化	低	正常	变化	EGR 阀泄漏
很低	很低	很高	很低	空气喷射系统故障
低	低	高	低	排气系统漏气

在断开空气喷射系统的条件下，利用五气体分析仪所检测到的排放物数量与发动机故障的关系，见表 20-4。

五气排放状况与发动机故障综合分析　　　　　　　　　表20-4

CO	CO_2	O_2	HC	NO_x	可能的原因
很高	很低	很低	很高	很低	节温器或冷却液温度传感器故障(发动机在冷态运转)
很低	很高	很高	很高	很低	节温器或冷却液温度传感器故障(发动机在冷态运转)
很低	很低	很高	很高	很低	三元催化转换器漏气
很低	很高	很高	很低	中	喷油器故障,三元催化转换器工作有效
很高	很低	很高	很高	很高	喷油器故障;三元催化转换器未工作;真空泄漏;混合气浓
很高	很低	很低	低	很低	混合气浓;喷油器泄漏;化油器调整不当;功率阀泄漏;油面过高(油压高);空气滤清器过脏;燃油蒸发排放控制系统故障;PCV阀系统故障;电控系统故障;曲轴箱被未燃汽油污染
高	很低	高	低	很高	同上栏原因且三效催化转换器未工作
很高	很低	很低	很高	很低	混合气浓且点火系统失火
很低	很低	很高	很高	很高	混合气稀;点火失火;真空泄漏或空气流量传感器与节气门体间的管路漏气;EGR不良;真空管安装错误;化油器调整错误;喷油器不良;氧传感器不良或故障;电控系统故障;油面过低(或汽油压力低)
低	很低	很低	低	低	汽缸压缩压力低;气门升程不足
低	很低	很低	低	很高	点火太早;高压线搭铁短路或开路
低	很低	很低	低	高	电控系统对真空泄漏补偿
很低	很高	很低	很低	很低	燃烧效率高且三元催化转换器工作有效

想一想

1.电控燃油喷射(EFI)、电子控制点火提前角(ESA)的采用是否可以降低汽车的排放水平?为什么?

2.如何对发动机尾气进行检测,根据检测结果判断发动机尾气是否正常?如果不正常,可能有什么故障?

二、实践操作

1.实践准备

干净的抹布、常用工具一套、废气分析仪一台、桑塔纳2000GSi轿车一辆、丰田发动机台架一台、丰田花冠轿车一辆及相关的维修手册等。

2.技术要求及注意事项

(1)要查看汽车制造厂的排放标准,使空气泵和空气喷射系统停止工作,对于装有三元催化转换器的汽车,如三元催化转换器工作正常,会减少CO和HC的排放,故应测量未经转换的排气,将取样探头插到三元催化转换器之前,或EGR阀的排气口检测(有的厂家提供一个专用接口);

(2) 发动机暖机后才能使用尾气分析仪进行尾气检测;

(3) 进行尾气检测前,应对尾气分析仪预热5min左右,并做泄漏试验和清零处理;

(4) 不要在下雨、下雪、冰冻、通风不良的环境中进行尾气检测;

(5) 读取测量数据前,不要让发动机怠速运转时间过长;

(6) 在进行变工况测试中,要让加速踏板稳住后再读取测量数据;

(7) 桑塔纳2000GSi轿车的发动机在怠速工况时,排放成分的标准是:CO体积含量小于1.5%,HC体积含量小于0.06%。

3. 实践操作

一辆桑塔纳2000GSi轿车,发动机怠速高、油耗大,需要检测发动机尾气。

1) 记录待修车辆的情况

将待修车辆的情况记录于表20-5中。

待修车辆的基本情况　　　　　　　　　　　　　　　　　　表20-5

项　　目	内　　容
车辆VIN码	(查后填写)
发动机型号	(查后填写)
客户反映	怠速高、油耗大
维修接待意见	进行发动机尾气测量

2) 排气系统检查(通过目测、耳听对排气系统进行外观检查)

(1) 让发动机处于怠速工况,举升汽车,重点听一听排气系统有无漏气的声音?并记录在下面空格中。

(2) 用工作灯检查排气管有无开口、撞伤、掉色、生锈、积炭、消声器开裂、干涉振动、隔热罩脱落等现象。并记录在下面空格中。

(3) 观察三元催化转换器是否过热。观察三元催化转换器的外壳是否发白或呈褐色。并记录在下面空格中。

3) 尾气检测

(1) 连接好尾气分析仪,接上电源,预热5min左右;

(2) 将尾气分析仪的取样管插入排气尾管,深度不少于400mm,并固定在排气管上;

(3) 打开尾气分析仪,按下测试按钮,起动发动机。观察发动机起动时各种气体的含量;将观察结果填入表20-6。

发动机起动时各种气体的含量　　　　　　　　　　　　　　表20-6

气体名称	含量	气体名称	含量
CO		CO_2	
HC		O_2	
NO_x			

(4) 继续观察各种气体含量的变化,待发动机冷却液温度正常后,将各种气体的含量记入表20-7。

发动机冷却液温度正常后各种气体的含量　　　　　　　　　表20-7

气体名称	含量	气体名称	含量
CO		CO_2	
HC		O_2	
NO_x			

(5) 将发动机转速提高到2000r/min时,观察发动机尾气中各种气体含量的变化,并将观察到的结果记入表20-8。

发动机转速提高到2000r/min时尾气中各种气体含量的变化　　表20-8

气体名称	含量	气体名称	含量
CO		CO_2	
HC		O_2	
NO_x			

(6) 查阅国家现行的轻型车排放标准,对照国家标准判断检测结果是否符合标准?

(7) 如排放超标,试分析故障产生的原因,找出故障点并排除故障。

三、学习拓展

(1) 发动机尾气中各气体含量的多少可以反映发动机工作情况的好坏。有经验的维修技师可以根据尾气的检测结果推测出发动机的故障部位。尝试拆下氧传感器连接器,重新测试发动机尾气含量,将测试结果与没有拆下氧传感器连接器时的结果进行比较,分析测试结果有何区别,并说明原因。

(2)断开某一缸的高压线,观察各气体的含量,分析与没有断开高压线时的区别,并说明原因。

(3)断开一缸的喷油器连接器,观察各气体的含量,分析与没有断开喷油器连接器时的区别,并说明原因。

(4)废气再循环(EGR)系统。

废气再循环是指把发动机排出的部分废气回送到进气歧管,并与新鲜混合气一起再次进入气缸。由于废气中含有大量的 CO_2,而 CO_2 不能燃烧却吸收大量的热,使气缸中混合气的燃烧温度降低,从而减少了 NO_x 的生成量。

①废气再循环(EGR)系统的开启状态。EGR 阀(废气再循环阀)通常在下列条件下开启:a. 发动机暖机运转;b. 转速超过怠速。ECM 根据发动机冷却水温传感器、节气门位置传感器和空气流量传感器来控制 EGR 系统。汽油发动机在全负荷下时起作用,柴油发动机在发动机暖机状态时不起作用。

②废气再循环系统工作原理。废气再循环(EGR)控制方式,发动机控制电脑即 ECU 根据发动机的转速、负荷(节气门开度)、温度、进气流量、排气温度控制电磁阀适时地打开,进气管真空度经电磁阀进入 EGR 阀真空膜室,膜片拉杆将 EGR 阀门打开,排气中的少部分废气经 EGR 阀进入进气系统,与混合气混合后进入气缸参与燃烧。少部分废气进入气缸参与混合气的燃烧,降低了燃烧时气缸中的温度,因 NO_x 是在高温富氧的条件下生成的,故这种情况抑制了 NO_x 的生成,从而降低了废气中 NO_x 的含量。但是,过度的废气参与再循环,将会影响混合气的着火及性能,从而影响发动机的动力性,特别是在发动机怠速、低速、小负荷及冷机时,再循环的废气会明显地影响发动机性能。所以,当发动机在怠速、低速、小负荷及冷机时,ECU 控制废气不参与再循环,避免发动机性能受到影响;当发动机超过一定的转速、负荷及达到一定的温度时,ECU 控制少部分废气参与再循环。而且,参与再循环的废气量根据发动机转速、负荷、温度及废气温度的不同而不同,以达到废气中 NO_x 含量最低。

四、评价与反馈

1. 自我评价与反馈

(1)能否主动参与工作现场的清洁和整理工作?(　　)
　　A. 主动完成　　　　B. 被动完成　　　　C. 未完成
(2)你能否正确、规范地独立完成汽车尾气的测试?(　　)
　　A. 快速规范　　　　B. 规范但不熟练　　C. 不会操作
(3)写出废气分析仪的测试步骤。

(4)写出汽车尾气中主要有害成分,各自产生的原因和影响其排放量的因素。
_____
_____

(5)下次遇到类似的学习任务应如何改善从而提高学习效果?
_____
_____

(6)你在本学习任务中遇到的困难是什么?你是如何解决的?
_____
_____

签名:_____ _____年_____月_____日

2. 小组评价与反馈

(1)是否主动参与小组讨论?(　　)
　　A. 主动　　　　　　　　B. 被动　　　　　　　　C. 未参与
(2)是否完成本学习任务的学习目标?(　　)
　　A. 完成且效果好　　　　B. 完成但效果不好　　　C. 未完成
(3)是否积极学习,不懂的是否积极向别人请教,是否积极帮助他人学习?(　　)
　　A. 积极学习　　　　　　　　　　　B. 积极请教
　　C. 积极帮助他人　　　　　　　　　D. 三者都不积极
(4)零件、工具与油污有没有落地,有无保持作业现场的整洁?(　　)
　　A. 无掉地且场地整洁　　　　　　　B. 有零件、工具掉地
　　C. 有油污掉地　　　　　　　　　　D. 未保持作业现场的清洁
(5)操作过程中是否注意维修质量且有责任心?(　　)
　　A. 注意质量,有责任心　　　　　　B. 不注意质量,有责任心
　　C. 注意质量,无责任心　　　　　　D. 全无
(6)在团队学习中的主动性与合作情况如何?(　　)
　　A. 好　　　　　　　B. 较好　　　　　　　C. 一般

参与评价的同学签名:_____ _____年_____月_____日

3. 教师评价及答复

_____
_____

教师签名:_____ _____年_____月_____日

五、技能考核标准

序号	项目	操作内容	规定分	评分标准	得分
1	准备	清点工量具、清理工位； 正确连接和检查废气分析仪并预热； 对车辆的保护	5分 5分 5分	酌情扣分； 酌情扣分； 酌情扣分	
2	检测	目测检查车辆进排气系统； 检查车辆故障灯、冷却液温度、油温； 用尾气分析仪测量发动机不同工况排放气体的含量	5分 5分 20分	无此项扣5分，操作不当扣1~5分； 无此项扣5分，操作不当扣1~5分； 操作不当扣1~10分，读数不准确扣1~10分	
3	测试结果分析	对测试结果进行分析，如测试结果超出国家标准，分析故障原因，并找出故障部位，排除故障	30分	分析方法不当扣1~10，结果分析不正确扣1~10分，不能分析故障原因的扣1~10分	
4	完成时限	30min	10分	超时1~5min扣1~5分；超时5min以上扣10分	
5	安全文明	无安全隐患，无不文明操作	5分	未达标扣1~5分	
6	结束	工具、量具清洁并归位； 工作场地清洁	5分 5分	漏一项扣1分，未做扣5分； 清洁不彻底扣1~5分，未做扣5分	
		总分	100分		

学习任务二十一　可变配气正时（VVT-i）的检修

任务要求

完成本学习任务后，你应：
1. 了解 VVT-i 系统的作用、组成和工作原理；
2. 能分析不同可变配气正时系统的特点；
3. 能检查凸轮轴正时机油控制阀（OCV 阀）及其电路；
4. 能检查凸轮轴正时齿轮总成。

建议学时：8 学时

任务描述

一辆装用 1.8L 排量、2ZR—FE 发动机的丰田卡罗拉轿车，发动机怠速不稳、动力不足且油耗增加，经维修人员检查，诊断出其智能可变气门正时系统（VVT-i）有故障，需对 VVT-i 系统各元件及其电路进行检查，以确定故障部位，并维修或更换。

一、理论知识准备

在传统的发动机上，由于凸轮轴与曲轴之间的位置关系是固定不变的，因此它的气门正时也是固定的，而在发动机工作中其转速、进气量、节气门的开度等是不断变化的，固定的配气相位不利于发动机低转速时的经济性和排放的控制，也影响了高转速时发动机动力性的发挥。为提高发动机的功率输出、改善发动机燃料消耗率和减少尾气排放，可变配气技术应运而生。

可变配气正时能随发动机转速、进气量的节气门开度等的变化，自动地调节进、排气门的早开角和迟闭角，使发动机获得最佳的早开角和迟闭角（即配气相位是变化的），从而有利于提高发动机的动力性和经济性，降低发动机的排放。

1. 可变配气正时系统的发展与分类

可变配气相位是现代汽车技术手段中的新技术之一。它改变了配气相位固定不变的状态，在发动机运转工况范围内提供最佳的配气正时，提高了充气系数，较好地解决了高转速与低转速、大负荷与小负荷下动力性与经济性的矛盾,在一定程度上改善了废气排放、怠速稳定性和低速平稳性,降低了怠速转速。

可变配气技术,从大类上分,包括可变气门正时和可变气门行程两大类。发动机只匹配可变气门正时,如丰田的VVT-i发动机;发动机只匹配了可变气门行程,如本田的VTEC;发动机既匹配可变气门正时又匹配可变气门行程,如丰田的VVTL-i,本田的i-VTEC。

2. 配气相位

随着汽车技术的发展,发动机的转速不断提高,使活塞每一行程经历的时间十分短促,只有百分之几秒甚至千分之几秒,这样短的进气或排气过程,往往会使发动机充气不足或排气不干净,从而造成发动机功率下降。因此,现代的发动机都采取气门的开启和关闭时刻不在活塞上止点和下止点的位置,而是分别提早和延迟一定的曲轴转角,以改善进、排气状况,从而提高发动机的动力性。用曲轴转角表示的进、排气门开闭时刻和开启持续时间,称为配气相位,如图21-1所示。

1)进气门的配气相位

(1)进气提前角。在排气行程接近终了,活塞到达上止点之前,进气门便开始开启。从进气门开始开启到上止点所对应的曲轴转角称为进气提前角(或早开角)。进气提前角用α表示,α一般为$10°\sim30°$。进气门早开,使得活塞到达上止点开始向下运动时,因进气门已有一定开度,所以可较快地获得较大的进气通道截面,减少进气阻力,从而增加进气量。

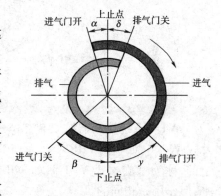

图21-1 配气相位图

(2)进气迟后角。在进气行程下止点过后,活塞又上行一段,进气门才关闭。从下止点到进气门关闭所对应的曲轴转角称为进气迟后角(或晚关角)。进气迟后角用β表示,β一般为$40°\sim80°$。

进气迟后可以利用压力差和惯性继续进气,从而增加进气量。

2)排气门的配气相位

(1)排气提前角。在作功行程的后期,活塞到达下止点前,排气门便开始开启。从排气门开始开启到下止点所对应的曲轴转角称为排气提前角(或早开角)。排气提前角用γ表示,γ一般为$40°\sim80°$。排气门提前开启可以利用汽缸内的废气压力提前自由排气,减少排气消耗的功率,同时高温废气的早排,还可以防止发动机过热。

(2)排气迟后角。在活塞越过上止点后,排气门才关闭。从上止点到排气门关闭所对应的曲轴转角称为排气迟后角(或晚关角)。排气迟后角用δ表示,δ一般为$10°\sim30°$。排气门推迟关闭,可以利用缸内外压力差和惯性继续排气。

3)气门重叠及气门重叠角

(1)气门重叠。由于进气门早开而排气门晚关,因此在排气行程上止点附近出现了进、排气门同时开启的现象,这种现象称为气门重叠。

(2)气门重叠角。气门重叠过程中所对应的曲轴转角称为气门重叠角,气门重叠角为:$\alpha+\delta$。设置气门重叠角,可以使进入汽缸内部的新鲜气体增加汽缸内的压力,将废气排出。

3. 可变配气正时(VVT-i)的组成和工作原理

1) 可变配气正时(VVT-i)的组成

VVT-i 系统由 VVT-i 控制器、凸轮轴正时机油控制阀和传感器三部分组成(图21-2)。

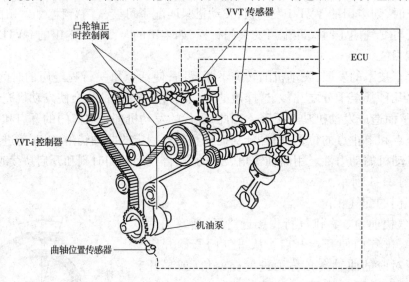

图21-2　可变配气正时(VVT-i)的组成

VVT-i 系统控制器按安装部位不同而分成两种,一种是安装在排气凸轮轴上的,称为叶片式 VVT-i,如丰田 PREVIA(大霸王)、丰田花冠等安装此款;另一种是安装在进气凸轮轴上的,称为螺旋槽式 VVT-i,如丰田凌志 400、430 等高级轿车安装此款。两者构造有所差别,但作用是相同的。

(1)叶片式 VVT-i 控制器由驱动进气凸轮轴的管壳和与排气凸轮轴相耦合的叶轮组成,来自提前或滞后侧油道的油压传递到排气凸轮轴上,导致 VVT-i 控制器管壳旋转以带动进气凸轮轴,连续改变进气正时。当油压施加在提前侧油腔转动壳体时,沿提前方向转动进气凸轮轴;当油压施加在滞后侧油腔转动壳体时,沿滞后方向转动进气凸轮轴;当发动机停止时,凸轮轴液压控制阀则处于最大的滞后状态。

叶片式 VVT-i 控制器的内部结构如图 21-3 所示,主要由控制器外壳、叶轮、锁止销、叶轮复位弹簧、端盖及螺栓等组成。叶轮与凸轮轴是固定的,而控制器外壳与叶轮之间不是硬连接,它们之间可以有相对运动。这一相对运动是由气门正时提前室和滞后室的容积决定

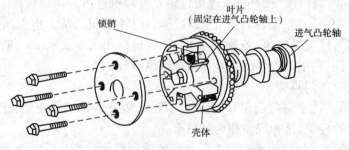

图21-3　叶片式 VVT-i 控制器

的,当容积改变时,也改变了叶轮与控制器外壳之间的相对角度,从而改变了气门的配气相位,因此,当提前室容积增大,滞后室容积减小,叶轮相对于控制器外壳的运转方向与外壳的运转方向相同,凸轮轴的相位也就提前,反之亦然。

复位弹簧的作用是使叶轮(图 21-3)回到最滞后的位置,这一位置是发动机停止运转位置,此时提前室容积最小,锁止销在弹簧力作用下被推入控制器外壳的销孔内,于是外壳与叶轮处于"硬连接",这有利于发动机正常起动,当发动机起动后,由于系统建立了油压,锁止销在油压的作用下使弹簧被压缩,随之锁止销从控制器外壳销孔内脱出,于是实现对提前室和滞后室容积的控制,以实现对凸轮轴相位进行实时智能调节。

(2)螺旋槽式 VVT-i 控制器包括正时皮带驱动的齿轮、与进气凸轮轴刚性连接的内齿轮,以及一个位于内齿轮与外齿轮之间的可移动活塞,活塞表面有螺旋形花键,活塞沿轴向移动,会改变内、外齿轮的相位,从而产生气门配气相位的连续改变。当机油压力施加在活塞的左侧,迫使活塞右移,由于活塞上的螺旋形花键的作用,进气凸轮轴会相对于凸轮轴正时皮带轮提前某个角度。当机油压力施加在活塞的右侧,迫使活塞左移,就会使进气凸轮轴延迟某个角度。当得到理想的配气正时,凸轮轴正时液压控制阀就会关闭油道使活塞两侧压力平衡,活塞停止移动。其传感器有曲轴位置传感器、凸轮轴位置传感器和 VVT 传感器。

该系统的结构如图 21-4 所示,主正时链驱动进气侧的 VVT-i 控制器外壳的链轮,外壳上的另一链轮驱动副正时链,并同时驱动排气侧 VVT-i 控制器外壳。

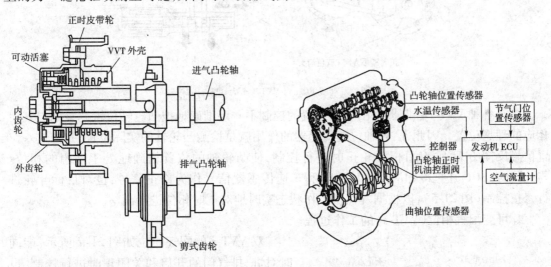

图 21-4　丰田卡罗拉双 VVT-i 发动机基本结构

2)VVT-i 工作原理

VVT-i 控制系统如图 21-5 所示,双 VVT-i 有两个凸轮轴位置传感器和两个凸轮轴正时液压控制阀。发动机 ECU 依据曲轴位置传感器、空气流量计和节气门位置传感器的信号确定对叶轮正时的控制指令,液压控制电磁阀根据 ECU 传来的控制信号推动滑阀(图 21-6)。

压力油在滑阀的控制下有两个方向的流动,一个方向是使提前室容积增加、滞后室容积减小(如图 21-6 中红色箭头方向),另一个方向是提前室容积减小、滞后室容积增加(如图 21-6 中蓝色箭头方向),前者配气相位提早,后者配气相位推迟。当 ECU 判断不需要调整配气相位时,滑阀处于中间状态,压力油不流动,提前室与滞后室容积不变,凸轮轴相位也不变。

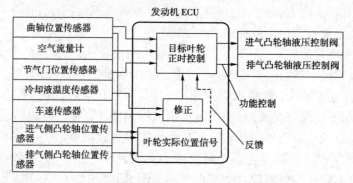

图 21-5　VVT-i 的控制原理图

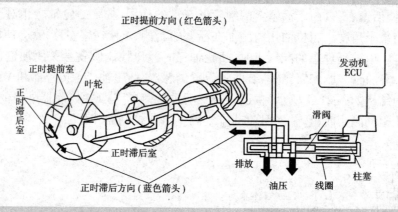

图 21-6　发动机 ECU 对 VVT-i 压力油流向的控制

由于各种 VVT-i 控制器对凸轮轴位置的控制不一定准确地把凸轮轴位置调整到与气门相应的理想位置。因此,凸轮轴位置传感器的作用就是检测凸轮轴的实际位置,并把这一位置信号反馈给 ECU,对目标叶轮正时进行控制,使凸轮轴的位置精确地处于理想的相位。与此同时,ECU 还把冷却液温度传感器和车速传感器信号作为修正信号,也对目标叶轮进行修正控制(图 21-5),以根据发动机工作状态实时地对正时相位进行调整。

4. 可变配气相位(VVT-i)的工作过程

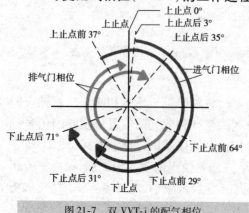

图 21-7　双 VVT-i 的配气相位

双 VVT-i 的配气相位如图 21-7 所示,能同时对进、排气门的开启和关闭正时进行控制,也就是能控制进、排气门打开和关闭的最大提前角和最大迟闭角。这一系统根据发动机不同的工作状态,连续地调节进、排气门的闭合角度,可以完全实现对配气相位进行智能调整。

VVT-i 在工作状态下实现的正时功能如表 21-1 所示,气门正时功能图中顺时针箭头表示相位往滞后方向调整,逆时针箭头为相位往提前方向调整。

学习任务二十一　可变配气正时(VVT-i)的检修

VVT-i 典型工作状态实现的正时功能　　　　　　　　　　　　　　　　表 21-1

工作状态	气门正时功能的实现	目的与作用
在急速、轻载、低温和起动时		发动机转速低，进气量少，为防止出现缸内新鲜充量向进气管内的倒流，双 VVT-i 控制进气门相位滞后，排气门相位提前，即减小了进排气门的叠角，以便稳定燃烧，增加低速转矩，提高燃油经济性和环保性
中等荷载		发动机工作在中等负荷，属于常用工况，为了降低 NO_x 排放，双 VVT-i 控制提早进气门开启角，推迟排气门关闭角，其目的是让部分废气倒流入进气管，降低了进入到汽缸的氧含量和混合气的燃烧温度，从而降低 NO_x 的排放；另一方面，这一配气相位的好处是也能降低进气损失，改善燃油经济性
高速、重载		发动机工作在这一工况时，由于发动机转速较高，相当于发动机的换气时间缩短，因此，双 VVT-i 控制排气门开启角度提前，同时应推迟进气门迟闭角，以最大程度地利用高转速时的气流惯性，充分进行过后充气，提高充气效率，满足发动机高速时动力性的要求
低中转速、大负荷		发动机转速低、负荷大，双 VVT-i 控制排气相位，使之适当推迟，即排气门开启角 D 推迟，同时控制进气门相位提前，即减小进气迟闭角，这样可提高充气效率，减小泵气损失，使发动机获得最大转矩

5. 可变配气正时(VVT-i)的检修

1) 机械故障的检查

(1) 检查正时标记。如图21-8所示,注意正时链是否松动或跳齿。

(2) 检查进气凸轮轴 VVT-i 控制器总成。

① 检查凸轮轴 VVT-i 控制器锁销。将凸轮轴包上厚布夹紧在台钳上,转动控制器壳,锁销应能锁紧正时齿轮和凸轮轴。

② 控制器动作测试。如图21-9所示,堵住凸轮轴第一道轴颈上的两个提前油道孔和两个滞后油道孔中的一个,用两把气枪向另外两个提前和滞后油道孔施加0.15MPa的气压(注意:气压不可太高)。先给正时滞后油道减压,外壳(链轮)应能向凸轮轴正时提前的反方向平滑转动,无卡滞现象;再给滞后油道增压,给提前油道减压(减压应缓慢,以防转动冲击损坏锁销),外壳(链轮)应能向凸轮轴正时滞后的反方向平滑转动,无卡滞现象。

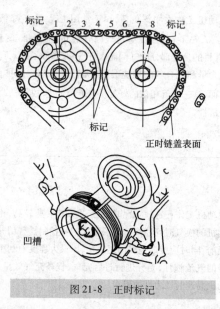

图21-8 正时标记

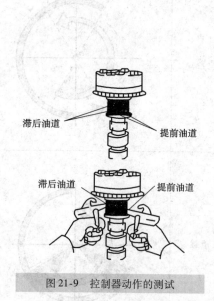

图21-9 控制器动作的测试

(3) 压力油控制阀、机油滤清器及油道检查。压力油控制阀、机油滤清器及油道过脏会引起控制器卡滞,应进行彻底清洗。

2) VVT-i 电控系统的故障检测

先连接手持式发动机检测仪,读取故障码和相关数据。如果发动机 ECU 检测到压力油控制阀电路短路或断路时,将会存储故障码,并将车辆和驾驶条件信息记录为定格数据,同时点亮组合仪表中的故障指示灯。排除故障时,首先检查导线插接器是否松动,插脚是否脏污、锈蚀,接线是否断脱,然后用万用表进一步检测。当出现实际气门正时与电脑存储的该工况下的配气正时不符时,故障指示灯不亮,但有故障码存储,这时应着重检查机械部分。

(1) 读取故障码。用手持式发动机检测仪读取故障码,VVT-i 可变气门正时系统诊断故障码见表21-2。

学习任务二十一　可变配气正时(VVT-i)的检修

VVT-i 可变气门正时系统诊断故障码　　　　　　　　　　表 21-2

故障码	故障灯状态	是否存储故障码	故障原因	故障部位
P0010	亮	是	压力油控制阀电路短路或断路	压力油控制阀电路短路或断路;压力油控制阀;ECU
P0011	灭	是	气门正时过于提前(发动机暖机后,转速达 500~4000r/min 时,无可变气门正时提前功能)	气门正时;压力油控制阀;凸轮轴正时齿轮总成(正时记号、链条松动或跳齿);机油过脏造成卡滞;ECU
P0012	灭	是	气门正时过于滞后(发动机暖机后,转速达 500~4000r/min 时无可变气门正时滞后功能)	气门正时;机油控制阀;凸轮轴正时齿轮总成(正时记号、链条松动或跳齿);机油过脏造成卡滞;ECU
P0016	灭	是	曲轴位置传感器和凸轮轴位置传感器信号对应有偏差	正时记号;正时链条跳齿,链条磨损、拉长;ECU

(2)各传感器的检测。用万用表检测转速传感器,其电阻值应为 1.34kΩ;检测凸轮轴位置传感器,其电阻值应为 2.08kΩ。

(3)压力油控制阀。

①内阻及连接导线的检查。如图 21-10 所示,拔下压力油控制阀导线插接器,测量其电阻值应为 7~8Ω,电磁阀导线插接器至 ECU 相应端子间导线的电阻值应小于 1Ω,各端子至车身搭铁间的电阻值应大于 10kΩ。

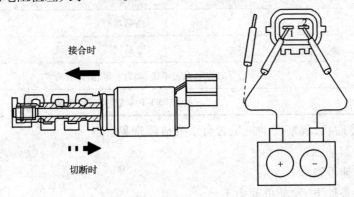

图 21-10　压力油控制阀检查

②移动情况的检查。将蓄电池正极接至端子 1,负极接至端子 2,观察阀的移动情况,应移动灵活,无阻卡现象。

想一想

1. VVT-i 可变气门正时系统出故障后,发动机有何症状?
2. VVT-i 的 EGR 效应指的是什么?

二、实践操作

1. 实践准备

干净的抹布及厚棉布、常用工具、丰田 1ZR-FE 发动机试验台一台、丰田 1ZR-FE 发动机一台、丰田卡罗拉轿车一辆、汽车解码器一台、数字式万用表一只、压缩空气气枪两把、相关的维修手册等。

2. 技术要求及注意事项

（1）检查凸轮轴 VVT-i 控制器锁销：将凸轮轴包上厚棉布，防止台钳夹伤凸轮轴。

（2）检查进气凸轮轴 VVT-i 控制器动作时，气枪施加的气压为 0.15MP，气压不可太高；给正时油路减压时，减压应缓慢，以防转动冲击损坏锁销。

（3）应使用数字式万用表检查转速传感器、凸轮轴传感器等的内阻。

3. 实践操作

一辆丰田卡罗拉汽车，怠速不稳、动力不足、油耗增加。

（1）记录待修车辆的基本信息。

将待修车辆的基本信息填入表 21-3 中。

车辆基本信息　　　　　　　　　　　表 21-3

项　目	内　容
车辆型号（VIN 码）	（查后填写）
发动机型号	（查后填写）
客户反映	怠速不稳、动力不足、油耗增加
维修建议	检查 VVT-i 可变气门正时系统

（2）重复故障症状，观察发动机是否有下列故障现象：

□ 发动机冷起动困难

□ 发动机怠速不稳

□ 在高负荷条件下，发动机动力不足

（3）VVT-i 系统不能正常工作，故障可能发生的部位有：

①气门正时不正确；

②凸轮轴正时机油控制阀（OCV 阀）损坏；

③凸轮轴正时机油控制阀（OCV 阀）的线路有断路或短路；

④VVT 控制器总成损坏；

⑤发动机机油中有异物，或者 OCV 阀滤清器堵塞；

⑥发动机 ECU 有故障。

（4）检查气门正时（请参阅维修手册）。

气门正时标记是否对准？正时链是否松动、跳齿？

如果正时标记未对准、正时链条过松,应该怎么办?

(5)凸轮轴正时机油控制阀(OCV阀)检查
①OCV阀的动作测试。
a. 起动发动机暖机;
b. 用手持式汽车电脑诊断仪运行OCV阀,检查发动机怠速,将结果填入表21-4。

凸轮轴正时机油控制阀(OCV阀)的检查　　　　　　表21-4

OCV阀的动作	发动机怠速	标准值	是否正常

②检查ECU输出信号。断开ECU与OCV阀之间的连接器,起动发动机,用万用表测OCV阀端的端子是否有ECU的输出信号。如没有信号是什么原因?

(6)凸轮轴VVT-i控制器总成的检查。
将凸轮轴包上厚布夹紧在台钳上,转动控制器壳,控制器壳与凸轮轴之间有相对运动,试分析其原因,并提出解决方案。

想一想

用两把气枪检查凸轮轴VVT-i控制器总成时,链轮无平滑转动,或运动时发现有卡滞现象各是什么原因造成的?应该采取怎样的措施?

(7)检查油压控制阀滤清器是否堵塞。
(8)电控系统故障检测。
①先观察故障灯是否点亮,再调取故障码,记录读取故障码的步骤和故障码,并说明故障码的含义。

②用万用表检测电阻值,将结果填入表21-5。

电阻值检测　　　　　　　　　　　　　表21-5

项　目	测量值(Ω)	标准值(Ω)
转速传感器的内阻		
凸轮轴位置传感器的内阻		
压力油控制阀的内阻		
电磁阀导线插接器至ECU相应端子间导线的电阻		
电磁阀各端子至车身搭铁间的电阻		

表21-5中测得电阻值与标准值不符的,分析原因,并提出解决方案。

三、学　习　拓　展

(1)正确的配气正时(相位)是发动机正常工作的必备条件,一旦配气正时(相位)错了,将影响发动机的正常工作。在正常的情况下,装配时必须将正时记号对准,因此,正时记号对准是配气正时(相位)正确和点火顺序(点火正时)正确的前提条件。但是,值得注意的是,正时记号对准并不是配气正时(相位)正确和点火顺序(点火正时)正确的充分条件。这是因为,正时传动系统中有许多零件,曲轴通过键传动或过盈配合方式带动曲轴正时齿(链)轮,再通过正时带或正时链带动凸轮轴正时齿(链)轮,凸轮轴正时齿(链)轮再通过键传动或过盈配合方式带动凸轮轴,凸轮轴再通过挺柱、挺杆、摇臂驱动或直接驱动气门开闭,这中间存在许多环节,其中的任何一个环节出现问题,例如,键错位、正时带老化、正时链条磨损、凸轮轴变形或磨损、气门间隙错误或液压挺柱故障等均会最终影响"进、排气门的实际开启时刻",也就是影响了配气正时(相位),从而导致故障。对于现代电控汽车而言,发动机ECU还要利用曲轴位置传感器、凸轮轴位置传感器等来检测曲轴和凸轮轴的位置,以确定正确的喷油时刻和点火时刻,那么曲轴位置传感器、凸轮轴位置传感器信号不准,也会导致发动机ECU监测的"配气正时(相位)"不正确。对于现在采用可变气门正时系统的车辆,像广州本田雅阁轿车的VTEC、i-VTEC系统,丰田系列轿车采用的VVT-i系统,大众/奥迪车系采用的可变配气正时(相位)系统等,可变气门正时系统发生故障,最终也是影响了"进、排气门的实际开启时刻",导致配气正时(相位)错误。

因此,我们在进行车辆故障诊断中,当怀疑车辆的"配气正时(相位)错误"时,不应该仅仅去检查"正时记号是否对准"。而应该首先确认"配气相位是否正确",当"配气相位"确实错误的时候,我们再来确认"正时记号"是否对准。这样才能对车辆的故障进行精确定位。

(2)涡轮增压器。涡轮增压的目的是为了保证动力性和燃油经济性。新鲜空气经过空气滤清器被吸入,然后在涡轮增压器内被叶轮增压。最大增压压力达到 180kPa 的绝对压力。

涡轮增压器实际上是一种空气压缩机,通过压缩空气来增加进气量。它利用发动机排出的废气惯性冲力来推动涡轮室内的涡轮,涡轮又带动同轴的叶轮,叶轮压送由空气滤清器管道输入的空气,使之增压进入气缸。当发动机转速增快,废气排出速度与涡轮转速也同步增快,叶轮就压缩更多的空气进入气缸,空气的压力和密度增大可以燃烧更多的燃料,相应增加燃料量和调整发动机的转速,就可以增加发动机的输出功率。图21-11为奥迪CN1.4L涡轮增压发动机原理图。它具有如下优缺点:

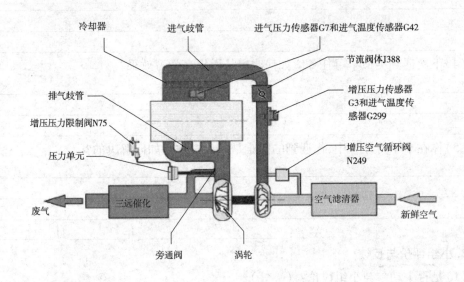

图 21-11 奥迪 CN1.4L 涡轮增压发动机原理图

①优点:在相同排量的前提下,涡轮增压发动机的功率要高于同排量发动机,也就是说动力更加强劲。相对油耗要少。

②缺点:发动机的保养相对比较贵,而且启动后和熄火前都需要怠速运转几十秒的时间,以确保涡轮增压器得到良好的冷却和润滑。

奥迪 CN1.4L 涡轮增压发动机和以前的 TSI 发动机一样,涡轮增压和排气道共同构成一个总成。为了在发动机关闭后,涡轮增压的轴承温度不致过高,涡轮增压器和冷却系统连通;同时也与润滑系统相连来保证轴承的润滑和冷却。另外,电控涡轮增压循环阀和用于旁通阀式的增压压力限制的压力单元也都集成在涡轮增压器总成上。图 21-12 为奥迪 CN1.4L 涡轮增压发动机结构图。

图 21-12 奥迪 CN1.4L 涡轮增压发动机结构图

四、评价与反馈

1. 自我评价与反馈

(1) 能否主动参与工作现场的清洁和整理工作？（　　）
  A. 主动完成　　　　　B. 被动完成　　　　　C. 未完成

(2) 你能否正确规范地完成可变配气正时（VVT-i）的检修？（　　）
  A. 快速规范　　　　　B. 规范但不熟练　　　　　C. 不会操作

(3) 写出可变配气正时（VVT-i）的检测步骤与检查工具。
_____
_____

(4) 下次遇到类似学习任务应如何改善从而提高学习效果？
_____
_____

(5) 你在本学习任务中，你遇到的困难是什么？你是如何解决的？
_____
_____

        签名：_____　_____年_____月_____日

2. 小组评价与反馈

(1) 是否主动参与小组讨论？（　　）
  A. 主动　　　　　B. 被动　　　　　C. 未参与

(2) 是否完成本学习任务的学习目标？（　　）
  A. 完成且效果好　　　　　B. 完成但效果不好　　　　　C. 未完成

(3) 是否积极学习，不懂的是否积极向别人请教，是否积极帮助他人学习？（　　）
  A. 积极学习　　　　　　　　B. 积极请教
  C. 积极帮助他人　　　　　　D. 三者都不积极

(4) 零件、工具与油污有没有落地，有无保持作业现场的整洁？（　　）
  A. 无掉地且场地整洁　　　　B. 有零件、工具掉地
  C. 有油污掉地　　　　　　　D. 未保持作业现场的清洁

(5) 操作过程中是否注意维修质量且有责任心？（　　）
  A. 注意质量，有责任心　　　B. 不注意质量，有责任心
  C. 注意质量，无责任心　　　D. 全无

(6) 在团队学习中的主动性与合作情况如何？（　　）
  A. 好　　　　　B. 一般　　　　　C. 不好

    参与评价的同学签名：_____　_____年_____月_____日

3. 教师评价及答复

_____

_____

教师签名：_____　_____年_____月_____日

五、技能考核标准

序号	项目	操作内容	规定分	评分标准	得分
1	准备	清点工量具、清理工位； 打开并支撑发动机罩； 安装汽车保护罩	5分 5分 5分	酌情扣分； 酌情扣分； 酌情扣分	
2	检测	VVT-i系统外观目测； 读取发动机故障码； 检查正时标记是否对准、正时链是否松动、跳齿； 检查凸轮轴VVT-i控制器总成； 检查凸轮轴正时机油控制阀（OCV阀）； 用万用表检测各传感器电阻值； 检查油压控制阀滤清器是否堵塞	5分 5分 10分 10分 10分 5分 5分	无此项扣5分，操作不当扣1~5分； 无此项扣5分，操作不当扣1~5分； 无此项扣10分，操作不当扣1~10分； 无此项扣10分，操作不当扣1~10分； 无此项扣10分，操作不当扣1~10分； 无此项扣5分，操作不当、测量数据不准扣1~5分； 无此项扣5分，操作不当扣1~5分	
3	拆装	会拆装正时链条； 会拆装凸轮轴VVT-i控制器总成	5分 5分	操作不当扣1~5分； 操作不当扣1~5分	
4	完成时限	50min	10分	超时1~5min扣1~5分； 超时5min以上扣10分	
5	安全文明	无安全隐患，无不文明操作	5分	未达标扣1~5分	
6	结束	工具、量具清洁并归位； 工作场地清洁	5分 5分	漏一项扣1分，未做扣5分； 清洁不彻底扣1~5分，未做扣5分	
	总分		100分		

参考文献

[1] 陈家瑞.汽车构造(上册)[M].第5版.北京:人民交通出版社,2006.
[2] 汤定国.汽车发动机构造与维修[M].北京:人民交通出版社,2005.
[3] 张子波.汽车发动机构造与维修[M].北京:高等教育出版社,2005.
[4] 张西振,韩梅.汽车发动机构造与维修[M].北京:机械工业出版社,2005.
[5] 郭彬.汽车使用性能与检测技术[M].西安:西安电子科大出版社,2007.
[6] 刘仲国.现代汽车检测与诊断[M].北京:机械工业出版社,2002.
[7] 蒋国平.汽车故障诊断与检测技术[M].北京:科学出版社,2007.
[8] 王凤军.汽车发动机构造与维修[M].北京:科学出版社,2007.
[9] 朱军.汽车故障诊断方法[M].北京:人民交通出版社,2008.
[10] 陈高路.汽车发动机控制系统检测与维修工作页[M].北京:人民交通出版社,2007.
[11] 凌凯汽车资料编写组.汽车维修[M].北京:北京邮电大学出版社,2005.
[12] 巫兴宏.汽车电气设备与维修[M].北京:高等教育出版社,2005.
[13] 贺建波.汽车传感器的检测[M].北京:机械工业出版社,2005.
[14] 刘巽俊.内燃机的排放与控制[M].北京:机械工业出版社,2003.
[15] 付瑞恒.桑塔纳、捷达、奥迪、切诺基汽车使用与维修[M].北京:国防工业出版社,2000.
[16] 付春阳.轿车构造图集[M].北京:人民交通出版社,2000.